VON BLAUBÄRTEN UND ROTKÄPPCHEN

Die Originalausgabe erschien 1987 unter dem Titel
»The Hard Facts of the Grimms' Fairy Tales« bei
Princeton University Press

Printed in Austria by Welsermühl, Wels
ISBN 3-7017-0657-3

MARIA TATAR

Von Blaubärten und Rotkäppchen

GRIMMS GRIMMIGE MÄRCHEN

Aus dem Englischen
von Anke Vogel

Residenz Verlag

INHALT

Während der ganzen Zeit des langsamen Wachstums dieses Stammbaums hatte das Haus Smallweed, stets früh selbständig und spät verheiratet, seine praktische Art gestärkt, allen Vergnügungen entsagt, alle Geschichtenbücher, Märchen, Romane und Fabeln verachtet und alle Spielereien verdammt. Die Folge war die wohltuende Tatsache, daß dem Haus kein Kind geboren wurde und daß die vollkommenen kleinen Männer und Frauen, die es hervorgebracht, alten Affen glichen mit etwas Niederdrükkendem auf ihrem Gemüt.

Charles Dickens, *Bleakhaus*

VORWORT

Wer in die Jahre gekommen ist, scheint sich etwas leichter zu tun, sein Interesse an Märchen zuzugeben. Im Alter von fünfundfünfzig Jahren erklärte George Bernard Shaw, daß er »Grimm« noch immer für »den unterhaltendsten der deutschen Autoren« halte. C. S. Lewis gestand, er habe jahrelang heimlich Märchen gelesen; erst als er die Fünfzig überschritten hatte, fühlte er sich in der Lage, seinen Hang zu der Gattung zu bekennen. Da Märchen in ihrer nüchternen Erzählweise ergreifend sind, können sie schlummernde Kindheitsgefühle wachrütteln und unser Mitgefühl für Benachteiligte wecken. Sie weisen darüber hinaus Witz und Weisheit in den scharfen Formulierungen des Volkes auf. In ihnen gibt es für jedes Alter und jede Generation etwas. Es überrascht kaum, daß die Grimmschen *Kinder- und Hausmärchen* aufgrund der vielen deutschen Ausgaben und Übersetzungen das meistverkaufte aller deutschen Bücher sind.[1]

Im Jahre 1818 verkündete der *Quarterly Review* lautstark, daß »die wichtigste Erweiterung der Kinderliteratur in Deutschland geleistet worden ist, durch den Fleiß von John und William Grimm, zweier das Altertum erforschender Brüder mit dem besten Ruf«. So bekannt die Märchen der Grimmschen Sammlung auch sein mögen und der Name Grimm inzwischen jedem geläufig ist, so bleiben die Brüder, die die klassischen Texte in den *Kinder- und Hausmärchen* sammelten, im Inventar der europäischen Kulturgeschichte doch Fremde. Der Autor des *Quarterly Review* war weder der erste noch der letzte, der die Vornamen falsch zitierte. Sogar einige Volkskundler und Philologen haben Schwierigkeiten, die beiden Brüder auseinanderzuhalten, trotz der fundamentalen Unterschiede zwischen ihnen sowohl in bezug auf ihr Temperament und ihre Erscheinung als auch ihre intellektuellen Interessen und Leistungen. Shaw ging sogar von der falschen Annahme aus, daß »Grimm« eine einzige Person gewesen sei. Wie Thomas Mann in einer Lobrede auf den irischen Dramatiker feststellte, erkannte Shaw nie, daß sein deutscher Lieblingsautor aus zwei Personen bestand: den Brüdern Jacob und Wilhelm Grimm. Die Lobrede Manns ist charakteristisch für die Einschätzung der Brüder Grimm und ihrer Errungenschaften; er bezeichnete sie als »romantisch begeisterte Liebhaber der deutschen Vorzeit, die jene Märchen dem Volke vom Munde abhorchten und sie treulich sammelten«[2].

Von den beiden Brüdern, die ihre Kräfte der Volkskunde und Philologie widmeten und deren Arbeit an einem umfangreichen Wörterbuch der deutschen Sprache ein Zeichen großer Ausdauer ist (und womöglich auch eines Hangs zur Pedanterie), konnte keiner den verblüffenden Erfolg der Märchensammlung voraussehen. Ihr Freund Achim von Arnim beglückwünschte sie zu ihrer Leistung, als er ein Exemplar des Grimmschen »Geschichtenbuchs« mit einer ganzseitigen Widmung für seine Frau und seinen Sohn erhielt. Der stattliche Band, der in grünem Leder und Goldschnitt gebunden war, war in seiner Beurteilung »ein recht braves Buch«. Außerdem sagte er den *Kinder- und Hausmärchen* voraus, sie würden »sicher lange gekauft«, was sich inzwischen als Untertreibung erwiesen hat.[3] Dennoch war er besorgt, daß der Band wegen der wissenschaftlichen Anmerkungen und den fehlenden Illustrationen das seiner Meinung nach angemessene Ziel nicht erreichen werde: die Regale in Kinderzimmern und Haushalten. Er war trotzdem recht zuversichtlich, daß schließlich ein kluger Verleger zu der geschäftstüchtigen Erkenntnis kommen würde, eine verkürzte Ausgabe der Märchen mit Illustrationen, die die Vorstellungskraft der Kinder anregen sollten, zu drucken. Im Laufe der Zeit tauchten solche Personen überall auf.

Volkskundler betonen gerne, daß Märchen eigentlich nie nur für Kinderohren gedacht gewesen seien. Märchen seien ursprünglich am Kamin oder in der Spinnstube von Erwachsenen für Erwachsene erzählt worden und erst vor zwei oder drei Jahrhunderten in den Kanon der Kinderliteratur (der selbst in der uns bekannten Gestalt neueren Jahrgangs ist) eingegangen. Doch die Anziehungskraft, die diese Geschichten auf die Imagination von Kindern ausüben, ist so groß, daß eine Kindheit ohne sie kaum vorstellbar ist. Ohne Märchen aufzuwachsen, käme geistiger Verarmung gleich, warnen viele Schriftsteller.[4]

Wie sehr Märchen die Vorstellungskraft von Kindern anregen und starke Leidenschaften und Zuneigungen in ihnen wecken können, läßt sich an Charles Dickens' zugegebener Schwäche für eine ganz bestimmte Figur am besten ablesen. »Rotkäppchen war meine erste Liebe«, gestand er. »Ich wußte: Hätte ich Rotkäppchen heiraten können, so wäre mir vollkommene Glückseligkeit zuteil geworden.«[5] Selbst als Erwachsener war Dickens nicht vor der Verzauberung durch Märchen gefeit. Seine Erinnerungen an die starke Anziehungskraft der Märchenfiguren bestätigen das inzwischen überstrapazierte Klischee, daß diese Geschichten unsere tiefsten Hoffnungen und leidenschaftlichsten Wünsche verkörpern. Doch mit dem Tagtraum und seiner Erfüllung geht der Alptraum einher. Wünsche und Phantasien können in Märchen wahr werden, doch Ängste und Phobien werden zu ebenso lebhaften Erscheinungen.

In diesem Zusammenhang lohnt es sich, ein neueres Märchen zu zitieren, das von Märchen handelt; eines, das das Verlangen eines Kindes nach Märchen betont, ohne auch nur einen Moment der Versuchung zu erliegen, die schockierenden Elemente der Geschichten zu beschönigen:

> [Es war einmal ein junges amerikanisches Ehepaar], das ängstlich bemüht war, von seinem kleinen Sohne alles fernzuhalten, was in dem kleinen John Angstkomplexe erwecken könnte. Darum war es allen, die mit dem Kind zusammenkamen, streng verboten, ihm etwa Märchen zu erzählen, und die Eltern waren stolz darauf, daß sie ihren Sprößling frei von allem Aberglauben erzogen. Alles schien nach Wunsch zu gehen, doch siehe da, eines Tages wehrte sich der Kleine, allein im Dunkeln zu bleiben, und fing an bitterlich zu weinen. Besorgt stürzten die Eltern herein und fragten, was denn los sei. »Ein Komplex sitzt unter dem Bett«,

schluchzte der Kleine, und es dauerte lange, bis er sich wieder beruhigt hat.[6]

Die in dieser Geschichte vorgenommene Gleichsetzung von Hirngespinsten und tatsächlichen Märchenungeheuern ist bezeichnend, denn sie enthüllt, wie sehr sich Märchen, trotz all ihrer naturalistischen Details, mit inneren Vorgängen befassen. Bruno Bettelheim war der eloquenteste Wortführer psychologischer Deutungen von Märchen. »In Märchen«, schrieb er, »werden innere Vorgänge zum Ausdruck gebracht; in der Darstellung der Märchengestalten und Ereignisse werden sie verständlich.«[7] Bei der Betrachtung der in Märchen dargestellten Konflikte, betonte er, könnten Kinder Lösungen für ihre eigenen Probleme finden und dadurch aus den Geschichten großen therapeutischen Nutzen ziehen.
Die Erkenntnis, daß Märchen psychische Tatsachen in konkrete Bilder, Figuren und Vorfälle – wie ungenau auch immer – überführen, bildete die Grundlage für meine Deutung der *Kinder- und Hausmärchen.* In dieser Hinsicht ähneln sie Träumen; sie offenbaren jedoch – anstatt personalisierter Wünsche und Ängste – kollektive Wahrheiten, Tatsachen, die die individuelle Erfahrung überschreiten und konstant bleiben. Als Hans Castorp in dem bekannten »Schnee«-Kapitel in Thomas Manns *Der Zauberberg* eine zugleich »anonyme« und »gemeinsame« Vision hat, wechselt er vom Reich der Träume in das von Folklore und Mythologie. Was er sieht, ist keine Verkörperung seiner eigenen Phobien und Phantasien, sondern eine der tiefsten Ängste und Hoffnungen der Menschheit.[8] Das heißt jedoch nicht, daß Märchen und Folklore im Sinne eines jungianischen kollektiven Unbewußten fungieren. Sie scheinen vielmehr so beständige und weitverbreitete psychische Befindlichkeiten eingefangen zu haben, daß sie die Aufmerksamkeit einer Gemeinschaft über lange Zeit hinweg fesseln konnten. Sie laden uns zwar dazu ein, die via regia zum Unbewußten zu gehen, doch führen sie uns von diesem

breitgetretenen Pfad weg in kartographisch noch nicht erfaßte Territorien. In diesem Buch werde ich dem Weg folgen, doch gerne von ihm abweichen, wenn es geboten ist, um die sozialen und kulturellen Hintergründe eines Märchens zu erkunden.

Es war die Anekdote von dem Jungen, der sich vor dem Komplex unter seinem Bett fürchtete, die mir zum ersten Mal das psychologische Gewicht der Märchenhandlungen vor Augen führte. Es bedurfte eines anderen Witzes – in Gestalt einer Karikatur (Abb. 1) –, um mir etwas über die formalen Aspekte von Märchen beizubringen und mich daran zu erinnern, wie weit folkloristische Erfindung von literarischer Kreation entfernt ist. Trotz all ihrer Verschiedenheiten haben Märchen eine bemerkenswert stabile – und daher vorhersehbare – Struktur. »Ein Mädchen ist im Wald«, schreibt Roger Sale. »Gib ihm einen Bruder, dann hat man ›Hänsel und Gretel‹, gib ihm viele Brüder und Schwestern, dann hat man ›Däumling‹, schick es zu Zwergen, dann hat man ›Schneewittchen‹, zu Bären, dann hat man ›Goldköpfchen‹, zur Großmutter, dann hat man ›Rotkäppchen‹.«[9] Ganz so einfach ist es zwar nicht, aber der aufmerksame Märchenleser wird erkennen, daß Sales Beobachtung in gewisser Weise richtig ist. Das Ensemble der Märchenfiguren ist, verglichen mit dem der Literatur, erstaunlich klein, und die Handlungsführungen, in denen die Märchenfiguren sich bewegen, entwickeln sich relativ gleichförmig. Die Karikatur, auf die ich mich bezog, übertreibt zwar das Ausmaß, in dem die Brüder Grimm sich bei der Niederschrift der Märchen an Schnittmuster hielten, aber es teilt uns etwas über den Prozeß folkloristischer Komposition mit, über die Art, in der Geschichtenerzähler auf Formeln und Konventionen zurückgreifen, um ihre erzählerischen Fäden zu spinnen. Bei der Neugestaltung alter, bekannter Schablonen nimmt der Erzähler gelegentlich auch neue Themen und Motive auf. Die Struktur eines Märchens bleibt selbst dann intakt, wenn die jeweilige Anordnung der Episoden und die Details der Handlung von Erzählung zu Erzählung variieren. Es ist

leicht verständlich, warum der Satz »So kenne ich das gar nicht« die vorprogrammierte Antwort auf folkloristische Darbietungen ist, gleichgültig ob es sich um eine Geschichte, ein Lied oder einen Kinderreim handelt. Unter all den Variationen ihrer jeweiligen Realisierung scheint die Grundform immer durch.
Der sowjetische Volkskundler Vladimir Propp hat die Untersuchung der Bauelemente, aus denen ein Märchen zusammengesetzt ist, wegweisend vorangetrieben.[10] Propps Vorhaben – eines der umfangreichsten auf dem Gebiet der volkskundlichen Analyse – galt der Identifizierung und Definition rekurrierender Formen in einem festgelegten Korpus russischer »Zaubermärchen« (Geschichten, die den klassischen Märchen der Grimmschen Sammlung etwa analog sind). Psychologie, Geschichte, Soziologie und Anthropologie – diese Disziplinen bedeuteten dem Wissenschaftler, der seine Aufmerksamkeit bei der genauen Untersuchung der Handlungssequenzen der Märchen nur den Oberflächenstrukturen widmete, ursprünglich wenig.[11] Propps Hang zu Ordnung hat die Volkskunde für immer gezeichnet. Seine systematische Analyse enthüllte die Regeln des Spiels, wie es von verschiedenen Märchenerzählern im Laufe der Jahrhunderte gespielt wurde. Wenn man diese Regeln kennt, ist es bedeutend einfacher, die wesentlichen Handlungselemente von fremden Details und »authentische«, mündliche Erzählungen von literarischen Neuerzählungen oder verschnörkelten, individuellen Versionen einer Geschichte zu unterscheiden.
Bettelheim und Propp hatten uns viel über den Inhalt und die Struktur eines Märchens zu sagen. Sie widerstanden jedoch beide – der eine als Meister in der Kunst der Märcheninterpretation, der andere als Experte bei der Auflistung und Analyse ihrer Handlungselemente – der Versuchung, psychologische Deutungen mit einer formalen Analyse zu verbinden. Propp betrachtete sich selbst als Vorreiter einer »mühseligen und etwas langwierigen« Methode, die noch zusätzlich durch einen Hang zu abstrakten, formalen Frage-

»Nun denn Wilhelm, wir haben das Kind, das durch den Wald geht.«

»Verzeih, Jacob, meinst du nicht, daß wir den Wald zu oft verwendet haben?«

»Der Wald ist immer gut, Wilhelm. Also, wen trifft das Kind?«

»Vielleicht einen Zwerg, oder zwei?«

»Das hatten wir schon, Wilhelm.«

»Wie wäre es mit einem Wolf, Jacob?«

Abb. 1 *Die Brüder Grimm bei der Arbeit an ihrer Sammlung. Zeichnung von Stevenson.*

stellungen kompliziert werde.[12] Er glaubte jedoch, daß seine »uninteressante« Arbeit (seine Bezeichnung) den Weg für engagiertere und überzeugendere Untersuchungen der Volkserzählungen bereiten werde. Seine eigene Arbeit ging später in die Richtung einer historischen und kulturellen Analyse. Bettelheim gilt als logischer Erbe von Propps Arbeiten, doch eigenartigerweise erwähnt er in *Kinder brauchen Märchen* den russischen Volkskundler kein einziges Mal. Daß er viel von Propps *Morphologie des Märchens* gelernt hat, wird deutlich, wenn wir beobachten, wie er die Bedeutung bestimmter fremder Details in einem Volksmärchen aufbläht und literarische Varianten eines Märchens behandelt, als ob sie Prototypen darstellten. In dieser Untersuchung habe ich versucht, Propps Erbe so weit wie möglich zu nutzen, während ich aus dem Schatz von Bettelheims interessanteren, phantasievolleren (im positiven und negativen Sinne des Wortes) und zweifellos provokativeren Deutungen schöpfte. Ein weiterer Mentor bleibt in diesem Zusammenhang noch zu erwähnen. Für Propp operieren Märchen mit maschinenähnlicher Präzision nach einer Reihe festgesetzter und unveränderlicher Gesetze; für Bettelheim verkörpern sie in ihren verschiedenen nationalen Ausgestaltungen zeitlose psychologische Wahrheiten. Historiker begannen erst vor kurzem damit, sich zu rechtmäßigen Interpreten folkloristischer Dokumente zu erklären, und erinnerten uns daran, daß viele Elemente eines jeden Märchens kulturell determiniert sind. Blaubart nahm eindeutig neue Charakterzüge an, als er den Rhein überschritt; Rotkäppchen wurde gezierter, als sie in die *Kinder- und Hausmärchen* einging; und Schneewittchen wurde immer reizender und ordentlicher, als ihre Geschichte gedruckt wurde und schließlich von Deutschland in die Vereinigten Staaten kam. Führend unter den Historikern, die sich mit Märchen beschäftigen, ist Robert Darnton, dessen bahnbrechender Aufsatz über die Bedeutung von »Mutter Gans« davor warnt, folkloristische Texte »ausgestreckt, wie Patienten auf einer Couch, in einer zeitlosen Gleichzeitigkeit« zu behandeln. Märchen, so stellt er fest, seien historische Dokumente, die von dem Geistesleben und der Kultur ihrer Epoche beeinflußt seien.[13] Ein Märchen zu interpretieren, ohne seine Entstehung und seinen geschichtlichen Kontext zu beachten, könne danebengehen. Auch wenn ich nicht davon überzeugt bin, daß Märchen notwendig bestechende und informative Enthüllungen über die verschiedenen Kulturkreise liefern, in denen sie sich entwickelten (sie bestätigen im allgemeinen, was wir schon durch andere, verläßlichere Quellen wissen), habe ich Darntons Warnung im Gedächtnis behalten, als ich die Märchen der Grimmschen Sammlung las.

Wie jeder Wissenschaftler, der sich auf das Gebiet der Volkskunde wagt, habe ich entdeckt, daß reine Textanalyse eine Kunst ist, die sich bei der Interpretation von Märchen nicht immer bezahlt macht. Das Instrumentarium der Literaturwissenschaft kann im allgemeinen nicht direkt auf die Folklore angewandt werden, sondern muß erst dem Gebrauch der Untersuchung mündlicher Erzählungen angepaßt werden, einer Form von Literatur – paradoxerweise – ohne Lettern. Daß Literatur und Folklore trotz der gegenseitigen Kontamination in ihrer Entstehung, ihren Intentionen und ihrer Struktur verschieden sind, ist eine Einsicht – so offensichtlich sie auch erscheinen mag –, die ich Wissenschaftlern aus dem Bereich der Volkskunde verdanke, die niemals müde werden, ihre literaturwissenschaftlichen Kollegen an die Beachtung der Trennlinie zwischen den beiden zu erinnern. Linda Dégh und Alan Dundes verdienen in diesem Zusammenhang besondere Erwähnung. Von diesen Wissenschaftlern lernte ich auch, daß Folklore eine Disziplin ohne tatsächliche Grenzen ist. Sie erfordert die Liebe des Paläontologen zum Archaischen, den Appetit des Historikers auf Fakten, die Neugier des Psychologen nach Ursachen und die Leidenschaft des Anthropologen, kulturelle Unterschiede zu verstehen. Erst nachdem meine eigene Untersuchung von Grimms Märchen abgeschlossen war, habe ich entdeckt, daß es so etwas wie eines Universalgenies bedarf, um eine völlig überzeugende Analyse dieser Samm-

lung hervorzubringen. Das muß einfach als eine der Lektionen meiner Geschichte gelten.
Da Universalgenies schon immer eine Seltenheit waren, ist die Volkskunde zu einem Schlachtfeld geworden, wo Wissenschaftler verschiedenster Disziplinen sich treffen, um über Theorien und Interpretationen zu debattieren. Der daraus resultierende Wettstreit und Zwist hat sich als überraschend fruchtbar erwiesen und die Lebendigkeit bewahrt, die unter anderen Umständen womöglich verlorengegangen wäre. Die wahren Verlierer in der Volkskunde sind diejenigen, die sich betont von dem Streit distanzieren und neutral bleiben wollen. Die einseitige Annäherung ist in der Volkskunde der Weg, der am schnellsten in die Irre führt und fragwürdige Ergebnisse produziert. Aus diesem Grunde habe ich versucht, eine synthetisierende Annäherungsweise immer dann einzunehmen, wenn sie angebracht erschien, indem ich volkskundliche Methoden mit psychologischen Einsichten und historischem Wissen verband.
Es würde ein Buch von weit größerem Umfang als dieses erfordern, allen 210 Märchen der Grimmschen *Kinder- und Hausmärchen* gerecht zu werden.[14] Die Sammlung ist mehr als eine reine Märchenanthologie: sie beinhaltet Fabeln, Lügengeschichten, Anekdoten, Warnmärchen und alle möglichen anderen Arten von Geschichten, die die Brüder Grimm für Volkserzählungen hielten. Das vorliegende Buch beschränkt sich auf eine begrenzte Anzahl von Märchen: auf die Texte, die inzwischen zum anerkannten Kanon der Zaubermärchen gehören; aber seine Spannweite geht weiter als bis zu »Aschenputtel« und »Schneewittchen«, und es werden auch weniger bekannte Märchen wie »König Drosselbart« und »Der Liebste Roland« besprochen. Zum Zwekke der Kontrastierung werden auch solche Geschichten herangezogen, die selbst beim besten Willen nicht zu den klassischen Zaubermärchen gezählt werden können.
»Das war wie im Märchen.« Unsere Alltagssprache spiegelt die gängige Meinung wider, daß Märchen erfüllte Wünsche und wahrgewordene Träume darstellen. Doch keiner kann

die *Kinder- und Hausmärchen* der Brüder Grimm lesen, ohne innezuhalten und über den Gegensatz zwischen dem glücklichen Ende der Märchen und den harten Lebensumständen der Märchenhelden nachzudenken. Die melodramatische Handlung beginnt mit einer Beschreibung der Hilflosigkeit und Erniedrigung, stellt die Konflikte zwischen Held und Schurken dar und schließt mit einer detaillierten Schilderung der gegen den Schurken ergriffenen Vergeltungsmaßnahmen sowie dem Bericht über die Heirat des Helden oder seinen Aufstieg zur Macht.

Das Märchen »Hans mein Igel« der Brüder Grimm veranschaulicht, wie sehr sich Märchen auf Schmerz und Leiden anstatt auf Glückseligkeit konzentrieren. Hans mein Igel ist der Sohn von Eltern, die sich ein Kind wünschen, »und sollt's ein Igel sein«. Hans verbringt seine ersten acht Lebensjahre hinter dem Ofen. »Sein Vater war ihn müde und dachte, wenn er nur stürbe; aber er starb nicht, sondern blieb da liegen.« Die nächste Etappe seiner Laufbahn führt Hans in den Wald, wo er viele Jahre damit verbringt, Schweine und Esel zu hüten, aber auch mit zwei verschiedenen Königen Abmachungen trifft, nach denen ihm die Töchter der Könige als Frau versprochen werden. Der erste König betrügt Hans, aber Hans rächt sich, indem er seine Tochter entführt, bestraft und anschließend verläßt.

> Als sie ein Stück Wegs von der Stadt waren, da zog ihr Hans mein Igel die schönen Kleider aus und stach sie mit seiner Igelhaut, bis sie ganz blutig war, sagte: »Das ist der Lohn für eure Falschheit, geh hin, ich will dich nicht«, und jagte sie damit nach Haus und war sie beschimpft ihr Lebtag.

Die Tochter des zweiten Königs hält das Versprechen ihres Vaters, heiratet Hans und bewirkt damit, daß er sich von einem Igel in einen Prinzen zurückverwandelt: »Wie das die Königstochter sah, war sie froh, und am anderen Morgen stiegen sie mit Freuden auf, aßen und tranken, und ward die Vermählung erst recht gefeiert, und Hans mein Igel bekam das Königreich von dem alten König.« In der parallelen

Entwicklung von Hilflosigkeit und Erniedrigung zu Vergeltungsmaßnahmen auf der einen und Wiedergutmachung auf der anderen Seite veranschaulicht »Hans mein Igel«, wie sehr die Erfüllung von Wünschen in Märchen an die Bestrafung von Schurken und die Belohnung von Helden gebunden ist.

Einen Blick auf die harten Fakten von Grimms Märchen zu werfen, heißt zunächst einmal einen langen Blick auf die Entstehungs- und Veröffentlichungsgeschichte der *Kinder- und Hausmärchen* zu werfen. Die Sammlung hat auf dem Weg vom Manuskript zu den verschiedenen Druckfassungen – insgesamt sieben zu Lebzeiten der Brüder Grimm – besondere Eigenschaften angenommen. Das erste Kapitel dieses Buches zeichnet die wichtigsten Stadien der Veröffentlichungsgeschichte der *Kinder- und Hausmärchen* nach und versucht, die narrative Stellung der Märchen zu definieren. Es zeigt, wie die Brüder Grimm, die gegenüber den Werten ihrer Zeit und zunehmend auch gegenüber pädagogischen Anforderungen immer empfänglicher wurden, Folklore für Erwachsene in die Zwitterform von Volks- und Kinderliteratur verwandelten. Kapitel 2 und 3 beschäftigen sich mit methodologischen Fragestellungen. Wie läßt sich auf der Grundlage einer einzigen veröffentlichten Version einer einst mündlichen Erzählung, die aus verschiedenen Versionen bestand, eine Interpretation aufbauen? Inwieweit ist die Grimmsche Variante eines Märchens wie »Aschenputtel« kulturgebunden, und in welchem Grad ist es ein reines Phantasiegebilde? Was macht man mit den rekurrierenden Mustern und Motiven der Märchen? Dies sind einige der Fragen, die im Laufe der theoretischen Überlegungen über Märchen aufgeworfen werden. Kapitel 4 und 5 konzentrieren sich auf die männlichen und weiblichen Helden der Märchen, und Kapitel 6 und 7 handeln von den männlichen und weiblichen Schurken. Ich schließe mit Gedanken über die Kunst der Abrechnung, wie sie in den Märchen praktiziert wird.

Unter allen Forschern, die sich den *Kinder- und Hausmär-*

chen gewidmet haben, hat niemand zur Korrektur, Klärung und Vergrößerung unseres Wissens über die Grimmschen Leistungen so viel beigetragen wie Heinz Rölleke. Seine hohen editorischen Maßstäbe und seine strengen methodologischen Grundsätze haben uns zuverlässige Texte zum Studium und Vergleich gegeben. Ohne seine Bemühungen als Herausgeber und Literaturwissenschaftler würden die Leser und Interpreten von Grimms Märchen weiterhin über die grundlegendsten Tatsachen im dunkeln bleiben und unter falschen Voraussetzungen weiterarbeiten.[15]

Teile des 3., 4. und 6. Kapitels wurden bereits in *Children's Literature Quarterly*, im *Yearbook of Psychoanalysis and Literature* und in dem Band *Fairy Tales as Ways of Knowing* veröffentlicht. Ich danke der Yale University Press, der Johns Hopkins University Press und dem Verlagshaus von Peter Lang für die Erlaubnis zum Wiederabdruck von Teilen dieser Aufsätze.

Dieses Buch wurde während eines Forschungsjahres an der Ludwig-Maximilians-Universität in München, das von der Alexander-von-Humboldt-Stiftung finanziert wurde, fertiggestellt. Ich danke der Stiftung für die Förderung meines Projekts in einem entscheidenden Entwicklungsstadium. Die Mitarbeiter des Brüder Grimm-Museums in Kassel schufen die idealen Forschungsbedingungen in der Stadt, wo die Brüder ihre Sammlung zusammengestellt haben. Dieter Hennig, dem Direktor des Museums, und Ursula Lange-Lieberknecht schulde ich besonderen Dank. Die großen Bestände der Kinder- und Jugendbibliothek in Schloß Blutenburg in München erwiesen sich in der Fortführung meiner Arbeit ebenfalls als unersetzlich. Wie immer standen die Mitarbeiter der Widener Library der Harvard University bei den rätselhaftesten und kompliziertesten Anfragen hilfreich zur Seite.

Eine Reihe von Kollegen hat besonderes Interesse für meine Arbeit gezeigt und mir geholfen, in die richtige Richtung zu steuern. Ich danke Klaus Kanzog, Ruth B. Bottigheimer und Margaret Higonnet dafür, daß sie Teile des Manuskripts gelesen haben, und Eric Blackall, Dorrit Cohn, Walter Sokel und Theodore Ziolkowski für die Unterstützung der Arbeit im Anfangsstadium. Detlev Koepke hat den Gehalt des Bandes sehr angereichert, indem er mich mit Lesestoff versorgte. Ich stehe auch in der Schuld von Annemarie Bestor, deren tatkräftige Unterstüzung im Endstadium der Arbeit unschätzbar ist. Ohne die Hilfe von Coruko-Monica Hernandez Sesma, die Kind und Haus versorgte, während ich die Märchen las, hätte dieses Buch noch viele Jahre mehr in Anspruch genommen.

I

KINDERLITERATUR?

1

SEXUALITÄT UND GEWALT

Hard Core im Märchen

> Darum geht innerlich durch diese Dichtungen jene Reinheit, um derentwillen uns Kinder so wunderbar und selig erscheinen.
>
> WILHELM GRIMM,
> Vorrede zu den *Kinder- und Hausmärchen*

Für viele Erwachsene kann die Lektüre einer »ungesäuberten« Auflage der Grimmschen Sammlung eine erkenntnisreiche Erfahrung sein. Selbst die, die wissen, daß Schneewittchens Stiefmutter den Mord ihrer Tochter plant, daß Tauben den Schwestern Aschenputtels die Augen auspikken, daß die Freier Dornröschens an der Hecke, die das Schloß umgibt, verbluten, und daß blinde Wut Rumpelstilzchen dazu bringt, »sich selbst mitten entzweizureißen«, sind auf die anschaulichen Beschreibungen von Mord, Verstümmelung, Kannibalismus, Kindermord und Inzest, die die Seiten dieser Gutenachtgeschichten für Kinder füllen, kaum gefaßt.[1] In »Von dem Machandelboom«, einem der am meisten bewunderten Märchen, köpft eine Frau ihren Sohn, hackt seinen Körper in kleine Teile und kocht daraus einen Eintopf, der ihrem Mann sichtlich schmeckt. »Fundevogel« erzählt von dem Versuch einer Köchin, einen ähnlichen Plan auszuführen, doch wird sie schließlich von dem Jungen und seiner Schwester überlistet. Frau Trude verwandelt in der gleichnamigen Geschichte ein Mädchen in einen Holzblock und wirft ihn ins Feuer. »Der Liebste Roland« beschreibt eine Hexe, die ihre Stieftochter mit einer Axt töten will, aber am Ende ihre eigene Tochter totschlägt. Eine andere Stiefmutter hüllt ihre Stieftochter in ein Papierkleid, jagt sie an

Abb. 2 *Moritz von Schwinds Illustration einer der vielen grausamen Episoden in »Von dem Machandelboom«.*

einem kalten Wintertag in den Wald und verbietet ihr, nach Hause zurückzukehren, ehe sie nicht einen Korb voll Erdbeeren gepflückt hat. Damit diese Litanei der Greueltaten nicht den falschen Eindruck erweckt, in deutschen Märchen seien Frauen die einzigen Handlanger des Bösen, wollen wir uns den Beispielen väterlicher und brüderlicher Grausamkeit zuwenden. Wer erinnert sich nicht an den Müller, der seiner Tochter das Leben zur Hölle macht, weil er sich rühmt, sie könne Stroh zu Gold spinnen? Oder an den König desselben Märchens, der bereit ist, das Mädchen zu köpfen, falls sich die Behauptungen des Vaters als falsch herausstellen? In einem anderen Märchen ist der Vater ob der Naivität seines Sohnes so verärgert, daß er ihn zunächst enterbt und schließlich seinen Dienern befiehlt, ihn zu ermorden. Der singende Knochen wird im gleichnamigen Märchen aus den Überbleibseln des Opfers eines Brudermordes geschnitzt; als der Knochen das Geheimnis des schändlichen Mordes lüftet, wird der überlebende Bruder in einen Sack genäht und ertränkt. Der Vater der als Allerleirauh bekannten Märchenheldin ist so besessen darauf, seine Tochter zu heiraten, daß sie gezwungen ist, in den Wald zu fliehen. Ein anderer Vater glaubt so sehr an das Erbrecht der letztgeborenen Tochter, daß er zwölf Särge für seine zwölf Söhne vorbereitet, falls sein dreizehntes Kind ein Mädchen sein sollte. Ein Monarch nach dem anderen bestraft böse Frauen damit, sie nackt in einem mit Nägeln ausgekleideten Faß den Berg hinunterzurollen.

In Märchen ist fast jede Figur – vom unerbittlichen Verbrecher bis zur Jungfrau Maria – zu grausamem Verhalten fähig. In »Der Räuberbräutigam« beobachtet eine Frau voll Entsetzen, wie ihr Verlobter und seine Komplizen ein Mädchen in ihr Quartier schleifen, ihm die Kleider vom Leib reißen, es auf einen Tisch legen, seinen Körper in Stücke hacken und mit Salz bestreuen. Ihr Schrecken wird noch größer, als einer der Diebe am Finger der Ermordeten einen goldenen Ring entdeckt, zur Axt greift und den Finger abhackt, der direkt in ihren Schoß fliegt. Dieses Verhalten ist vielleicht einem Banditen und Straßenräuber nicht ganz unangemessen, aber selbst die Jungfrau Maria scheint in der Grimmschen Sammlung mehr die Züge eines Ungetüms als die einer Heiligen an sich zu haben. Als das Mädchen, das als Marienkind bekannt ist, das Verbot mißachtet, eine von dreizehn Türen zu öffnen, die zum Himmelreich führen, und anschließend versucht, ihr Vergehen zu vertuschen, schickt die Jungfrau sie zur Strafe auf die Erde zurück. Da heiratet das Mädchen einen König und bringt drei Kinder zur Welt, die die Jungfrau, verärgert über die beharrliche Weigerung der jungen Königin, ihre Schuld einzugestehen, alle in den Himmel holt. Das mysteriöse Verschwinden der Kinder erregt natürlich den Verdacht der Räte des Königs, die ihr den Prozeß machen und sie zum Tode verurteilen. Erst als die Königin ihre Sünde zugibt (als die Flammen den Scheiterhaufen, auf dem sie gefesselt ist, erreichen), befreit Maria sie und gibt ihr ihre drei Kinder wieder. Mitgefühl gehört eindeutig nicht zu den Tugenden der in Märchen auftretenden Jungfrau Maria.

Die Brüder Grimm haben nur gelegentlich die Möglichkeit in Betracht gezogen, Beschreibungen brutaler Bestrafungen für Schurken abzuschwächen oder Schmerz und Leiden aus ihren Märchen zu entfernen.[2] Wenn sie es taten, so ging es meist auf den Rat eines Freundes oder Kollegen zurück und nicht auf ihren eigenen Wunsch. Vielmehr legten die Brüder Wert darauf, gewalttätige Episoden noch zusätzlich hinzuzufügen oder zu verstärken. Aschenputtels Schwestern wird in der ersten Version der Geschichte die Sehkraft noch erhalten. Erst in der zweiten Auflage der *Kinder- und Hausmärchen* schmückte Wilhelm Grimm die Geschichte mit einer lebhaften Beschreibung der Rache der Tauben und mit einer etwas albernen Rechtfertigung für das blutige Ende der Geschichte aus: »Und waren sie also für ihre Bosheit und Falschheit mit Blindheit auf ihr Lebtag gestraft.« Rumpelstilzchen flüchtet am Ende einiger Versionen seiner Geschichte auf einem fliegenden Löffel, doch scheinen die Brüder Grimm Gewalt der Komik vorgezogen zu haben. Ihr Rumpelstilzchen wird immer wütender über die Entdekkung seines Namens durch die Königin; in der zweiten Auflage der *Kinder- und Hausmärchen* ist es vor Wut so außer sich, daß es sich selbst mitten entzweireißt. In der ersten Version ihrer Geschichte schläft Dornröschen hundert Jahre lang, während eine Hecke friedlich um das Schloß herum wächst. In den folgenden Ausgaben der Grimmschen Sammlung lesen wir nicht nur von dem jungen Prinzen, dem es gelingt, das dornige Hindernis zu durchdringen, sondern erfahren auch etwas über das schreckliche Schicksal, das Dornröschens erfolglosen Freiern widerfährt. Sie scheitern, denn »die Dornen, als hätten sie Hände, hielten fest zusammen, und die Jünglinge blieben darin hängen, konnten sich

Jacob Grimm auf der Suche nach einem Verleger bemerkte, war das Hauptanliegen des geplanten Bandes nicht so sehr, etwas zu verdienen, sondern vielmehr zu retten, was sich noch von den unschätzbaren nationalen Quellen im Besitz der Deutschen befand. Die Brüder gaben allerdings auch ihrer Hoffnung Ausdruck, daß der Band überall Freunde finden würde – und daß er sie auch unterhalten würde.[7]
Durch eine schwerfällige Vorrede und umfangreiche Anmerkungen überfrachtet, hatte die erste Auflage der *Kinder- und Hausmärchen* eher das Aussehen eines wissenschaftlichen Wälzers als eines Buches für ein breites Publikum. Der Absatz war allerdings erstaunlich gut, zum Teil vielleicht wegen des Titels. Bereits mehrere der Zeitgenossen der Brüder Grimm hatten beachtlichen kommerziellen Erfolg mit Sammlungen von Kindergeschichten erzielt, und die Veröffentlichung der *Kinder- und Hausmärchen* fiel zeitlich ungefähr mit der Entwicklung eines Marktes für Märchensammlungen zusammen. Bis 1815 waren fast alle 900 Exemplare des ersten Bandes der Erstauflage verkauft, und Wilhelm Grimm begann, in Anbetracht der starken Nachfrage, von einer zweiten Auflage zu sprechen. Die Brüder Grimm hatten allen Grund, sich zu freuen, vor allem wenn man bedenkt, daß dreißig Jahre später (als schon mehr Menschen lesen konnten und die Nachfrage nach Kinderbüchern gestiegen war) ein so populäres Buch wie *Struwwelpeter* eine erste Auflage von 1500 Exemplaren hatte. Mit ihrem Ruf wissenschaftlicher Spitzfindigkeit und ihren endlosen Bemühungen, etwas zu veröffentlichen, müssen sie auch immer begieriger nach kommerziellem Erfolg, oder zumindest nach einigen Anzeichen von Interesse und Unterstützung ihrer literarischen Anstrengungen, gewesen sein. Bevor die Vorbereitungen für die zweite Auflage der *Kinder- und Hausmärchen* überhaupt in Gang gekommen waren, hatte Wilhelm Grimm schon genau errechnet, was die angemessenen Honorare für die erste und zweite Auflage sein würden.[8]
Die veranschlagten Honorare für die Sammlung waren kei-

neswegs belanglos. Die Brüder Grimm hatten magere Jahre hinter sich, und ihre Briefe aneinander sind übersät von Andeutungen über finanzielle Engpässe und Erniedrigungen, die sie wegen ihrer pekuniären Situation ertragen mußten. Von Wien aus nörgelt Wilhelm Grimm, daß er kein Geld mehr habe und seine Kleidung schäbig und seine Schuhe abgetragen seien. 1815 beschwert er sich, es gäbe im ganzen Haus keinen einzigen Stuhl, auf dem man sitzen könne, ohne sein körperliches Wohlbefinden zu gefährden. Bücher wurden oft ausgeliehen oder abgeschrieben, da sie in einem Haus, in dem es aus Sparsamkeit täglich nur zwei Mahlzeiten gab, eine zu teure Anschaffung waren. Daher waren die 500 Taler, die Savigny und Wilhelm Grimm für die erste Auflage der *Kinder- und Hausmärchen* als angemessen festgesetzt hatten, eine willkommene Aussicht. Und die 400 Taler, die sich Wilhelm Grimm von der zweiten Auflage der *Kinder- und Hausmärchen* erhoffte, wären eine solide Aufbesserung des Haushaltsbudgets gewesen, vor allem wenn wir uns vergegenwärtigen, daß Jacob Grimm 1816 als Bibliothekar in Kassel ein jährliches Gehalt von 600 Talern bekam, während Wilhelm Grimm 300 Taler bezog. Es ist daher nicht verwunderlich, daß das Honorar für die *Kinder- und Hausmärchen* ihnen bei der Abzahlung ihrer vielen Schulden sehr hilfreich gewesen wäre.[9]
Daß sogar Jacob, der weniger pragmatische der beiden Brüder, auf einen guten Umsatz aus war, enthüllt ein Brief an seinen Bruder aus dem Jahre 1815. Er brauchte nicht lange, um die Märchen sowohl als Einkommensquelle als auch Teil eines edlen wissenschaftlichen und patriotischen Auftrags gleichermaßen zu betrachten. »Wegen der neuen Auflage des ersten Teils der Kindermärchen ist sich erst miteinander vielfach zu besprechen«, schrieb er an Wilhelm. »Ich denke nicht, daß er ebenso darf wieder gedruckt werden, sondern vieles ist zu verbessern und zu vermehren; welches auch dem Absatz günstig sein muß, indem wenigstens viele Besitzer die zweite Auflage nochmals kaufen werden.«[10]
Unglücklicherweise hat sich der einigermaßen gute Absatz

für die Brüder Grimm nicht in großzügigen Honoraren niedergeschlagen. Glücklich darüber, endlich einen Weg für den Druck ihrer Sammlung gefunden zu haben, hatten sie mit Georg Andreas Reimer, ihrem Verleger in Berlin, nur die flüchtigsten Abmachungen getroffen. Keiner der beiden Brüder hatte die Erfahrung, die Selbstsicherheit oder das kaufmännische Gespür, um von Reimer die Festlegung besonderer Bedingungen zu verlangen. Wilhelm akzeptierte einfach Reimers Vorschlag, daß die Honorare erst nach einer (nicht näher bestimmten) Anzahl verkaufter Exemplare ausgezahlt würden. Reimers Versicherung, daß er die Autoreninteressen der Brüder Grimm und seine eigenen Verpflichtungen als Verleger niemals außer acht lassen würde, genügte den Brüdern. Sie hielten es nicht für nötig, den Vertrag schriftlich zu fixieren. Als es ihnen schließlich dämmerte, daß Reimer ständig um Informationen, Aktivitäten und Bezahlung gebeten werden mußte, versuchten sie, ihn auf eine präzise finanzielle Vereinbarung festzunageln. Aber 1817, fast fünf Jahre nachdem der erste Band der *Kinder- und Hausmärchen* erschienen war, war Reimer scheinbar weniger denn je gewillt, die Vereinbarungen über die Publikation zu klären. Obwohl er Kassel am Ende dieses Jahres besuchte, war er anscheinend zu beschäftigt, den Brüdern Grimm einen Besuch abzustatten und die finanziellen Angelegenheiten zu regeln.

Im Laufe der Zeit verloren die Brüder Grimm die Geduld mit Reimer. Immer wieder mußten sie ihn wegen der *Kinder- und Hausmärchen* drängen. Die Honorarzahlungen waren, wenn sie überhaupt eintrafen, fast immer verspätet. Schlimmer noch – Reimer schien nicht bereit zu sein, sein Versprechen, eine zweite Auflage zu veröffentlichen, einzuhalten, obwohl die erste Auflage in den meisten Buchläden ausverkauft war. Von der Tatsache überzeugt, daß das weitere Hinausschieben der Veröffentlichung der zweiten Auflage nur unterlegeneren Wettstreitern nützen würde (1808 war ein Band mit dem Titel *Kindermärchen* von A. L. Grimm veröffentlicht worden), drohte Wilhelm Grimm, die *Kinder-*

und Hausmärchen einem konkurrierenden Verlag anzubieten, es sei denn, Reimer würde sich bereit erklären, seine Bedingungen für die zweite Auflage festzulegen. Da zeigte Reimer seine Krallen. Er erinnerte Wilhelm daran, daß kein schriftlicher Vertrag zwischen ihnen existiere und daß er daher nicht mehr als die Hälfte der versprochenen Honorare bezahlen müsse. Darüber hinaus seien die Verkaufszahlen der *Kinder- und Hausmärchen* »nicht besonders stark mehr«, und er wäre auf 350 wertlosen Exemplaren des zweiten Bandes sitzengeblieben. Nichtsdestotrotz erklärte er sich bereit, mit der zweiten Auflage weiterzumachen, und dieses Mal setzte er akzeptable, wenngleich nicht voll ausformulierte Bedingungen für die Honorare fest. Die Brüder Grimm machten nochmals den Fehler, sich auf sein Ehrenwort zu verlassen.

Erst 1833, als sie nachrechneten, ging den Brüdern auf, wie sehr Reimer ihre Gutwilligkeit ausbeutete. Die 50 Louisdor, die sie als Honorar für die zweite Auflage bekommen hatten, waren lächerlich im Vergleich zu den 2500 Talern, die Jacob Grimm als Reimers Profit von den drei Bänden errechnete. Der Briefwechsel zwischen Reimer und den Brüdern Grimm wurde in den folgenden Monaten immer unerfreulicher, voll unverblümtem Sarkasmus auf beiden Seiten. Reimer begann mit dem Vorwurf, daß die Brüder Grimm nichts vom Buchhandel verstünden, und schloß damit, sie an die »nicht unbedeutenden Opfer« zu erinnern, die er für ihren Bruder Ferdinand gebracht hatte, der bei Reimer für das nicht gerade königliche Gehalt von 20 Talern pro Monat arbeitete. In Anbetracht der Umstände blieben die Brüder Grimm in ihren Antworten bemerkenswert taktvoll. Sie versicherten Reimer ihrer herzlichen Gefühle, aber erinnerten ihn immer eindringlicher an ihr Honorar. Am Ende gelang es den beiden Parteien nicht, eine gemeinsame Grundlage zu finden – Wilhelm rang verzweifelt die Hände und erklärte, daß es keinen Grund gebe, mit einem Mann, der so »unmöglich« sei, noch länger zu korrespondieren. Die Brüder Grimm veröffentlichten die dritte Auflage ihrer Märchen bei Diederich in Göttingen, und Ferdinand Grimm verlor nach zwanzig Jahren Arbeit seine Stelle.[11]

Die Brüder Grimm haben mit den *Kinder- und Hausmärchen* nie einen finanziellen Erfolg erzielt, vielleicht erhofften sie es noch nicht einmal. Doch das Ziel, Profit zu machen, fehlte in ihren Überlegungen sicher nicht völlig, und in einem gewissen Maß muß das die Überarbeitung der ersten Auflage beeinflußt haben. Dennoch war die Hoffnung auf finanziellen Gewinn, der sich durch den starken Absatz manifestiert hätte, nur zweitrangig. Was wirklich wichtig war, vor allem in den Jahren, die der Veröffentlichung der ersten Auflage unmittelbar folgten, war das Urteil der literarischen Welt. Beide Brüder verfolgten die Rezensionen mit besonderem Interesse, und hier jagte eine Enttäuschung die nächste. Jacob, der zwischen 1813 und 1815 die meiste Zeit als Diplomat unterwegs war, fragte seinen Bruder immer wieder nach der Rezeption der Sammlung. Aber kaum einer der wichtigeren Figuren der literarischen Welt schien viel daran gelegen zu haben, die Sammlung zu rezensieren, und die, die es tatsächlich taten, hatten selten etwas Gutes zu sagen. Während die Brüder Grimm vergeblich auf Rezensionen solcher Koryphäen wie Goethe warteten, nahmen weniger Talentierte wie Johann Gustav Büsching – dessen Märchensammlung von Jacob Grimm angegriffen worden war – und Friedrich Rühs – dessen Buch über die *Edda* Wilhelm Grimm verrissen hatte – die Gelegenheit wahr, sich zu rächen. Büschings anonyme Rezension aus dem Jahre 1813 in der *Wiener Literatur-Zeitung* verglich den ersten Band der *Kinder- und Hausmärchen* unglücklicherweise mit einer anderen Märchensammmlung, *Volkssagen, Märchen und Legenden*, die zufälligerweise seine eigene war. »Also wieder von den Herrn Grimms nur das alleinige Heil!«, fiel Büsching aus der Rolle. Anstatt die Bemühungen ihrer Mitstreiter auf dem Gebiet der volkskundlichen Studien anzuerkennen, schreibt Büsching, hätten die Brüder Grimm die Gelegenheit in ihrem Vorwort zu den *Kinder- und Hausmärchen* genützt, Musäus, Naubert, Otmar und ihn selbst herabzusetzen. Darüber hinaus seien die Brüder der Tatsache gegenüber blind geblieben, daß ihre Sammlung stark von französischen und italienischen Quellen geprägt und deswegen nicht wirklich deutsch sei. Wilhelm Grimm war durch diesen »albernen« Aufsatz und den Mangel an positiven Rezensionen so verärgert, daß er verzweifelt Achim von Arnim bat, eine Rezension zu veröffentlichen, ein Schritt, der völlig unpassend war, da das Buch Arnims Frau und Sohn gewidmet war. Jacob Grimm beschrieb Büsching als den »elendesten« Rezensenten, der ihm »zeitlebens« vorgekommen sei.

Friedrich Rühs war in seiner 1815 veröffentlichten Rezension über beide Bände der *Kinder- und Hausmärchen* etwas zurückhaltender als Büsching. Daß Rühs kein Freund der Brüder Grimm und ihrer Sammlung war, zeigt ein 1812 veröffentlichter Aufsatz in *Die Musen*, wo er feststellte, daß die *Kinder- und Hausmärchen* Achtung verdienten, wenn die wenigen guten Dinge in ihnen nicht von einer Unmenge des »elendesten, abgeschmacktesten Zeuge« völlig überschattet wären. Doch seine Rezension von 1815 empfahl die Sammlung mit einigen wenigen Vorbehalten. Dies sei kein Buch, das in Kinderhände gehöre, betonte Rühs. Die Geschichten darin seien zwar kurz und einfach, könnten Kinder aber verstören und zu »unangenehmen Empfindungen« führen. Eltern müßten darum gut überlegen, welche Geschichten für ihre Kinder angemessen seien. Die Brüder Grimm hatten keinen Grund, von dieser Rezension besonders enttäuscht zu sein, aber zu dieser Zeit erwarteten sie bereits als Ausgleich einige Lobreden.[12]

Die von den schlechten Kritiken der Presse verletzten Gefühle zeigen sich noch deutlich in einem 1820 verfaßten Brief von Jacob Grimm an Karl Lachmann : »An den Volkssagen und Märchen ist doch mancherlei Lehrreiches geblieben, darum sollten die Rezensenten, welche Idiotiken zu loben pflegen, unsere Sammlungen von Sagen und Märchen nicht so läppisch beurteilen, und lieber ganz dazu schweigen, als das Bißchen Aufmerksamkeit darauf beim Publi-

kum niederdrücken.« Daß das Buch von den literarischen Größen ignoriert worden war, ärgerte Jacob noch lange nach seiner Veröffentlichung.[13]
Für viele Kritiker ging das Buch an seinem potentiellen Markt vorbei, weil die Brüder durch ihren wissenschaftlichen Ehrgeiz die Erstellung eines Kinderbuches vereitelt hätten. Die sklavische Treue, zu der die Brüder Grimm sich gegenüber der mündlichen Tradition verpflichtet fühlten – insbesondere der rauhen Volkssprache – stand unter besonders heftigem Beschuß. August Wilhelm Schlegel und Clemens Brentano fanden, daß etwas Verfeinerung die Kunst des Volkes durchaus verbessert und die Märchen reizvoller gemacht hätte. »Will man ein Kinderkleid zeigen, so kann man es mit aller Treue, ohne eines vorzuzeigen, an dem alle Knöpfe heruntergerissen, das mit Dreck beschmiert ist, und wo das Hemd den Hosen heraushängt«, schrieb Brentano an Arnim. Arnim sagte den Brüdern Grimm offen, daß sie gut daran täten, der Sammlung in einem Untertitel eine Warnung an die Leser hinzuzufügen. Zukünftige Ausgaben müßten feststellen, daß das Buch »für Eltern zum Wiedererzählen nach eigener Auswahl« sei. Andere Leser waren weniger taktvoll. Heinrich Voß beschrieb die Sammlung (mit der Ausnahme weniger Märchen) als »wahren Schund«.[14]
Ernsthafter waren die Bemerkungen von Albert Ludwig Grimm, der kein Verwandter der Brüder war, aber gleichfalls ein Märchensammler. Als dieser Grimm das Vorwort zu dem von ihm veröffentlichten *Linas Märchenbuch* (1816) benutzte, um den Brüdern Grimm ihre Kritik an ihm in *ihrem* Vorwort heimzuzahlen, machte sich Wilhelm die Mühe, eine Abschrift der Vorwürfe in sein Handexemplar der *Kinder- und Hausmärchen* einzufügen. Albert Ludwig Grimm fand den Stil und die Atmosphäre der Grimmschen Sammlung armselig. Anstatt überall nach idealen Volksmärchen zu suchen, hätten sich die Brüder Grimm auf die erstbeste Kindermagd verlassen, die ihnen über den Weg gelaufen sei. Seiner Meinung nach waren fast alle Märchen der Sammlung durch den unverfeinerten Charakter der

Erzählerstimme in Mitleidenschaft gezogen. Darüber hinaus hätten die Brüder Grimm versucht, für zwei Gruppen (Wissenschaftler und Kinder) zu schreiben, und dabei keine zufriedengestellt. »Als ein Buch, das Kindern in die Hände gegeben werden kann, darf man jene Sammlung aber keineswegs ansehen«, monierte er. *Linas Märchenbuch* hingegen wäre von Anfang an als Kinderbuch geplant gewesen, und keiner könne auch nur das geringste Anstößige darin finden.[15]

Albert Ludwig Grimm hatte sich tatsächlich sehr bemüht, den »skizzenartigen« Stil und die »verunstaltete« Handlungsführung der *Kinder- und Hausmärchen* zu vermeiden. In »Das Märchen von Brunnenhold und Brunnenstark« (seine Version von »Allerleirauh«) braucht er fünfzehn Seiten für die Darstellung von etwas, das die Brüder Grimm in einem Absatz untergebracht haben. Im Grimmschen »Allerleirauh« versucht der verwitwete Vater (wie bereits erwähnt) seine Tochter zu überreden, ihn zu heiraten. A. L. Grimm änderte die Episode so, daß die Motivation des Mädchens, zu fliehen, zwar beibehalten, der König und Vater aber von der Schande befreit wurde, so daß sich die Geschichte in seinen Augen als Kinderlektüre eignete. Der Vater seiner Armina schlägt seiner Tochter nie die Heirat vor; es sind seine Räte, die alles in ihrer Macht Stehende tun, um diese Hochzeit zu arrangieren. Der moralisch unantastbare König weigert sich allerdings und nutzt die Gelegenheit, um seine Bescheidenheit als König zu zelebrieren. Den Räten erklärt er, daß es »eine Sünde sei vor den Menschen und im Himmel, denn noch nie sei das in der Welt geschehen, daß ein Vater seine eigene Tochter zur Gemahlin gehabt habe, und er dürfe nichts tun, wenn er schon ein König wäre, was noch kein Mensch in der Welt getan habe.«[16]

Wilhelm Grimm verlor keine Zeit und folgte dem Rat seines Konkurrenten, von dem er und sein Bruder sich in dem Vorwort zur ersten Auflage der *Kinder- und Hausmärchen* so deutlich distanziert hatten. Für die nächsten Auflagen der Sammlung überarbeitete er die Texte so sehr, bis sie oft

doppelt so lang wie ihr Original waren, und verfeinerte dabei die Sprache, bis sich keiner mehr über den rauhen Ton beschweren konnte. Er bemühte sich auch, den Inhalt der Geschichten zu »säubern«. Sowohl A. L. Grimm als auch Friedrich Rühs hatten vor allem »Rapunzel« für eine Märchensammlung, die für Kinder gedacht war, als besonders unangebracht empfunden. »Welche rechtschaffene Mutter oder Aufseherin würde ohne Erröten das Märchen von der Rapunzel einer schuldlosen Tochter erzählen können?« stöhnte Rühs. Wilhelm sorgte dafür, daß die Geschichte nach Grundsätzen neugeschrieben wurde, die die Zustimmung beider Kritiker finden würden. Jacob Grimm hat der Kritik zwar entgegengehalten, daß die Sammlung nie für junge Zuhörer gedacht gewesen sei, doch sein Bruder war bereit, die Märchen, die als für Kinder ungeeignet erachtet wurden, zu entfernen oder zu überarbeiten. Er wurde von seinem Bruder Ferdinand, dem die Eliminierung all dessen, was das Feingefühl der lesenden Öffentlichkeit verletzen könnte, sehr am Herzen lag, bei diesen Bemühungen ermutigt.[17]
Wilhelm Grimm entpuppte sich als genauso geschickter Zensor wie Albert Ludwig Grimm. Betrachten wir die folgende Passage aus der ersten Auflage der *Kinder- und Hausmärchen* (Rapunzels tägliches Herumtollen mit dem Prinzen oben im Turm hat, wie wir dann erfahren, Konsequenzen).

> Rapunzel erschrak nun anfangs, bald aber gefiel ihr der junge König so gut, daß sie mit ihm verabredete, er solle alle Tage kommen und hinaufgezogen werden. So lebten sie lustig in Freuden eine geraume Zeit, und die Fee kam nicht dahinter, bis eines Tages das Rapunzel anfing und zu ihr sagte: »sag' sie mir doch Frau Gothel, meine Kleiderchen werden mir so eng und wollen nicht mehr passen.« Ach du gottloses Kind, sprach die Fee ...[18]

Für die zweite Auflage der *Kinder- und Hausmärchen* veränderte Wilhelm Grimm die Passage so, daß sie weniger »unzüchtig« – und im Gegenzug dafür viel weniger lebendig wurde. Hier hat Rapunzels »Gottlosigkeit« einen vollkommen anderen Grund.

> Rapunzel erschrack nun anfangs, bald aber gefiel ihr der junge König so gut, daß sie mit ihm verabredete, er soll alle Tage kommen und hinaufgezogen werden. So lebten sie lustig und in Freuden eine geraume Zeit, und hatten sich herzlich lieb, wie Mann und Frau. Die Zauberin aber kam nicht dahinter, bis eines Tages das Rapunzel anfing und zu ihr sagte: »Sag sie mir doch Frau Gothel, sie wird mir viel schwerer heraufzuziehen als der junge König.« – »Ach du gottloses Kind«, sprach die Zauberin.

Man kann leicht zu der Erklärung gelangen, daß die deutsche Prüderie oder der ausgeprägte Sinn der Brüder Grimm für Anstand die Veränderungen in »Rapunzel« motiviert habe. Das ist wohl möglich. Aber es ist wesentlich einleuchtender, davon auszugehen, daß Wilhelm Grimm sich die Kritiken an seinem Band zu Herzen nahm und ihn das Interesse, einen größeren Leserkreis zu finden, dazu bewegte, die entsprechenden Veränderungen vorzunehmen. Seine starke Empfänglichkeit für moralische Einwände gegen Märchen der Sammlung spiegelt das wachsende Bedürfnis wider, mehr für Kinder zu schreiben als für Wissenschaftler zu sammeln.
In den Jahren, die zwischen den beiden ersten Auflagen der *Kinder- und Hausmärchen* lagen, legte Wilhelm Grimm für die Sammlung einen neuen Kurs fest. Sein Sohn behauptete zwar später, daß Kinder von einem Buch Besitz ergriffen hätten, das anfänglich nicht ihres gewesen sei, doch Wilhelm hat dieser Entwicklung eindeutig Vorschub geleistet. Er hatte offensichtlich hinter Jacobs Rücken schon einige Veränderungen vorgenommen, aber anscheinend nicht genug, um seine Kritiker zu befriedigen. Das Vorwort zur zweiten Auflage betonte den Wert der Märchen für Kinder und ließ nicht unerwähnt – fast als nachträgliche Überlegung –, daß Erwachsene auch Gefallen an ihnen finden und sogar einiges lernen könnten. Die Brüder bestanden nicht länger auf der Worttreue gegenüber den mündlichen Überlieferungen, sondern gaben offen zu, daß sie sich große Mühe gegeben hätten, »jeden für das Kinderalter nicht passenden Aus-

druck« zu entfernen. Darüber hinaus verliehen sie der Hoffnung Ausdruck, daß ihre Sammlung als »Erziehungsbuch« dienen könne. Obwohl es wahr ist, daß Wilhelm Grimm für den Löwenanteil der Änderungen in den folgenden Auflagen der *Kinder- und Hausmärchen* verantwortlich war, konnte Jacob Grimm, der einst erklärt hatte, daß die Sammlung nicht für Kinder gedacht gewesen sei, nicht viel entgegengesetzt haben. Nach dem Tod seines Bruders machte er die eigenartig widersprüchliche Behauptung, daß er in die ersten Auflagen genauso viel Zeit wie Wilhelm investiert, doch gleichzeitig der Versuchung widerstanden habe, das Quellenmaterial umzuschreiben und auszuschmücken. Hätte er beides getan, hätten sich die *Kinder- und Hausmärchen* zweifelsohne in eine andere Richtung entwickelt.[19]

Der Absatz der zweiten Auflage war nicht so gut, daß die Brüder Grimm es sich leisten konnten, auf ihren Lorbeeren auszuruhen. Es dauerte noch achtzehn Jahre, bis eine dritte Auflage veröffentlicht wurde. Die Sammlung erzielte erst 1825 den vollen Erfolg, in dem Jahr also, in dem eine gekürzte Ausgabe (die sogenannte *Kleine Ausgabe*) erschien. Für diesen preisgünstigen Band, der der finanziell erfolgreichen Übersetzung ausgewählter Märchen der *Kinder- und Hausmärchen* ins Englische durch Edgar Taylor nachempfunden war, stellte Wilhelm Grimm die fünfzig bekanntesten Märchen zusammen – mehr oder weniger die, die heute zum klassischen Kanon gehören. Die erste Auflage von 1500 Exemplaren verkaufte sich gut, und die Brüder erlebten noch neun Nachdrucke. In jenen Jahren entwickelte sich zwar gerade ein Markt für Kinderliteratur – die Titelbilder zu Märchensammlungen beginnen in dieser Zeit auch Kindermägde und Großmütter zu zeigen, die den Kindern vorlesen, anstatt frei zu erzählen. Doch hatte Wilhelm Grimm auch das richtige Gespür, wie er den Absatz verbessern könnte. Für die gekürzte Ausgabe ging er sogar noch weiter, als Achim von Arnim ihm vorgeschlagen hatte, um die *Kinder- und Hausmärchen* in ein Kinderbuch zu verwandeln. Das Vorwort und die Anmerkungen wurden gestrichen; Illustrationen (von dem Bruder Ludwig Emil Grimm) wurden hinzugefügt; und die Texte basierten auf der überarbeiteten Version von 1819. Wie Wilhelm seinem Verleger schrieb, hatte nichts, was nach Wissenschaft aussah, in dem Band etwas zu suchen.[20]

Die Anspielungen auf ungewollte Schwangerschaften wegzulassen, die Eheschließung vor der Beschreibung des Ehebetts stattfinden zu lassen und abweichendes Verhalten ausdrücklich zu verdammen, muß viel dazu beigetragen haben, die Kritiker zum Schweigen zu bringen und die Einwände der Eltern gegenüber der ersten Auflage der *Kinder- und Hausmärchen* auszuräumen. Es war unter kommerziellen Gesichtspunkten sicher sinnvoll, so zu verfahren. Aber warum sollte Gewalt oder Leiden verstärkt werden, um die Bestrafungen von Übeltätern zu veranschaulichen, wenn man eine Zuhörerschaft von Kindern erreichen wollte? Zunächst waren die Brüder Grimm sorgsam genug, Gewalt da zu vermeiden, wo sie in einer zu realistischen Umgebung geschah. »Die Kinder in Hungersnot« beispielsweise ist weniger ein Märchen denn ein quasi-journalistischer Bericht; darum ist diese Geschichte auch nicht in die zweite Auflage aufgenommen worden. Wenn es sich aber um reine Märchen handelte, sind die Brüder Grimm anders vorgegangen. Da hatten sie weder Vorbehalte, ausführliche Beschreibungen von mißhandelten Kindern und bestraften Missetätern zu drucken, noch beeilten sie sich, Passagen, die rollende Köpfe oder durch die Luft fliegende Finger beschrieben, zu entfernen.

Professionelle Erzähler berichten, daß Kinder selten überempfindlich reagieren, wenn sie von Enthauptungen oder anderen Formen der Verstümmelung hören. Gräßliche Episoden sind für sie eher spaßhaft als furchterregend. Vilma Mönckeberg, eine bedeutende Märchenerzählerin, berichtet, daß ihre jungen Zuhörer Episoden aus »Von dem Machandelboom« »urkomisch« fanden. Die Darstellung des Kannibalismus rufe entgegen ihren Befürchtungen nicht Abscheu und Empörung hervor. Ein anderer Geschichtener-

zähler schildert, wie Kinder »vor Begeisterung geschrien« hätten, als sie von dem Todeskampf des Juden im Dorn im gleichnamigen Märchen gehört hätten.[21] Und das aus Gründen, die wahrscheinlich wenig mit Antisemitismus zu tun haben. Offensichtlich ist diese Art des Gelächters eher eine Befreiung der verdrängten Ängste als eine Äußerung der Begeisterung, aber es deutet auch darauf hin, daß die Beschreibung körperlicher Gewalt in Märchen eine besondere Anziehungskraft für Kinder hat – und nicht nur im Zusammenhang mit der Bestrafung von Schurken. Wenn es um die Darstellung der Prüfungen und des Leidens des Helden geht, sieht die Sache allerdings etwas anders aus. Da identifizieren sich Kinder, die sich selbst zu den Unterdrückten und Unterprivilegierten zählen, mit dem Protagonisten und leiden mit ihm. Je mehr Hänsel, Gretel, Aschenputtel und Schneewittchen unter den Mächten des Bösen zu leiden haben, umso mehr erregen sie Mitgefühl bei den Kindern und umso faszinierter sind sie. Wilhelm Grimms editorische Verfahrensweise führte auch hier zum Erfolg, die *Kinder- und Hausmärchen* für Kinder attraktiver zu machen.
All das soll nicht heißen, die Brüder Grimm seien reine Opportunisten gewesen. Vielmehr unterstützten sie eine Entwicklung, die sich im 19. Jahrhundert ausbreitete. Die Geschichten, die die beiden jungen Studenten der Volkskunde und Philologie (Jacob war siebenundzwanzig und Wilhelm sechsundzwanzig, als die erste Auflage der *Kinder- und Hausmärchen* erschien) gesammelt hatten, konnten noch immer als Quelle der Unterhaltung für alle Altersgruppen betrachtet werden. Sie erschienen im Druck, als Märchen gerade dabei waren, von den Ställen und Spinnstuben in die Kinderzimmer zu ziehen. Der Prozeß, durch den aus Unterhaltung für Erwachsene Kinderliteratur wurde, war langsam und hatte eine lange Übergangsperiode, in der die Grenze zwischen beidem keinesfalls deutlich war.
In vielerlei Hinsicht war die Grimmsche Sammlung (zumindest in ihrer ursprünglichen Form) nicht auf eine der beiden Gruppen festgelegt. Dadurch, daß sie der Sammlung den

Namen *Kinder- und Hausmärchen* gegeben haben, schienen die Brüder Grimm von Anfang an anzudeuten, daß die Sammlung für Kinder gedacht sei. Aber wie C. S. Lewis schon in bezug auf Märchen sagte: »Viele Kinder mögen sie nicht und viele Erwachsene mögen sie.« Keine Altersgruppe hatte jemals ein unbestrittenes Monopol für Märchen. Schon die Bemerkungen der Brüder über den Titel ihrer Sammlung enthüllten, daß ihre erste Auflage vielleicht für Wissenschaftler hergestellt worden war, aber daß die eigentliche Zuhörerschaft für diese Geschichten Erwachsene und Kinder umfaßte. »Kindermärchen werden erzählt, damit in ihrem reinen und milden Lichte die ersten Gedanken und Kräfte aufwachen und wachsen; weil aber einen jeden ihre einfache Poesie erfreuen und ihre Wahrheit beleben kann, und weil sie beim Haus bleiben und forterben, werden sie auch Hausmärchen genannt.« Jacob Grimm hat selbst betont, daß die im Titel der Sammlung getroffene Unterscheidung zwischen Kinder- und Hausmärchen eher oberflächlich als wirklich vorhanden sei. Seiner Ansicht nach hätten Kinder und Erwachsene in bezug auf das folkloristische Erbe ihrer Vorfahren dieselben Bedürfnisse. Daher fängt wahrscheinlich der Titel einer neueren Übersetzung der *Kinder- und Hausmärchen* der Brüder Grimm ins Englische die Idee am besten ein: *Märchen für jung und alt.*[22]
Auch die Märchensammlungen, die dem Grimmschen Band vorausgingen, waren darauf zugeschnitten, jung und alt Zerstreuung zu bieten. Ein und dasselbe Märchen konnte den Kindern eine einfache Lehre erteilen, selbst wenn es den Erwachsenen als Quelle unbeschwerter Unterhaltung diente. Die doppelte Lektion, die Perraults »Blaubart« enthält, enthüllt auf bezeichnende Art und Weise, daß es zwei Zuhörergruppen für dieses furchterregende Märchen gibt. Die erste Moral (die auf Kinder zielt – und anscheinend auch auf Frauen) beschreibt detailliert die Gefahren der Neugier: »Mag auch Neugier noch so verlocken, so schafft sie häufig doch nur Kümmernis; ... Sie gewährt, mit Verlaub, werte Damen, ein flüchtiges Vergnügen: kaum gibt man sich ihm

hin, ist es auch schon vorbei, und immer ist sein Preis zu hoch.«[23] Dies ist die Lektion, die aus der Geschichte der letzten Frau Blaubarts gezogen werden soll, eine Lektion, die nicht ganz mit den Vorkommnissen des Märchens übereinstimmt, da die »neugierige« Frau danach mit einem »sehr ehrenwerten Mann« glücklich weiterlebt und alles über die »böse Zeit« vergißt, die sie mit ihrem rohen Mann verbracht hatte. Eine zweite Moral betont, daß »Blaubart« nicht allzu ernst genommen werden soll.

> Wer auch nur ein bißchen Vernunft besitzt und sich in der Welt auskennt, bemerkt rasch, daß dies ein Märchen aus alter Zeit ist. Heutzutage gibt es keinen Ehemann mehr, der – wäre er auch noch so mißgünstig und eifersüchtig – sich so schrecklich zeigte und so Unmögliches verlangte. Seiner Frau gegenüber ist er die Milde selbst, und welche Farbe sein Bart auch haben mag – man könnte kaum sagen, wer von den beiden der Herr ist.[24]

Wie J. R. R. Tolkien bemerkt hat, zogen sich die Märchen in die Kinderzimmer zurück, als sie unmodern wurden, genauso wie »schäbige oder altmodische Möbel in das Spielzimmer verbannt werden«.[25] Wann genau die Funktion der Märchen sich von Erwachsenenunterhaltung zur Erziehung und Zerstreuung der kleinen Kinder entwickelte, ist nicht ganz eindeutig. Von Noël du Fails Bericht über die *veillée*, wo Männer und Frauen Märchen lauschten, während sie ihre Haus- und Hofarbeiten erledigten, wissen wir, daß Märchen im 16. Jahrhundert in Frankreich vor allem eine Angelegenheit der Erwachsenen waren. In bestimmten Teilen Deutschlands blieb die Kunst des Dichtens und Erzählens von Märchen bis zum Deutsch-Französischen Krieg im Jahre 1870 ein weitverbreiteter Brauch. Aber als durch die Industrialisierung die Notwendigkeit der gemeinsamen Verrichtung von Haus- und Hofarbeiten, die ein Forum für mündliche Erzählung geschaffen hatten, immer kleiner wurde, starben Märchen als Teil der Unterhaltung Erwachsener aus. Es mag zwar noch einige Nischen – sowohl in der Stadt als auch auf dem Lande – gegeben haben, in denen mündliches Vortragen von Märchen und Liedern gedieh, aber im großen und ganzen läßt sich sagen, daß das 19. Jahrhundert eine stetige Abnahme in der einst starken Vorliebe der Erwachsenen für Märchen verzeichnet.[26]

Da üblicherweise Märchen bei den Zusammenkünften der Erwachsenen erzählt wurden, nachdem die Kinder ins Bett gebracht worden waren, konnten die bäuerlichen Erzähler sich bestimmte Freiheiten in ihrer Diktion herausnehmen und ihrem Hang zu versteckten sexuellen Andeutungen oder gewagten Anspielungen nachgeben. In französischen Versionen von »Rotkäppchen« aus dem 18. Jahrhundert nimmt die Heldin unwissentlich das Fleisch und Blut ihrer Großmutter zu sich, wird von der Katze ihrer Großmutter eine Schlampe genannt und zieht sich vor dem Wolf langsam aus. Eine italienische Version läßt den Wolf die Mutter töten, aus ihren Sehnen ein Gummiband machen, aus ihrem Fleisch eine Pastete und Wein aus ihrem Blut. Die Heldin zieht am Gummi, ißt die Pastete und trinkt das Blut.[27] Sogar dieses Märchen, das in seiner heutigen Version das lehrhafteste überhaupt zu sein scheint, war ursprünglich eine schlüpfrige Geschichte für Erwachsene und kaum für Kinder geeignet. So sehr manche Leser von der Brutalität und Grausamkeit der Grimmschen Märchen abgestoßen sein mögen, so würden sie doch so manches zahm finden im Vergleich mit der entsprechenden bäuerlichen Version.

Walt Disney war keineswegs der erste, der Sexualität, Gewalt und Familienkonflikte aus der manifesten Handlung der Märchen verbannte.[28] Lange bevor Disney die Stiefmutter Schneewittchens in eine böse Königin verwandelte, hatten die Brüder Grimm dafür gesorgt, daß Schneewittchens leibliche Mutter durch eine Stiefmutter ersetzt wurde. Obwohl die Brüder darauf bestanden, daß sie nur etwas mit den Buchstaben gespielt und nie den Geist der Märchen verfälscht hätten, so wie sie immer wieder behaupteten, daß die wesentlichen Umrisse jeder Märchenhandlung intakt geblieben seien, legen Vergleiche der aufeinanderfolgenden Auflagen der *Kinder- und Hausmärchen* nahe, daß die Brüder Grimm entweder unredlich waren, unaufrichtig oder an

Selbstbetrug litten, wenn sie solche Erklärungen abgaben.[29] Sie stellten öffentlich und privat fest, daß Überarbeitungen nur im Interesse der Herstellung vollständiger und authentischer Märchen gewesen seien. Tatsächlich überarbeitete Wilhelm Grimm die Märchen so sehr und ging so weit in seinen Bemühungen, gewagte Episoden zu entfernen, daß es ihm als Verdienst angerechnet werden kann, die Märchen keimfrei gemacht und damit den Weg bereitet zu haben für den Prozeß, der sie in allen Kulturen zu einer akzeptablen Kinderliteratur machte.

So sehr die Brüder Grimm auch versuchten, ihre Märchen als Produkte des »Volkes« zu rühmen, hat die neuere Wissenschaft doch gezeigt, daß sie auf Quellen zurückgriffen, die mindestens schon einen Schritt von der Bauernkultur entfernt waren. Da die Brüder Grimm damit anfingen, Märchen zu sammeln, als die Märchen aufhörten, eine lebendige Rolle im Alltag der Erwachsenen zu spielen, erhielten sie von ihren Beiträgern Versionen, die schon stark verändert worden waren. Der grundlegende Inhalt mag zwar nicht besonders von dem abgewichen sein, was man sich während der Ernte oder in der Spinnstube erzählt hatte, aber gewagte Details wurden zweifelsohne genauso wie die grobe Sprache abgeschwächt oder entfernt. Die Beiträger der Brüder Grimm waren selten ungebildete Bauern, die die unnachahmliche Sprache des »Volkes« sprachen, sondern gebildete Männer und Frauen aus verschiedenen sozialen Schichten.[30] In bezug auf ihr Alter mögen sie sehr unterschiedlich gewesen sein, aber ihre Herkunft und ihre Bildung waren sicher nicht so verschieden, daß irgendeiner der wesentlichen Beiträger sich von den anderen abgehoben hätte. Auch waren die Brüder Grimm keineswegs gegen einen Rückgriff auf literarische Quellen für ihre folkloristischen Texte. Besonders für ihren ersten Band plünderten sie eine Märchensammlung nach der anderen. Erst bei den Vorbereitungen für die zweite Auflage begannen sie, sich hauptsächlich auf mündliche Erzählungen zu verlassen.

Selbst wenn die Brüder Grimm Gelegenheit hatten, einer

»authentischen« Darbietung beizuwohnen, waren sie nicht in der Lage, diese Darbietung in all ihrer »Reinheit« zu bewahren, wie sie es behauptet hatten. Wie jeder Zuhörer folkloristischer Vorführungen haben sie bei der Gestaltung der Handlung der Märchen, die sie gehört hatten, eine Rolle gespielt. Jeder Geschichtenerzähler hat ein eigenes Repertoire an Märchen, das er in Zusammenarbeit mit den Zuhörern entwickelt hat. So sehr Märchenerzähler eine einseitige Kontrolle über ihr Material auszuüben scheinen, so sehr ist ihre Einbildungskraft doch in einem gewissen Maße von ihren Zuhörern abhängig. Das erfolgreiche Erzählen eines Märchens fordert vom Erzähler, seine Zuhörer einzuschätzen, ihre Wünsche zu erahnen und zu umgehen, was ihre Ohren verletzen könnte. Sogar im Eifer des Erzählens kann der Erzähler seiner Geschichte neue Wendungen geben, wenn er lernt, die Zuschauer zu beobachten, ihre Reaktionen wahrnimmt und sich auf ihre Vorlieben und Abneigungen einstellt. Auf diese Weise arbeitet der Märchenerzähler mit seinen Zuhörern zusammen. Oder, um es anders zu formulieren, die folkloristische Gemeinde fungiert als eine Art Zensor, der unablässig den Inhalt eines Märchens überarbeitet, bis es auf volle Zustimmung stößt. Daher überrascht es nicht, vollkommen unterschiedliche Versionen desselben Märchens in verschiedenen kulturellen Kontexten zu finden. Jede Gemeinde oder Kultur hat Anteil an ihrer eigenen einzigartigen narrativen Tradition, die von ihren besonderen Sitten und Werten durchdrungen ist.[31]

Für die Brüder Grimm bestand der Prozeß der Umarbeitung von Märchen aus drei Stufen. Zunächst beeinflußten sie als Zuhörer oder Angesprochene die Erzählweise eines Märchens schon allein durch ihre Anwesenheit. Ihre gesellschaftliche Stellung, ihr Alter, ihr Geschlecht und ihre Körpersprache beeinflußten ihre Beiträger. Dorothea Viehmann, Jeanette Hassenpflug und Dorothea Wild gingen zweifelsohne unterschiedlich vor und veränderten geschickt die Sprache ihrer Märchen, wenn sie sie für zwei Junggesellen erzählten. So sehr die Brüder auch betonten, daß Dorothea Viehmann ein unfehlbares Gedächtnis für Details habe und sich korrigiere, sobald sie auch nur für einen Moment von der Standardformulierung der Geschichte abweiche, so scheint es doch ziemlich unwahrscheinlich, daß ihr Erzählton und Stil unverändert blieben, ob sie nun ihr ganzes Repertoire den Brüdern oder ein Märchen ihren Enkeln erzählte. Ganz gleich, wie genau die Brüder Grimm die mündlichen Erzählungen dieser Märchen aufzeichneten, so blieben sie doch Zuhörer der Texte, die in ihrer Anwesenheit gestaltet wurden. Sie waren darüber hinaus nie in der Lage, mehr als die verbale Dimension der Darbietung festzuhalten. Intonation, Gestik und Mimik gingen zusammen mit all den anderen lebendigen Komponenten einer mündlichen Erzählung verloren.[32]

Auf eine zweite, sogar fundamentalere Art und Weise veränderten die Brüder Grimm die Gestalt der ihnen erzählten Märchen. Wie alle frühen Märchensammler, vor allem jene, die vor dem Zeitalter der tragbaren Cassettenrecorder arbeiteten, konnten sie der Versuchung nicht widerstehen, zu verbessern, was sie gehört hatten, lesbar zu machen, was nur für das Ohr angenehm ist. Nehmen wir beispielsweise die Grimmsche Aufzeichnung von »Fundevogel«. Eine Passage des Originalmanuskripts enthüllt das Ausmaß, in dem die beiden Brüder anfänglich versuchten, den Charakter und Tonfall der mündlichen Erzählung zu erhalten – auf Kosten der Lesbarkeit.

> Den Mor[gen] früh geht der Forster um zwey Uhr auf die Jagd, wie er weg ist, so spricht das Lehnchen zum Karl verläßest du mich nicht so verlaß ich dich auch nicht, so spricht der Karl nimmermehr, da spricht das Lehnchen ich will dir es nur sagen die Köchin hat gestern so viel Waßer ins Haus getragen so fragte ich sie warum sie so viel Waßer ins Haus trug so sagte sie wann ich es vor keinen Menschen sagen wolte, dann sollte sie mir es sagen so sagte ich ich wolte es vor keinen Menschen sagen, so sagte sie sie wolte morgen früh wann mein Vater auf die Jagd wäre dann wollte sie einen Keßel vor Waßer kochen und dich hinein werfen und kochen.[33]

Diese Passage macht nur allzu deutlich, daß die pedantische Treue gegenüber der folkloristischen Quelle nicht unbedingt eine Tugend ist. »Ammen-Mährchen, im Ammen-Ton erzählt, mögen sich durch mündliche Überlieferung fortpflanzen; aber gedruckt müssen sie nicht werden«, warnte der deutsche Schriftsteller Wieland. Die Wirkung der mündlichen Version eines Märchens kann leicht verfliegen, wenn sie zu Papier gebracht wird, so wie es der geschriebenen Version nicht unbedingt gelingt, eine Zuhörerschaft zu begeistern. Es ist daher nicht schwer zu verstehen, was die Brüder Grimm veranlaßt hat, die verbalen Äußerungen ihrer Beiträger in das zu verwandeln, was Puristen als eine gespreizte und künstliche literarische Sprache bezeichnet haben.[34]

Dennoch haben die Brüder Grimm sich gelegentlich selbst übertroffen. Während sie nicht ganz so weit wie Madame de Villeneuve gegangen sind, die die Geschichte »Die Schöne und das Tier« so aufgebläht hat, daß ihre Version mehr als dreihundert Seiten lang geworden ist, sind sie doch gelegentlich der Versuchung erlegen, ein Märchen durch Ergänzungen auszuschmücken. Hier einige Zeilen aus ihrem Originalentwurf von »Dornröschen«:

> Da stach [Dornröschen] sich in die Spindel u. fiel alsbald in einen tiefen Schlaf. Da auch in dem Augenblick der König u. der Hofstaat zurückgekommen war, so fing alles alles im Schloß an zu schlafen, bis auf die Fliegen an den Wänden. Und um das ganze Schloß zog sich eine Dornenhecke, daß man nichts davon sah.[35]

Wie Max Lüthi und andere bemerkt haben, wuchs diese Passage genauso schnell wie die Hecke, die das Schloß umgibt.[36] Zu dem Zeitpunkt, als die letzte Auflage erschien, sah sie dann so aus:

> »Was ist das für ein Ding, das so lustig herumspringt?« sprach das Mädchen, nahm die Spindel und wollte auch spinnen. Kaum hatte sie aber die Spindel angerührt, so ging der Zauberspruch in Erfüllung, und sie stach sich damit in den Finger.
>
> In dem Augenblick aber, wo sie den Stich empfand, fiel sie auf das

Bett nieder, das da stand, und lag in einem tiefen Schlaf. Und dieser Schlaf verbreitete sich über das ganze Schloß. Der König und die Königin, die eben heimgekommen waren und in den Saal getreten waren, fingen an einzuschlafen, und der ganze Hofstaat mit ihnen. Da schliefen auch die Pferde im Stall, die Hunde im Hofe, die Tauben auf dem Dache, die Fliegen an der Wand, ja, das Feuer, das auf dem Herde flackerte, ward still und schlief ein und der Braten hörte auf zu brutzeln, und der Koch, der den Küchenjungen, weil er etwas versehen hatte, in den Haaren ziehen wollte, ließ ihn los und schlief. Und der Wind legte sich, und auf den Bäumen vor dem Schloß regte sich kein Blättchen mehr.
Rings um das Schloß aber begann eine Dornenhecke zu wachsen, die jedes Jahr höher ward und endlich das ganze Schloß umzog und darüber hinaus wuchs, daß gar nichts mehr davon zu sehen war, selbst nicht die Fahne auf dem Dach.

Die Brüder Grimm gingen oft über rein stilistische Erweiterungen und Ausschmückungen hinaus. Die Einleitungsabschnitte der ersten und siebten Auflage von »Frau Holle« ermöglichen beispielsweise eine interessante Kontraststudie. Die Version von 1812 ist direkt und lebendig in ihrer Einfachheit.

Eine Wittwe hatte zwei Töchter, davon war die eine schön und fleißig, die andere häßlich und faul. Sie hatte aber die häßliche und faule viel lieber und die andere mußte alle Arbeit thun und war recht der Aschenputtel im Haus. Einmal war das Mädchen hingegangen, Wasser zu holen, und wie es sich bückte den Eimer aus dem Brunnen zu ziehen, bückte es sich zu tief und fiel hinein.[37]

Die Version von 1857 fügt nicht nur der Darstellung eine Deutung hinzu, sondern verstärkt unübersehbar die körperlichen Plagen und geistigen Qualen, die die Heldin erdulden muß.

Eine Witwe hatte zwei Töchter, davon war die eine schön und fleißig, die andere häßlich und faul. Sie hatte aber die häßliche und faule, weil sie ihre rechte Tochter war, viel lieber, und die andere mußte alle die Arbeit tun und der Aschenputtel im Hause sein. Das arme Mädchen mußte sich täglich auf die große Straße bei einem Brunnen setzen und mußte soviel spinnen, daß ihm das Blut aus den Fingern sprang. Nun trug es sich zu, daß die Spule einmal ganz blutig war, da bückte es sich damit in den Brunnen und wollte sie abwaschen; sie sprang ihm aber aus der Hand und fiel hinab. Es weinte, lief zur Stiefmutter und erzählte ihr das Unglück. Sie schalt es aber so heftig und war so unbarmherzig, daß sie sprach: »Hast du die Spule hinunterfallen lassen, so hol sie auch wieder herauf.« Da ging das Mädchen zu dem Brunnen zurück und wußte nicht, was es anfangen sollte; und in seiner Herzensangst sprang es in den Brunnen hinein, um die Spule zu holen.

Selbst wenn man den Brüdern Grimm verzeiht, die Sprache der Märchen verändert zu haben, bleiben da noch unzählige andere Einwände, die gegen die Authentizität ihrer Sammlung vorgebracht werden können. Kritiker haben Wilhelm Grimm nicht nur beschuldigt, eine homogene, stilisierte Sprache für die Märchen geschaffen zu haben, sondern auch Botschaften, Begründungen, Beurteilungen, Lehrsätze und andere oft pedantische Zusätze eingefügt zu haben. Als Gefangener seiner Leidenschaft für Ordnung, Logik und Nützlichkeit hat Wilhelm Grimm unfehlbar die scharfen Kanten der Märchen, die er gehört und gelesen hatte, geglättet und sie mit den Werten und pädagogischen Forderungen seiner Zeit versehen. Was diese Werte waren, ist nicht immer leicht zu bestimmen, doch das folgende Lied, das von Ravensburger Kindern zur Zeit der Brüder Grimm gesungen wurde, wird als repräsentativ erachtet.

Fleiß und Gehorsam sind die Pflichten,
Welche redlich zu entrichten
Gute Bürger sich bestreben.
....
Sittsamkeit und sanfte Triebe,
Kenntnis, Fleiß und Arbeitsliebe
Sind der Mädchen schönste Zierde,
Gründen fest des Weibes Würde.[38]

Diese Hymne auf sittsamen Fleiß scheint allerdings nicht vollständig mit der moralischen Haltung des Volksmärchens übereinzustimmen, wo Glück und Zufall oft mehr wert sind als harte Arbeit und Gehorsam. Aber diese Unstimmigkeit kann leicht gedämpft und in einigen Fällen sogar ganz ausgeräumt werden. Nehmen wir zum Beispiel die editorischen Veränderungen, die an »Schneewittchen« vorgenommen wurden. Als Schneewittchen die Zwerge in der ältesten Grimmschen Version zum ersten Mal trifft, fordern die Zwerge für ihren Schutz nichts, als daß sie die Mahlzeiten für sie koche. Doch schon in der ersten gedruckten Auflage der *Kinder- und Hausmärchen* haben die Zwerge ihre Forderungen hochgeschraubt und schlagen andere Bedingungen vor, Bedingungen, die zweifelsohne die Vorstellung der Brüder Grimm von vertraglichen Beziehungen zwischen Mann und Frau reflektieren: »wenn du unsern Haushalt versehen, und kochen, nähen, betten, waschen, und stricken willst, auch alles ordentlich und reinlich halten, sollst du bei uns bleiben und soll dir an nichts fehlen«.[39]

Wir haben schon gesehen, wie »Frau Holle« erweitert wurde, um detailliert auf die schwierige, doch schließlich lohnende Erfüllung der Haushaltspflichten durch die geduldige Heldin eingehen zu können. Obwohl Märchenheldinnen oft genötigt werden, für ihre Erlösung hart zu arbeiten, während ihre männlichen Pendants auf Zauber oder Helfer vertrauen, die ihre Aufgaben erledigen, arbeiten sie in den *Kinder- und Hausmärchen* härter als in den meisten anderen Märchensammlungen. Die Brüder Grimm ergriffen fast jede Gelegenheit, die sich bot, um die Tugend der harten Arbeit zu betonen, und bemühten sich, Fleiß mit Schönheit und Anziehungskraft zu verbinden, wo immer es möglich war.

Wo die Heldin nicht für ihre Erlösung arbeiten mußte, wurden ihr Eigenschaften verliehen, die mit denen, die in dem Lied der Ravensburger Schulkinder besungen werden, übereinstimmten. Dornröschen wird in der zweiten Auflage der Märchen sowohl schön als auch sittsam; die Heldin in »Die zwölf Brüder« wird in der siebten Auflage »gut von Herzen«; und das »Mädchen ohne Hände« wird von Auflage zu Auflage immer gottesfürchtiger. In einem Märchen wie »König Drosselbart« gerät das überhebliche Verhalten der Heldin mit jeder neuen Auflage mehr unter Beschuß, so wie die Heldin am Schluß immer reumütiger wird. Die Veränderungen, die an »Die weiße Schlange« vorgenommen wurden, sind für Wilhelm Grimms editorische Praktiken ebenso typisch. Er konnte selten der Versuchung widerstehen, jeder Figur in einer Geschichte besondere Charaktereigenschaften zuzuweisen. In der ersten Version dieses Märchens gibt es einen gewöhnlichen und einfachen König, einen Diener und eine Prinzessin. Als die dritte Version der *Kinder- und Hausmärchen* erschien, war der Monarch »ein König dessen Weisheit im ganzen Lande berühmt war«, der Diener war »mitleidig«, »barmherzig« und »gut«, und die Prinzessin war »schön«, aber »stolz« geworden. Anstatt den verschiedenen Märchenfiguren die Möglichkeit zu lassen, ihre Charakterzüge durch ihre Handlungen zu entwickeln (das ist eines der Kennzeichen eines Märchens), fühlte sich Wilhelm Grimm verpflichtet, die Figuren mit seinen eigenen Charakterurteilen zu versehen und damit die Ansichten der Leser zu beeinflussen. Daß wir immer wieder weisen Monarchen, mitfühlenden Helden, rackernden Schönheiten und stolzen Prinzessinnen begegnen, hat etwas mit dem Handlungsmuster der Folklore zu tun, aber es hat auch viel mit Wilhelm Grimms vorgefaßten Ansichten über Sexualität, soziale Stellung und Charakter zu tun.

Die Brüder Grimm haben aktiv und freiwillig das folkloristische Material verändert, das sie, wie sie immer behaupteten, in seinem ursprünglichen Zustand bewahren wollten. Manchmal erschienen diese Veränderungen eigenartig willkürlich, eher zufällig als absichtlich. Wer weiß, wieso der Held in »Hans mein Igel« in der ersten Auflage Schweine hütet und in der zweiten Auflage Esel und Schweine? Manchmal sind die Veränderungen auch rätselhaft und lassen sich nicht leicht erklären. Ein Vergleich der Einleitungspassage von »Die zwölf Brüder« wirft einige interessante Fragen über Wilhelm Grimms Intentionen auf. Die erste Auflage zeigt uns einen König, dessen Angst davor, eine Tochter zu haben, extreme Formen annimmt.

> Es war einmal ein König, der hatte zwölf Kinder, das waren lauter Buben, er wollte auch kein Mädchen haben und sagte zur Königin: »wenn das dreizehnte Kind, das du zur Welt bringst, ein Mädchen ist, so laß ich die zwölf anderen tödten, ists aber auch ein Bube, dann sollen sie alle miteinander leben bleiben.« – Die Königin gedachte es ihm auszureden. Der König wollte aber nichts weiter hören: »wenns so ist, wie ich gesagt habe, so müssen sie sterben, lieber hau' ich ihnen selbst den Kopf ab, als daß ein Mädchen darunter wäre.«[40]

Die zweite Auflage kehrt diese Situation um und berichtet über einen König, der von dem Wunsch, eine Tochter zu haben, so besessen ist, daß er bereit ist, seine zwölf Söhne für ihr finanzielles Wohlergehen zu opfern.

> Es war einmal ein König und eine Königin, die lebten in Frieden miteinander und hatten zwölf Kinder, das waren aber lauter Buben. Nun sprach der König zu seiner Frau: »Wenn das dreizehnte Kind, was du zur Welt bringst, ein Mädchen ist, so sollen die zwölf Buben sterben, damit sein Reichtum groß wird und das Königreich ihm allein zufällt.« Er ließ auch zwölf Särge machen, die waren schon mit Hobelspänen gefüllt, und in jedem lag das Totenkißchen, und ließ sie in eine verschlossene Stube bringen, dann gab er der Königin den Schlüssel und gebot ihr, niemandem etwas davon zu sagen.

In diesem besonderen Fall ist es besonders schwierig, dahinterzukommen, was Wilhelm Grimm zu dieser radikalen Änderung veranlaßt hat.

In den meisten Fällen lassen sich die Veränderungen, die von Auflage zu Auflage gemacht wurden, allerdings leicht erklären. Zusätzlich zu dem Bedürfnis, einen für Kinder geeigneten und für Eltern anziehenden Band herzustellen, wollten die Brüder Grimm auch der Öffentlichkeit ein Dokument der deutschen Volkskultur in ihrer bewundernswertesten Form geben. Um es noch »deutscher« klingen zu lassen, wurde jede Fee, jeder Prinz und jede Prinzessin in eine Zauberin oder weise Frau, Königssohn und Königstochter verwandelt. Sprichworte wurden hinzugefügt, um der Sammlung eine volkstümlichere Gestalt zu geben, und die richtigen moralischen Ansichten wurden in den Text verwoben, da diese Sammlung in vielerlei Hinsicht ein Schaukasten der deutschen Volkskultur sein sollte. Daher verurteilt in der ersten Auflage ein König seine Frau kaltblütig zum Tod auf dem Scheiterhaufen, doch er tut es in der zweiten Auflage nur mit dem größten Bedauern: er steht an einem Fenster und betrachtet sie mit Tränen in den Augen, »weil er sie noch immer so lieb hatte«.[41]

Es ist unverkennbar, daß die Märchen der Grimmschen Sammlung den Volkserzählungen, die die Brüder Grimm ursprünglich in den *Kinder- und Hausmärchen* bewahren wollten, nicht sehr nahe kommen. Die aufeinanderfolgenden Auflagen der Märchen erweiterten die Kluft zwischen mündlicher Quelle (wenn sie existierte) und gedrucktem Text noch, anstatt sie zu überbrücken. Es gab natürlich Gelegenheiten, wo Wilhelm Grimm unabsichtlich Kontaminationen eines Märchens durch literarische Quellen entfernte. Für ihre Version von Rapunzel vertrauten die Brüder Grimm auf eine schriftliche Erzählung von Friedrich Schulz. Als sie seinen Text überarbeiteten, entfernten sie auch – wie bereits erwähnt wurde – Rapunzels naive Frage über die Enge ihrer Kleider, eine Erweiterung, die aus Schulz' Feder stammen mußte, weil sie nicht in seinen Quellen zu finden ist. Aber diese Art von Wiederherstellung der folkloristischen Authentizität war eher eine Ausnahme als die Regel.[42]

Die Behauptung, die Grimmsche Sammlung sei eine Abschrift mündlich tradierter Volksmärchen, ist nicht länger aufrechtzuerhalten. Die Märchen waren einfach schon zu weit vom mündlichen Material entfernt, um diese Bezeichnung beanspruchen zu können. Aber welchen Namen verdienen sie dann? Es sind eindeutig keine literarischen Märchen, da sie, ungeachtet Wilhelm Grimms nichtendenwollender editorischer Eingriffe, von der Art der Erzählungen, die E.T.A. Hoffmann, Hans Christian Andersen oder Oscar

Wilde niedergeschrieben haben, zu verschieden sind. Die Texte in den Kinder- und Hausmärchen scheinen ein unruhiges Doppelleben zwischen Folklore und Literatur zu führen. Wie Stith Thompson hervorhebt, gibt es keine genaue Trennlinie zwischen mündlicher Tradition und geschriebenen Texten.[43] Geschickte Erzähler können sich Material von gedruckten Quellen aneignen, um ihre Geschichten auszuschmücken; findige Schriftsteller können aus ihren Erinnerungen an mündliche Märchen schöpfen, um ihre Texte zu verdichten. Auf dem narrativen Spektrum, das von Folklore bis Literatur reicht, ist die Grimmsche Sammlung irgendwo in der Mitte angesiedelt. Während einige Texte zum einen Ende des Spektrums tendieren und andere zum anderen, belegen die meisten das Mittelfeld.

Selbst wenn das Problem der narrativen Stellung der Grimms Märchen gelöst oder zumindest geklärt ist, bleibt das terminologische Dilemma bestehen.[44] Volkskundler, die die Verwurzelung dieser Märchen in mündlichen Überlieferungen betonen, tendieren dazu, sich auf Grimms Märchen als Volksmärchen (folktales) zu beziehen. Andere, vor allem Literaturwissenschaftler, bezeichnen die Geschichten als Zaubermärchen (fairy tales). Manche ziehen Buchmärchen vor, ein Wort, das auf die Verquickung folkloristischer und literarischer Elemente hinweist. Dann gibt es Wissenschaftler, die scharfsinnig alle terminologischen Kontroversen vermeiden, indem sie sich solche Begriffe wie *chimerat* ausdenken oder einfach den Ausdruck *Gattung Grimm* benutzen.

Bevor ich zu schwerfälligen Neologismen Zuflucht nehme oder sogar zu noch sperrigeren fremdsprachigen Bezeichnungen, ist es vielleicht sinnvoll, die Möglichkeiten und Grenzen der Anwendung der Begriffe *Volksmärchen* und *Zaubermärchen* auf die Grimmsche Sammlung auszuloten. Es wäre möglich, *Volksmärchen* für die Märchen zu verwenden, die sich links auf der narrativen Skala, die von Folklore bis zu Literatur reicht, befinden, und *literarischer Text* für Märchen, die rechts liegen:

Folklore (mündliche Volksmärchen)	Grimms *Kinder- und Hausmärchen*	Literatur (gedruckte literarische Texte)

Die Grimmsche Sammlung, die eine Gruppe von Zwittertexten versammelt, könnte als literarische Volksmärchen bezeichnet werden. Aber der Begriff *Volksmärchen* hat üblicherweise zwei Bedeutungen. Einerseits bezieht sich *Volksmärchen* auf die mündlichen Erzählungen, die im Volk zirkulieren; andererseits bezeichnet es eine bestimmte Gruppe von Märchen, nämlich mündliche Erzählungen, die im Volk spielen, das heißt in einer realistischen Umgebung mit naturalistischen Details. Ich will im folgenden die eine Bedeutung von der anderen unterscheiden, indem ich die ganze Gruppe der überlieferten mündlichen Erzählungen *Volksmärchen* und ihre naturalistische Untergruppe *Volks-Märchen (folk tales)* nenne.

Der Begriff *Zaubermärchen* wurde im Gegensatz dazu mit mündlichen und schriftlichen Überlieferungen verbunden, ist aber vornehmlich für die Erzählungen reserviert, die in einer fiktionalen Welt angesiedelt sind, wo ungewöhnliche Vorkommnisse und übernatürliche Eingriffe für selbstverständlich gehalten werden. Ein Zaubermärchen kann daher zur Kategorie der Volksmärchen gehören, steht aber im Gegensatz zum Volks-Märchen, das zu bodenständigem Realismus neigt. Auf der Skala, die von naturalistischen bis phantastischen Schauplätzen reicht (oft vom Bauernhof bis zum verzauberten Wald), belegen Volks-Märchen das linke und Zaubermärchen das rechte Ende.

	Volks-Märchen	Zaubermärchen	
naturalistischer Schauplatz	←	→	phantastischer Schauplatz

Einige der Geschichten in den *Kinder- und Hausmärchen* sind nicht leicht auf dieser Skala zu plazieren. Fabeln und

Lügengeschichten beispielsweise sind keineswegs realistisch, aber sie haben auch wenig mit den klassischen Zaubermärchen gemeinsam. Während die meisten Fabeln in der Grimmschen Sammlung den didaktischen Zweck dieser Gattung verfolgen, führen uns die Lügengeschichten Possen und komische Übertreibungen vor. Der allegorische Stil der Fabeln erkennt die Möglichkeit des Unmöglichen an, so wie die absurden Elemente der Lügengeschichte die Grenzen der Plausibilität überstrapazieren. Da diesen Geschichten dennoch die magischen und außergewöhnlichen Elemente, die wir in Zaubermärchen finden, fehlen und sie in ihrem offenen oder versteckten Interesse am menschlichen Verhalten zum Naturalistischen tendieren, gehören sie in vielerlei Hinsicht eher zu den Volks-Märchen.
Wenn wir die Gegenüberstellung der Begriffspaare Folklore/Literatur und Volks-Märchen/Zaubermärchen in einer Graphik darstellen, erhalten wir die folgende Anordnung:

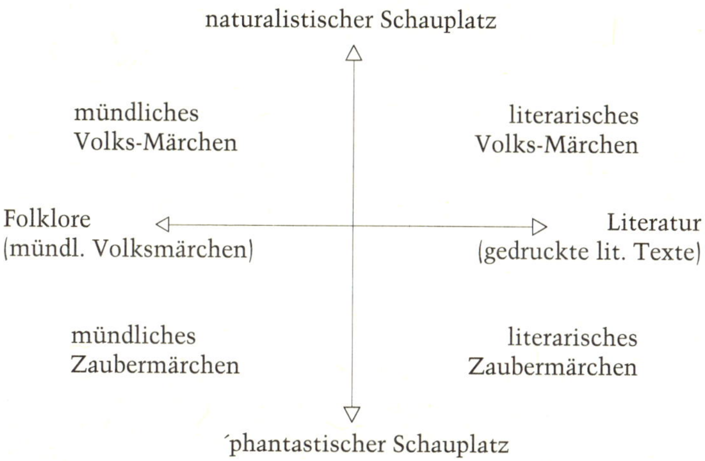

Der von der gebrochenen Linie beschriebene Kreis umschließt alle Texte, die in den *Kinder- und Hausmärchen* zu finden sind.
Es ist nicht schwierig, einige Beispiele aus der Grimmschen Sammlung den vier Quadranten zuzuordnen. »Schneewitt-

chen« ist das klassische Beispiel eines mündlichen Zaubermärchens – die Brüder Grimm verwendeten eine Version der Geschichte, die weitverbreitet war. »Schneeweißchen und Rosenrot« ist im Gegensatz dazu ein literarisches Zaubermärchen, das auf einer Geschichte von Caroline Stahl beruht und für die *Kinder- und Hausmärchen* überarbeitet wurde.[45] »Die kluge Bauerntochter«, mit dem Dorf als Schauplatz und seinen bodenständigen Charakteren, steht eindeutig für ein mündliches Volks-Märchen – seine narrative Struktur läßt sich in Geschichten auf der ganzen Welt entdecken. Und schließlich ist »Lieb und Leid teilen«, das Jörg Wickram entlehnt wurde, die verdichtete Form des literarischen Volks-Märchens.

In bezug auf die *Kinder- und Hausmärchen* der Brüder Grimm läßt sich feststellen, daß sie Volks-Märchen als auch Zaubermärchen umfassen und die Skala von Folklore bis Literatur abdecken. Da das Hauptanliegen dieser Studie vor allem dem Zaubermärchen gilt, werde ich diesen Begriff im dritten Kapitel genauer definieren. Zunächst muß die grobe Unterscheidung zwischen Volks-Märchen und Zaubermärchen als terminologischer Indikator genügen.

Von dem Augenblick an, als die Brüder Grimm mit dem Sammeln von Märchen begannen, bis zur letzten Auflage der *Kinder- und Hausmärchen*, hat sich Wilhelm Grimm als unermüdlicher und unerbittlicher Herausgeber gezeigt, der immer wieder versuchte, das ursprüngliche Quellenmaterial zu verbessern. Manche Wissenschaftler würden sogar so weit gehen, zu behaupten, daß die Änderungen, die er vorgenommen hat, dem Geist der *Kinder- und Hausmärchen* so wesentlich entgegengesetzt seien, daß die Werte und Andeutungen, mit denen die einzelnen Märchen durchtränkt sind, nichts als eine Widerspiegelung seiner eigenen Gesinnung seien. Kurz gesagt, sie teilen uns überhaupt nichts über die Mentalität der Deutschen mit. Und da sie keine authentischen Schöpfungen des Volkes sind, sagen sie uns auch wenig oder nichts über das kollektive Unbewußte, das gewöhnlich durch die Stimme folkloristischer Darbietungen spricht. Doch eine genauere Betrachtung der von den Brüdern vorgenommenen Änderungen enthüllt, daß sie die Substanz der Märchen nicht bis zur Unkenntlichkeit verändert haben. Und selbst wenn sie es getan haben, haben wir immer noch das Glück, über die Originalentwürfe vieler Märchen zusammen mit diversen abweichenden Fassungen aus Deutschland und dem Rest Europas zu verfügen. Die Aufgabe, die grundlegende Gestalt eines Märchens zu rekonstruieren, ist keineswegs unmöglich.[46]

Die auffällige Berechenbarkeit in den editorischen Praktiken der Brüder Grimm ermöglicht es auch, die wesentliche und authentische Form von dem zu trennen, was Ausschmückung der Herausgeber oder Künstelei der Autoren ist. Betrachten wir zum Beispiel ein Märchen, das vielleicht das bekannteste der Grimmschen Sammlung ist: »Hänsel und Gretel«. Die Brüder Grimm hätten, so argumentiert ein Wissenschaftler, ein einst kraftvolles Märchen über elterliche Boshaftigkeit und Familienkonflikte in eine relativ harmlose Geschichte verwandelt, der die emotionale Stärke fehle, Kinderängste anzusprechen oder wachzurütteln. In den folgenden Auflagen der *Kinder- und Hausmärchen*, behauptet er, hätten sie den Vater von der Schande, seine Kinder auszusetzen, freigesprochen und die leibliche Mutter vollständig entlastet, indem sie sie durch eine Stiefmutter ersetzten.[47] Dadurch wäre die furchterregende Geschichte über Kindesmißhandlung und Kindesaussetzung zu einem Märchen über eine Stiefmutter geworden, die so böse sei, daß kein Kind je auf die Idee kommen würde, sie mit seiner Mutter zu identifizieren. Ein kurzer Blick auf die Manuskriptversion von »Hänsel und Gretel« (der Version, die höchstwahrscheinlich der authentischen mündlichen Erzählung am nächsten kommt) zeigt, daß der Vater der zwei Kinder kaum beschuldigt werden kann, mit seiner Frau bei der Aussetzung der Kinder kooperiert zu haben. Erst nachdem sie lebhaft auf ihn eingeredet hat, gibt er endlich nach und erklärt sich bereit, die Kinder in den Wald zu führen.[48] Die Mutter steht allein als Schurke da – selbst in den Versionen, die die Brüder Grimm nicht angerührt haben. Es stimmt, daß sie in den folgenden Auflagen der *Kinder- und Hausmärchen* eindeutig bösartiger wird, während ihr Mann in seiner Rolle als gequälter Ehemann immer geduldiger wird. Dennoch gibt es keine grundsätzliche Veränderung im Charakter der beiden Figuren, so wie sie sich in den verschiedenen, von den Brüdern Grimm aufgezeichneten Versionen zeigen, sondern nur eine Vertiefung bereits entwickelter Charakterzüge. Wilhelm Grimms Angewohnheit, mütterliche Bösartigkeit zu verstärken, ließ ihn schließlich zumindest eine bedeutsame und wesentliche Änderung in vielen Märchen vornehmen. Wiederum läßt sich diese Änderung leicht identifizieren, und es ist lehrreich, die Beweggründe dafür zu untersuchen. In »Hänsel und Gretel« wird die leibliche Mutter der beiden Kinder in der vierten Auflage der Sammlung zu einer Stiefmutter. Die Mutter von »Schneewittchen« unterzieht sich in der zweiten Auflage der Märchen derselben Metamorphose, ebenso die Mutter der Heldin aus »Frau Holle«. Im Laufe der Veröffentlichungsgeschichte der *Kinder- und Hausmärchen* müssen die Brüder Grimm sich immer bewußter über die Rolle des Bandes als Sammelbecken von Gutenachtgeschichten für Kinder geworden sein. Was für die Unterhaltung Erwachsener vollkommen geeignet war, erforderte für Kinder bedeutende Veränderungen. Daher wird die herzlose Mutter, die ihre Kinder verhungern lassen will, damit sie und ihr Ehemann es sich gut gehen lassen können, zu einer bösen Stiefmutter, und die gemeine Königin, die, von sexueller Rivalität getrieben, ihre Tochter beseitigen will, schlüpft leicht in die Rolle der eifersüchtigen Stiefmutter, die den Mord an ihrer schönen Stieftochter plant. In jedem Fall hat Wilhelm Grimm erkannt, daß die meisten Kinder (und auch die, die ihnen vorlesen) die Vorstellung einer bösen Stiefmutter leichter ertragen können als die einer grausamen Mutter.

Es könnten unzählige andere Beispiele der editorischen Vorgehensweise erwähnt werden, aber das Problem sollte klar geworden sein. Die Brüder Grimm waren als Zensoren in einer gleichbleibenden Art und Weise tätig und konzentrierten sich genau auf diejenigen Fakten der Märchen, die für sie am schwierigsten zu ertragen waren. »Konfrontiert mit verstoßenden Mutterfiguren und inzestuösen Vätern suchten sie ihr Heil in der Textbearbeitung«, schlußfolgert ein Wissenschaftler.[49] Dank der Existenz der Originalmanuskripte und der ersten Auflage der *Kinder- und Hausmärchen* können viele der Änderungen der Brüder Grimm erkannt werden, und eine Übersicht über diese Änderungen kann oft genauso aufschlußreich sein wie die Begegnung mit der ungeschminkten Wahrheit der ursprünglichen Märchen.[50] Genau diese Änderungen geben uns Aufschluß über die Mentalität der Brüder Grimm und über das, was sie in der Vorstellungswelt des Volkes, das sie so verehrten, unannehmbar fanden.

Die Geschichten, die von den Brüdern Grimm gesammelt wurden, durchliefen drei getrennte Phasen, bevor sie die endgültige, gedruckte Fassung der letzten Auflage erreichten. Die erste Phase erforderte keinen aktiven Eingriff der Brüder, führte aber zu einschneidenden Veränderungen in den von ihnen gehörten Märchen. Schon allein die physische Präsenz der Brüder Grimm, mit aufmerksamen Augen und gezückter Feder, beeinflußte zwangsweise die Äußerungen der Märchenerzählerinnen. Die zweite Phase bestand aus einer energischen Herausgebertätigkeit, der Übersetzung mündlicher Ausdrucksweisen in literarische Sprache. Erst die dritte Phase führte zu jener vollständigen Überarbeitung, die die Form und den Inhalt der Märchenhandlungen veränderte. Als aus den mündlichen Erzählungen geschriebene Texte geworden waren, ließen sie sich zwar besser lesen, waren aber weniger offen. Was in mündlichen Versionen unverblümt ausgesprochen wurde, wurde verschleiert, als das Märchen in die *Kinder- und Hausmärchen* einging. Was zu grob oder anstößig für Kinderohren erschien, wurde entfernt. Ungeschliffene, unelegante Formulierungen wurden verfeinert. Was unmotiviert erschien, wurde mit einem Beweggrund versehen. Während die Volksweisheiten und Ansichten der Bauern und Arbeiter in der mündlichen Version an der Oberfläche der Märchen blieb, wurden sie umso tiefer begraben, als die Brüder Grimm ihre editorischen Aktivitäten entwickelten.

Nach den versteckten Bedeutungen von Grimms Märchen zu suchen, ist daher nicht so töricht, wie manch einer uns glauben machen will. Daß diese Märchen in das Reich der Kinderliteratur eingegangen sind, bedeutetet nicht unbedingt, daß sie »unschuldige« Geschichten ohne psychologische Tiefe seien. Seit mündliche Volkserzählungen in dauerhafte geschriebene Texte überführt werden, um Kinder zu unterhalten, wird ihre ursprüngliche Bedeutung verhüllt oder wenigstens verdunkelt. Es ist jedoch nicht unmöglich, diese Bedeutung und ihre Implikationen wieder aufzudekken. Das Volk hat vielleicht nie die Hilfe der Volkskundler und Psychologen gebraucht, um die beim Spinnen und Erbsenlesen erzählten Märchen zu entschlüsseln, denn sie waren stolz auf die Kühnheit ihrer Sprache, die tiefschürfende psychologische Erklärungen überflüssig machte. Zensur war in der Gesellschaft von Erwachsenen genauso unwillkommen wie unnötig, und der harte Kern der Märchen blieb unbeschädigt. Die modernen, geschriebenen Gegenstücke zu diesen Erzählungen hingegen können sowohl mehrdeutig als auch schwerverständlich erscheinen, nicht zuletzt, weil die ursprünglichen Texte und Kontexte für immer verloren sind. Aus diesem Grund laden sie nicht nur zur Interpretation ein, sie fordern sie.

2

REALITÄT UND PHANTASIE

Von der Kunst, Märchen zu deuten

> ... und tiefere Bedeutung
> Liegt in dem Märchen meiner Kinderjahre,
> Als in der Wahrheit, die das Leben lehrt.
> SCHILLER, *Wallenstein*

Wenn es um Märchen geht, hat fast jeder etwas zu sagen, und alle haben etwas anderes zu sagen. Volkskundler, *Kulturanthropologen,* Historiker, Soziologen, Erzieher, Literaturwissenschaftler, Psychologen, sogar Kriminologen – sie alle haben den Anspruch erhoben, als Sachverständige und Interpreten dieser Märchen eine herausragende Stellung einzunehmen. Betrachten wir zum Beispiel den Fall von »Rotkäppchen«, einem Märchen, das wahrscheinlich mehr Interpretationen als irgendein anderes Märchen über sich ergehen lassen mußte. Charles Perrault fiel es nicht schwer, dieses Märchen seinen Lesern zu erklären.

> Hier sieht man, daß kleine Kinder, zumal junge Mädchen, wenn sie hübsch sind, fein und nett, sehr schlecht daran tun, jedwedem Gehör zu schenken ...[1]

Seitdem haben Generationen von Eltern Perraults »Le Petit Chaperon Rouge« und »Rotkäppchen« von den Brüdern Grimm als Warnmärchen benutzt, das sie ihren Kindern vorlasen. Wenige haben die Geschichte wörtlich genommen, wie eine Volkskundlerin es tut, die behauptet, das Märchen beruhe auf tatsächlichen Berichten über Werwölfe, die Kinder angegriffen und gefressen hätten. Eine Zeitlang vertraten britische Mythologen die Ansicht, Rotkäppchen stelle die glühende Sonne dar, die im Laufe des Tages von Osten nach Westen ziehe, bis sie von der Dunkelheit der

Abb. 3 *Gustave Doré.*

Abb. 4 *Moritz von Schwind.*

Abb. 5 *Arpad Schmidhammer.*

Abb. 3-5 *Gustave Doré, Moritz von Schwind und Arpad Schmidhammer stellten die Schlafzimmerszene aus »Rotkäppchen« recht unterschiedlich dar.*

Nacht verschlungen werde. Unsinn! erwiderten die psychoanalytisch orientierten Wissenschaftler, die ihre eigene Lesart hatten. Für einen von ihnen repräsentiert der Wolf den Neid auf die Schwangerschaft, da er Lebewesen in seinen Bauch befördert. Am Schluß wird er »von den Steinen, dem Symbol der Unfruchtbarkeit, getötet, womit seine Anmaßung, die Rolle einer schwangeren Frau zu spielen, verspottet wird«. Ein weiterer behauptet, die Geschichte spreche von »menschlichen Leidenschaften, von oraler Gier, Aggression und pubertalen Wünschen«, mit dem Wolf als Projektion von Rotkäppchens »Bösem«. Die Ideologen des Dritten Reiches, die die *Kinder- und Hausmärchen* der Brüder Grimm als »Bibel« feierten, betrachteten Rotkäppchen als Symbol des terrorisierten und erniedrigten deutschen Volkes, das

schließlich aus den Klauen des jüdischen Wolfes befreit wurde. Eine neuere amerikanische Interpretation dieses Märchens entdeckt in der Geschichte eine »Vergewaltigungs-Parabel«, die junge Frauen über »die furchterregenden männlichen Gestalten draußen im Walde« unterrichtet und impliziert, daß »Frauen ihnen gegenüber hilflos seien«.[2]
Jede dieser Interpretationen sagt uns genausoviel über die ideologischen und beruflichen Vorurteile ihres Autors wie über das Märchen selbst. In diesem Märchen gibt es eindeutig etwas, das zu pluralistischen Deutungen führt, und wir werden später untersuchen, was es sein kann. Aber in Anbetracht solch einer verwirrenden interpretatorischen Vielfalt tun wir vielleicht gut daran, Rotkäppchens Interpreten zunächst kein Gehör zu schenken und uns nur auf das Märchen zu verlassen. Aber auf welches Märchen sollen wir uns verlassen? Auf Perraults Geschichte aus dem späten 17. Jahrhundert, die mit Rotkäppchens Tod endet? Auf das Grimmsche Märchen aus dem frühen 19. Jahrhundert, das mit Rettung und Aussöhnung schließt? Auf verschiedene mündliche Versionen, die im Laufe der Jahrhunderte von Volkskundlern und Anthropologen aufgezeichnet wurden? Betrachten wir nur die Märchen, in denen Mädchen mit roten Kappen vorkommen, oder konzentrieren wir uns auf alle Märchen, die von einem Treffen zwischen einer räuberischen Bestie und einem unschuldigen Kind erzählen?
Eine der Hauptursachen für die Verwirrung des Märcheninterpreten ist die folkloristische Quelle. Von fast jedem Märchen gibt es mindestens ein Dutzend Versionen, in einigen Fällen sogar Hunderte. In anderen Worten: Wir verfügen weniger über einen einzigen, unveränderlichen literarischen Text, in dem selbst die kleinsten Details als Bedeutungsträger fungieren können, sondern vielmehr über eine große Anzahl mündlich als auch schriftlich ›zerzählter‹ Geschichten, von denen jede eine Version eines einzigen Märchentyps repräsentiert, und noch dazu eine unvollständige. Wie begabt der Protokollant eines Märchens auch sein mag, es kann ihm dennoch nicht vollständig gelingen, die

Stimmung eines mündlichen Vortrags einzufangen und wiederzubeleben. So sehr Märchen auch zur Interpretation verlocken, die Entstehung und Verbreitung machen gleichzeitig eine auf dem Text basierende Interpretation unmöglich. Sogar der Anthropologe, der geradewegs auf seine Quelle zurückgreifen, den Erzähler beobachten, die Gemeinschaft, in der ein Märchen gedeiht, untersuchen und dieses Märchen aufzeichnen kann, hat immerhin nur eine einzige Version, eine, die nicht mehr und nicht weniger maßgeblich ist als jede andere mündliche Version.

Der Wissenschaftler, der ein Märchen interpretiert, ohne zunächst das Verhältnis des folkloristischen Textes zu seinen Varianten zu untersuchen, läuft Gefahr, Verallgemeinerungen abzuleiten, die auf falschen Voraussetzungen basieren. Die Prairie Band Potawatomi kann zwar ungestraft feststellen, daß der Märchenheld P'teejah ein reinrassiger amerikanischer Indianerjunge sei, aber der Volkskundler, der nicht erkennt, daß P'teejah der als Indianer verkleidete französische Volksheld Petit Jean ist, wird zweifelhafte Schlußfolgerungen über die amerikanische Kultur ziehen. Wenn Bruno Bettelheim und Ernest Jones die symbolische Bedeutung der Verwandlung eines Prinzen in einen Frosch analysieren und behaupten, daß das »klebrige, feuchtkalte Gefühl«, das von Fröschen hervorgerufen werde, diese Wesen mit dem männlichen Geschlechtsorgan in Verbindung bringe, ignorieren sie beide willentlich die Tatsache, daß eine ganze Reihe von Geschichten Frösche zeigen, die sich als verzauberte Prinzessinnen entpuppen. Und wenn Erich Fromm darauf besteht, daß die Flasche, die Rotkäppchen zum Haus ihrer Großmutter trägt, ein Symbol ihrer Jungfräulichkeit sei (daher die Warnung, sie nicht zu zerbrechen), und in der Folge die ganze Interpretation dieser Geschichte darauf und auf einige andere Details gründet, scheint er die vielen Versionen nicht in Betracht gezogen zu haben, die weder eine Flasche noch eine Warnung aufführen.[3]

Jeder Versuch, die versteckte Bedeutung von Märchen aufzudecken, scheitert zwangsweise, wenn er nicht mit einer genauen, wenn schon nicht vollständigen, Analyse eines Märchentyps und seiner Varianten einhergeht. Diese Analyse befähigt den Interpreten, wesentliche Bestandteile von nebensächlichen Ausschmückungen zu unterscheiden und kulturell determinierte Elemente zu identifizieren, die sich von einer regionalen Version eines Märchens zur nächsten verändern. Volkskundler können sich glücklich schätzen, daß ein Modell für die Sammlung und Klassifikation von Märchen aus der ganzen Welt zu Beginn dieses Jahrhunderts von dem Finnen Kaarle Krohn und seinem Kollegen Antti Aarne entworfen wurde, einem Mann, der als der Linnaeus der Märchenforschung bekannt wurde. Seitdem wird die sogenannte historisch-geographische Methode international angewendet, obwohl die Vertreter dieser Methode noch immer als Anhänger der finnischen Schule bezeichnet werden. Das System, das von Aarne in seinem *Verzeichnis der Märchentypen* vorgestellt wurde und das der amerikanische Volkskundler Stith Thompson später erweitert und differenziert hat, liefert noch immer das maßgebliche Klassifikationsschema für Märchen.[4]

Nachdem Aarne die verschiedenen Märchentypen untersucht und identifiziert hatte (seine Monographie führt fast zweitausend auf), blieb es seinen Schülern überlassen, sich auf einzelne Märchentypen oder Zyklen von Märchen zu konzentrieren. Zu den bekanntesten Publikationen in dieser Richtung gehören Kurt Rankes Analyse von Märchen, die von zwei Brüdern handeln, Archer Taylors Überlegungen zu dem Thema des »schwarzen Ochsen« und Warren Roberts Gedanken zu Märchen, die von »gutmütigen und herzlosen Mädchen« erzählen.[5] Diese Wissenschaftler beginnen damit, einen Märchentyp auszusondern und seine Text-Varianten aufzuzeichnen, so wie sie in den literarischen Quellen, den Archivsammlungen oder in Feldstudien erscheinen. Dann versuchen sie, das Urmärchen zu rekonstruieren, aus dem die verschiedenen Versionen des Märchens hervorgingen. Die genaue Datierung der Text-Varianten und die sorgfältige Aufzeichnung des Verbreitungsweges des Märchens bilden die wesentlichen Vorgehensweisen, um zu einer archetypischen Form zu kommen. Die Aufgabe, alle Varianten eines Märchentyps zu sammeln, ist jedoch kaum zu bewältigen. Und selbst wenn alle Varianten gesammelt sind, ist es manchmal nicht möglich, den Ausgangspunkt zu lokalisieren und zu definieren, von dem aus sich ein Märchen mehr oder weniger »wie Wellen auf dem See« verbreitet hat; genauso wenig ist es immer eindeutig, welches Märchen dem ursprünglichen Idealtypus am nächsten kommt.[6] So schwerwiegend diese Probleme auch erscheinen mögen, sie haben Anhänger der historisch-geographischen Schule selten abgeschreckt, ausführliche Tabellen und seitenweise statistische Beweise und Text-Variationen aufzuzeichnen, um die Gestalt und das Schicksal bestimmter Märchentypen zu dokumentieren.

Vertreter der finnischen Schule sind kaum die Drohnen der volkskundlichen Industrie. Ihnen obliegt nicht nur die mühsame Arbeit, folkloristisches Material zu lokalisieren, zu sammeln und aufzuzeichnen, sondern auch die lästige Aufgabe, Systeme für die Klassifikation dieser riesigen Sammlung aufzubauen. Ihnen werden wahrscheinlich keine Preise für phantasievolle Deutungen und anregende, neue Einsichten in mündliche Erzählungen verliehen, aber ohne ihre Anstrengungen wäre die Volkskunde eher eine Kunst als eine Wissenschaft. Einen folkloristischen Gegenstand zu interpretieren, ohne in der Lage zu sein, seine grundlegende Struktur wahrzunehmen und die Bauelemente zu identifizieren, die umfangreichen Wandlungen unterliegen, ist ein gewagtes Unternehmen. Es gibt keine endgültigen Versionen von Märchen. Tatsächlich ist noch nicht einmal sicher, ob es jemals einen *einzigen* Urtext gab, von dem die Varianten abstammen. Was wir stattdessen haben, ist eine fast unbegrenzte Anzahl von Abwandlungen eines Märchens, jedes mit individuellen Besonderheiten.

Die finnische Schule konnte nachweisen, daß die Grundstruktur bestimmter Märchen überall ungefähr gleich ist. Die Ausgestaltung variiert hingegen, wenn wir uns beispielsweise von Rußland nach Deutschland oder Frankreich wenden. Ist die Struktur eines bestimmten Märchentyps noch nicht genau definiert, ist es für den Interpreten eines folkloristischen Textes umso wichtiger, vergleichend zu verfahren, um regionale Besonderheiten, erzählerische Eigenheiten, religiös motivierte Ersetzungen, Modernisierungstendenzen und andere Abweichungen von der Norm zu identifizieren. Die vergleichende Analyse der von den Brüdern Grimm gesammelten Märchen wird durch drei umfangreiche Bände sehr erleichtert, die die Varianten jedes Märchens der *Kinder- und Hausmärchen* zusammenfassen.[7] Die von Johannes Bolte und Georg Polívka verfaßte mehrbändige Studie ist ein unerläßliches, wenngleich etwas veraltetes Nachschlagewerk für diejenigen, die genauer wissen wollen, was eine Geschichte der Grimmschen Sammlung von anderen nationalen und internationalen Varianten unterscheidet.

Wir haben bereits gesehen, wie Wilhelm Grimm sich bemühte, sicherzustellen, daß keine Unflätigkeiten in »Rapunzel« vorkamen. Die Heldin seiner gedruckten Version bringt zwar immer noch in ihrer Verbannung Zwillinge auf die Welt, aber es gibt keinen Hinweis darauf, daß die Empfängnis im Turm geschah oder überhaupt stattfand. Wilhelm Grimm mag jeden Hinweis eines kausalen Zusammenhangs zwischen den Besuchen des Prinzen und Rapunzels Schwangerschaft entfernt haben, doch seine Kollegen in anderen Ländern waren weniger geneigt, so zu verfahren. Mlle de la Force, die behauptet, sie habe die Geschichte »Persinette« erfunden, beschreibt die Entdeckung der Schwangerschaft folgendermaßen:

> Der Prinz war glücklich, und Persinette gewann ihn immer lieber; sie trafen sich jeden Tag, und bald fand sie heraus, daß sie schwanger war. Dieser ungewohnte Zustand beunruhigte sie sehr, der Prinz wußte davon und wollte ihr nicht erklären, was passiert war, aus Angst, er mache sie unglücklich.[8]

Hier werden die natürlichsten Dinge des Lebens mit nüchternem Ton behandelt, und Rapunzel bleibt trotz ihrer sexuellen Erfahrungen unschuldig.

Das Pentameron von Giambattista Basile behandelt die Episode auf andere Art und Weise. Petrosinella und der Prinz haben sich im Turm heimlich getroffen. Jeden Tag führt die Heldin den Prinzen in ihr Zimmer, wo sie »eine leckere Mahlzeit hielten mit der Petersilientunke der Liebe«. Eine alte Klatschbase aus der Umgebung warnt die Hexe schon bald, auf der Hut zu sein, »denn Petrosinella habe sich mit einem Jüngling eingelassen, und sie vermute, daß die Dinge schon recht weit gediehen seien, habe sie doch das Geflüster des Liebhabers gehört und sein Kommen und Gehen beobachtet, und sie zweifle nicht, die beiden würden ihr Schäfchen ins trockene bringen und das Haus längst vor dem allgemeinen Ziehtage geräumt haben«[9]. Basile schrieb eindeutig für eine andere Zuhörerschaft. Seine ungehemmte, erotische Erzählung unterscheidet sich scharf von Wilhelm Grimms ernsthafter Behandlung der Episode. Und seine Petrosinella scheint eine gesunde Sinnlichkeit zu demonstrieren, die von der des Prinzen nicht sehr abweicht.

Diese Arten nationaler Abwandlungen in der Stimmung, der moralischen Anschauung und den Einzelheiten sind sowohl bei mündlichen Erzählungen als auch in ihren gedruckten Gegenstücken die Regel. Es ist nicht schwer, hinter der piemontesischen Gestalt »Der Silbernasige« den französischen Blaubart und den deutschen Zauberer aus »Fitchers Vogel« zu erkennen. Die Schwestern der italienischen Heldin verbrennen die Rosen, die sie im Haar tragen, als sie die verbotene Tür öffnen; die Schwestern der französischen Heldin lassen einen Schlüssel in eine Blutlache fallen; den Schwestern der deutschen Heldin fällt beim Anblick des Schauspiels hinter der verschlossenen Tür vor Schreck ein Ei hinunter. Es ist gewagt, zu viele symbolische Bedeutungen in die Rose, den Schlüssel und das Ei hineinzulesen. Die Funktion der Objekte bleibt in jedem Fall dieselbe: die versengte Rose, der blutige Schlüssel und das blutige Ei stehen als unauslöschliche Zeichen des Ungehorsams. Nur die Objekte verwandeln sich von Region zu Region. In vielen Fällen können auch Geographie und Klima den Märchen ihren Stempel aufdrücken. Versionen von Schneewittchen, die in Gegenden gemäßigten Klimas erzählt werden, berichten von einer Mutter, die sich ein Kind mit einer Haut wünscht, die so weiß wie Marmor oder Milch ist. In Rußland sorgt Väterchen Frost dafür, daß die Märchenheldinnen harte Zeiten durchmachen. Der Machandelboom in dem vielgerühmten deutschen Märchen gleichen Titels verwandelt sich in einen Rosenstrauch, wenn die Briten dieses Märchen erzählen, und in eine Birke, wenn die Russen es erzählen. Und ein italienischer Hans Stark (»Giuanni Benforte che a cinque-cento diede la morte«) beweist einem Riesen seine Stärke, indem er aus einem Fels, der in Wirklichkeit ein Stück Ricottakäse ist, Wasser herauspreßt.

Italo Calvino hat bemerkt, daß jedes Märchen, ganz gleich, woher es stammt, »etwas von dem Ort, wo es erzählt wird, in sich aufnimmt – etwa seinen Landschaftscharakter, einen Brauch, eine moralische Haltung oder auch nur eine Stimmung oder einen leichten Anklang an jene Lokalität«[10]. Manchmal kann dieses Etwas trivial sein (Ricottakäse als Ersatz für ganz gewöhnlichen Käse), doch oft nimmt es eine symbolische Bedeutung an, die uns etwas über die Gesinnung und die Grundlagen der Kultur sagt, in der ein gegebenes Märchen Fuß faßte und sich in neue Richtungen entwickelte. Vergleichende Studien von folkloristischem Material zeigen, daß der Held deutscher Märchen sich oft von anderen Volkshelden durch seinen Fleiß und durch seine Bereitwilligkeit unterscheidet, selbst die schwierigsten Aufgaben zu übernehmen. Heldinnen französischer Märchen gelten als aufgeklärter und weltgewandter als ihre deutschen Kolleginnen, aber sie sind auch weniger häufig königlicher Herkunft. Zauber setzt in deutschen Märchen weniger Ereignisse in Gang als in russischen, und in den französischen Märchen ist seine Rolle sogar noch unbedeutender.[11]

Das Lesen und Interpretieren von Märchen ist mit der

Kenntnis nationaler und internationaler Varianten eng verbunden. Sobald wir wissen, daß die deutschen weiblichen Aschenputtel die männlichen Aschenputtel erst ab dem 18. Jahrhundert an Zahl übertrafen, sehen wir die Grimmsche Version dieser Geschichte mit anderen Augen. Die Entdekkung männlicher Aschenputtel und Schneewittchen in der modernen türkischen Folklore führt zu weiteren Überlegungen. Daß die russische Folklore eine männliche Schlafende Schöne hat, mahnt uns, bei Verallgemeinerungen über weibliche Entwicklungsmuster auf der Grundlage dieser einen Geschichte vorsichtig zu sein. Und wir sind gezwungen, über Handlungsmuster männlicher Helden zweimal nachzudenken, wenn wir auf eine Sammlung stoßen, die Heldinnen zeigt, die Aufgaben erledigen, die normalerweise allein von Helden ausgeführt werden, oder die Väter als zu schwach erklären, um ihre Töchter vor bösartigen Stiefmüttern beschützen zu können.

Selbst wenn ein Archetyp zur Verfügung steht, ist nicht immer leicht zu bestimmen, welche Aspekte eines Märchens kulturabhängig sind und welche Elemente als Teil seiner zeitlosen, universalen Struktur fungieren. Noch schwieriger ist sogar, die genaue Epoche festzustellen, die das moralische Klima eines folkloristischen Textes beeinflußt hat oder die zur Veränderung bestimmter narrativer Details führte. Betrachten wir den Fall der Grimmschen Sammlung. In welchem Maße verkörpern diese Geschichten die Werte und moralischen Ansichten der Brüder Grimm? In welchem Grad haben die Erzähler den Märchen den Stempel ihrer eigenen Persönlichkeit aufgedrückt? Wer waren die Beiträger dieser Erzähler, und was genau war ihr Mitwirken an der Gestalt der Geschichten, die sie weitergaben? Viele der Grimmschen Zulieferer kamen aus der Mittelschicht, aber sie haben die Märchen womöglich von Personen gehört, die aus einer niedrigeren sozialen Schicht stammten. Sind die Geschichten Spiegelbilder des Lebens im Hessen des 19. Jahrhunderts, der Umgebung, in der die Brüder die Märchen gehört und gesammelt haben? Oder tragen sie die

Kennzeichen der französischen Sitten und Bräuche im 18. Jahrhundert, da viele der Grimmschen Beiträger hugenottischer Herkunft waren und Märchen erzählten, die stark von Perrault beeinflußt waren? Sogar die berühmte »alte Marie«, die lange einen untadeligen Ruf als robuste, ältere deutsche Erzählerin genoß und daher als Beweis der »Deutschheit« von Grimms Märchen diente, hat sich als Marie Hassenpflug (eine Frau aus der Mittelschicht mit hugenottischen Vorfahren) und nicht als Marie Müller (eine ältere Dienstmagd des Hauses, in dem Wilhelm Grimms Frau aufwuchs) entpuppt. Oder aber die Märchen teilen uns womöglich etwas über die Mentalität und die Ansichten der mitteleuropäischen Bauern mit, wie einige Wissenschaftler vermutet haben. Können wir sie vielleicht als Spiegelbilder spätmittelalterlicher Bräuche und Werte betrachten, besonders da die soziale Struktur der Märchen den Hierarchien dieses Zeitraumes ähnelt?[12]
Bei einem so deutlichen Mangel an Klarheit über die soziale, nationale und zeitliche Herkunft der Texte der Grimmschen Sammlung wird es schwierig, wohlüberlegte Urteile über den Grad zu fällen, in dem sie etwas über das deutsche Volk und über die Brüder Grimm aussagen. Der offenkundig konservative Charakter der Folklore macht die Sache noch schwieriger; Märchen neigen dazu, sich weit langsamer zu verändern als die Welt, in der sie erzählt werden. Die Grimmsche Überarbeitung der Texte ist in diesem Zusammenhang besonders aufschlußreich, da sie uns konkrete Hinweise auf die Veränderungen gibt, die die Brüder Grimm für nötig hielten, um sich und den Geschmack der deutschen Leser zufriedenzustellen. Diese Veränderungen hatten im allgemeinen mehr mit kulturellen Gesetzen und Verhaltensregeln als mit sozialen und ökonomischen Verhältnissen zu tun. Während das Verhalten verschiedener Figuren der Grimmschen Märchen oft mit den Vorstellungen übereinstimmt, die wir uns vom Leben im frühen 19. Jahrhundert machen, ist die Umgebung, in der sie sich bewegen, eindeutig mittelalterlich. Auf der grundlegendsten Ebene spiegelt

das Ensemble der Märchenhelden – Könige, Königinnen, Prinzen, Prinzessinnen, Soldaten, Handwerker und Bauern – die soziale Schichtung einer feudalen Gesellschaft wider. Daß das Leben am Hof oft dem Alltag auf dem Bauernhof entspricht, daß ein König eher bäuerliche Schlauheit als königliche Weisheit zur Schau stellt oder daß eine Königin es nicht unter ihrer Würde findet, einen Bären zu lausen, sind Tatsachen, die uns hier nicht unbedingt beunruhigen müssen. Was zählt, ist, daß die Gesellschaft im Märchen im allgemeinen die Gesellschaftsordnung feudaler Zeiten widerspiegelt. Das Erbrecht, das in Märchen, die von einem Vater und seinen drei Söhnen handeln, niedergelegt ist, erinnert uns daran, daß wir uns in einer prämodernen Welt befinden, wo der Vorzug des ersten Sohnes das Patrimonium garantierte. »Hans im Glück« und andere Geschichten über törichte Tauschhandlungen, die hart erworbene Gewinne in wertlose Kieselsteine verwandeln, reflektieren eine Gesellschaft, in der ein Großteil der wirtschaftlichen Aktivitäten auf dem Tauschhandel basierte. Der Grad, in dem Spinnen für das Schicksal der Frau steht (es sei denn, sie wird von der Plackerei im Haushalt durch einen Prinzen erlöst, oder sie ist klug genug, ihren Ehemann davon zu überzeugen, daß Spinnen sie mißgestalten würde), weist auf die frühen Vorfahren dieser Märchen hin. Es bedarf keines besonderen historischen Wissens, um zu erkennen, daß die sozialen Strukturen, Institutionen und wirtschaftlichen Zusammenhänge vieler Märchen auf mittelalterlichen oder wenigstens prämodernen Modellen basieren. Um es deutlich zu sagen, die Entstehung dieser Märchen kann durchaus noch weiter zurückliegen, auch wenn es etwas übertrieben erscheint, sie auf die Eiszeit zu datieren, wie ein Wissenschaftler es tut.[13] Es ist bisher keinem gelungen, die genaue (oder noch nicht einmal ungefähre) Zeit zu bestimmen, in der das Märchen »Hänsel und Gretel« spielt, und dennoch haben Historiker es als besonders reiche Quelle für kulturelle Daten betrachtet. Ein Historiker hat behauptet, daß die Geschichte ganz realistisch sei und die prämodernen sozialen Bedingungen reflektiere, in denen »böse Stiefmütter genauso wenig ein Phantasiegebilde waren wie vertriebene Kinder«. Nach der Meinung der Brüder Grimm waren die Verhältnisse in ihrer Sammlung so allgemeingültig, daß die meisten Leser keine Schwierigkeit gehabt hätten, sie als lebensecht zu erkennen. Als ein Beispiel der vielen »einfachen« und »wahrhaftigen« Situationen, die in den Märchen beschrieben werden, verwiesen sie ihre Leser auf den Fall armer Eltern, die ihre Kinder aus dem Haus jagen und sie im Wald ihrem Schicksal überlassen. Ein weiteres Beispiel ist der Fall der hartherzigen Stiefmutter, die auf dem Gebiet der Kindesmißhandlung ein Meister ist und den Kindern ihres Ehemannes das Leben unerträglich macht.[14]

Selbst 1806 noch, als die Brüder Grimm mit dem Sammeln von Märchen begannen, war Kindesaussetzung – und Kindesmord – unter den Armen keine Seltenheit, so daß ihnen die fiktionale Darstellung weniger sensationell denn realistisch erschien. Und in Anbetracht der hohen Sterberate von Frauen während der Schwangerschaft oder im Kindbett kommt eine Stiefmutter im Haus (und darüber hinaus eine feindselige) gefährlich nahe daran, eher als Regel denn als Ausnahme zu gelten. Situationen, die in unserer Zeit eher die Ausnahme sind, waren in einer anderen Epoche nicht unbedingt unbekannt. So schockierend uns die Handlungsweise der Eltern von Hänsel und Gretel auch erscheinen mag (besonders, wenn wir sie vorübergehend aus dem Kontext eines Märchens lösen), stimmt sie vielleicht mit der grausamen sozialen Realität vergangener Zeiten überein. Für die Brüder Grimm auf alle Fälle entsprachen die Gegebenheiten des Familienlebens in Märchen oft den Gegebenheiten des Alltags.

Eugen Weber hat mit Recht behauptet, daß Märchen uns viel über die »tatsächlichen Lebensbedingungen in der Welt derer, die sie erzählten und derer, die die Märchen hörten«, sagen könnten. Aber zu vermuten, daß diese Märchen von »wirklichen Leuten« handelten, so wie er es tut, geht zu weit. Hans Traxlers geistreicher Band über die »Wahrheit«

von Hänsel und Gretel demonstriert zur Genüge, wie töricht es ist, Märchen zu wörtlich zu nehmen. Der Amateurarchäologe, der als Held von Traxlers Chronik erscheint, beschließt zu tun, was keiner vor ihm je vorhatte: er liest die Geschichte von Hänsel und Gretel, »als ob es ein Tatsachenbericht wäre«. Nach einigen Jahren mühevoller Vorarbeiten gelingt es ihm, das Elternhaus der beiden Protagonisten genau zu lokalisieren (das an der Autobahn Frankfurt-Würzburg liegt), die Grundmauern der Hexenhütte zu entdecken (im tiefsten Wald), und verschiedene Artefakte auszugraben (versteinerte Überreste von Lebkuchen und anderen Süßigkeiten). All diese archäologischen »Funde« dokumentierten und verifizierten das historische Treffen zwischen den Kindern und der Hexe.[15]
Es bringt nicht viel, in Märchen nichts weiter als historische Dokumente zu sehen, die unser Verständnis vergangener Epochen bereichern können. Sogar die scheinbar realistischsten Märchen (Geschichten von entlassenen Soldaten, Betrügern, Lehrlingen oder Dieben) haben einen Hang zum Absurden und berichten selten von den Heldentaten wirklicher Personen. Dennoch enthält jedes Märchen etwas, das ein Bewußtsein für die soziale Realität erfordert, genauso wie es einiges gibt, das sich einer historischen Erklärung widersetzt. Die Einleitung der Haupthandlung in »Hänsel und Gretel« beispielsweise ist weitgehend realistisch, wenngleich melodramatisch. Die Kindesaussetzung durch die Eltern ist keine Routine, kein alltäglicher Vorgang, doch bleibt sie innerhalb der Grenzen der Plausibilität. Das gilt nicht für die Vorfälle, die kurz danach eintreten. Hier entfernt sich das Märchen von der Realität. Sobald Hänsel und Gretel in den Wald kommen, befinden sie sich nicht nur in einer Welt, in der es das Übernatürliche gibt, sondern sie halten es auch noch für selbstverständlich. Da können Häuser aus Brot gebaut sein, Dächer aus Kuchen und Fenster aus Zucker; Hexen mit blutunterlaufenen Augen warten begierig auf junge Unschuldslämmer; und Enten bieten Kindern ohne weiteres ihre Fährdienste an. Es liegt in der

Natur der Sache, daß übernatürliche Vorkommnisse zu Interpretationen einladen. Die Stiefmutter in »Hänsel und Gretel« ist vielleicht nichts weiter als eine Stiefmutter und handelt daher in psychologisch vorhersehbaren Bahnen, doch die Hexe in derselben Geschichte ist eindeutig eine Figur, die mit symbolischen Bedeutungen ausgestattet ist, die über die historische Wirklichkeit von Hexereien hinaus verweisen. Wer wäre so buchstabentreu, das Treffen zwischen ihr und Hänsel und Gretel wörtlich zu nehmen. Diejenigen, die ihre interpretatorischen Fähigkeiten an Hänsels und Gretels Unterwerfung der Hexe erproben wollen, müssen daher von der wörtlichen zur symbolischen Deutung der Handlung übergehen. Es gibt natürlich viele Deutungsmöglichkeiten für den Kampf, der sich zwischen den Kindern und der Hexe abspielt. Dieser Kampf ist vielleicht eher symbolisch als realistisch, aber symbolisch wofür? Auf seine wesentlichen Bestandteile reduziert, stellt er eine Situation dar, in der X von Y bedroht wird und X (der schwächere der beiden) den Spieß gegen Y umdreht. Vielleicht spielt die Geschichte die Erwachsenen gegen die Kinder aus, aber sie kann genausogut den Konflikt zwischen Aristokratie und Bauernschaft, Herren und Knechten oder zwischen zwei sich bekriegenden Ländern in Szene setzen. Auf ihre wesentlichen Bestandteile reduziert, inszeniert die Geschichte einen Kampf zwischen zwei Parteien mit widerstreitenden Interessen. Die Einfachheit von Märchenhandlungen führt zu vielen Lesarten und räumt dem interpretativen Pluralismus die höchste Stellung ein. Auch »Rotkäppchen«, um zu unserem ersten Beispiel zurückzukehren, eignet sich für die Art reduzierender Operationen, die an »Hänsel und Gretel« vorgenommen wurden. Auch hier wird Stärke mit Schwäche konfrontiert, und jede räuberische Macht kann mit dem Wolf sowie jedes Unschuldslamm mit der Heldin gleichgesetzt werden. Die Bestimmung der Art des symbolischen Kampfes, der sich in Märchenepisoden abspielt, die von der alltäglichen Realität abweichen, weist unvermeidbar ein gewisses Maß an Willkür auf.

So wie sich Märchen von der Realität zur Phantasie wenden, können Märcheninterpretationen leicht von dem festen Grund der Text-Realität in unwirkliche Regionen der ideologischen Einbildungskraft entgleiten. Es ist ein leichtes, den Einleitungsabschnitt eines Märchens zu isolieren und sich einzig und allein auf die Umrisse des größeren, surrealistischen Kontextes zu konzentrieren. Aber die Familienverhältnisse, die so oft das Gerüst für die Abenteuer des Helden bilden, sind ein integraler Bestandteil jedes Märchens; sie zu ignorieren bedeutet, dem ganzen Text Gewalt anzutun. Aus diesem Grund gehen Interpretationen, die die vollständige Geschichte des Helden vernachlässigen, oft an der Wahrheit vorbei. Da Märchen sich mit Familienkonflikten beschäftigen und da die Konflikte zu Hause oft die Kämpfe vorwegnehmen, die vor dem Helden liegen, ist es sinnvoll, die Psychodynamik des ursprünglichen Konflikts als interpretativen Schlüssel für den Kern des Textes zu betrachten. Die meisten Märchen bestehen aus zwei nahtlos miteinander verbundenen Teilen: Sich nur auf einen zu konzentrieren, kann zu einer Art interpretativer Willkür führen, die die Märchen zum Gerüst für alles mögliche, von persönlicher Philosophie bis politischer Ideologie, macht.
Die Willkür manifestiert sich am deutlichsten in der interpretatorischen Vorgehensweise der britischen Volkskundler des viktorianischen Zeitalters. Für diese Wissenschaftler hatten Mythen, Heldenlegenden und auch Märchen nichts mit der Realität des menschlichen Lebens gemein, stattdessen stellten sie kosmologische Kämpfe zwischen der Sonne und der Nacht dar. Ein drachentötender Held wurde als Sonnenheld gefeiert, der die dunklen Mächte der Nacht besiegte, wobei die glühenden Strahlen der Sonne von seinem Schwert, Speer und Bogen verkörpert wurden. Das ganze Pantheon der griechischen Helden, von Achilleus bis Odysseus, wurde zum Vorbild der Sonnenhelden, die lange Reisen nach Westen unternahmen, voll mühevoller Arbeiten, die in Tod und Wiedergeburt gipfelten. Märchen waren keine Ausnahme von der Regel, nach der menschliche Dra-

men Metaphern für kosmische Prozesse seien. Einer der bekannteren Vertreter der vergleichenden Mythologie sah sowohl in Aschenputtel als auch im Froschkönig, aber auch in fast jedem anderen Märchenhelden, Sonnengottheiten. Für ihn waren Hänsel und Gretel nichts als Kinder der Morgendämmerung; das Gold, das sie zur Belohnung am Ende des Märchens bekommen, verkörpere den Glanz der Sonne. Die Stimme der Vernunft behauptete schließlich ihr Recht, als Andrew Lang davon abriet, jeden Vorfall in einem Märchen als »Verweis auf die Naturphänomene Sonnenaufgang, Sonnenuntergang, Wind, Sturm und ähnliches« zu interpretieren. Heute erleben wir (um eine Formulierung von Richard Dorson zu übernehmen) die vollkommene Finsternis der Sonnenmythologie, die zu einer obskuren Wissenschaft von wenig mehr als antiquarischem Interesse geworden ist.[16]

Die Irrtümer der Verfechter der Sonnenmythologie raten uns, vorsichtig zu verfahren, wenn wir die Symbolik von Märchen entschlüsseln wollen. Dadurch, daß die vergleichenden Mythologen des 19. Jahrhunderts Märchen über menschliche Konflikte in Handlungen über Himmelskörper überführten, gelang ihnen zumindest eines: Sie konnten sich selbst davor schützen, sich mit dem ganzen Aufgebot verwirrender Vorkommnisse, die in Märchen und Mythen dargestellt werden, auseinanderzusetzen. Max Müller, einem der Gründungsväter der vergleichenden Mythologie, war es nicht im mindesten peinlich, zuzugeben, daß seine Interpretationsmethoden besonders hilfreich seien, klassische Mythen ihrer aufrührerischen Merkmale zu entäußern.[17] Für ihn wie für seine Kollegen war ein menschenfressender Vater nichts Widernatürliches, sondern eine Chiffre für die Himmel, die gelegentlich die Wolken verschlingen und freigeben. Die Kinder, die von ihren Eltern im Wald ausgesetzt werden, wären nichts weiter als die Sterne, die ausgeschickt würden, um die Nacht zu erhellen. Kurzum: Mythen und Märchen sagten uns fast nichts über die menschliche Natur; stattdessen seien sie ein Zeichen für die primitive Besessenheit des Menschen von den Naturvorgängen.

Während die vergleichenden Mythologen Märchen auf Allegorien über Naturvorgänge reduzierten, haben sich psychoanalytisch ausgerichtete Wissenschaftler zum anderen Extrem bewegt und Märchen als symbolische Übertragungen psychischer Prozesse verstanden. Ein Jahr, nachdem Freud die *Traumdeutung* veröffentlicht hatte, trug Friedrich von der Leyen die These vor, daß Märchen nichts anderes als erzählte Träume seien – Träume, die von einer Generation an die nächste weitergegeben würden, bis ihr Ursprung im Dunkeln läge. Vor einiger Zeit hat Géza Róheim dafür plädiert, das Instrumentarium der Traumdeutung auf Märchen und Mythen anzuwenden, die sich seiner Ansicht nach von erzählten Träumen zu öffentlichem Eigentum entwikkelt hätten, nachdem sie sich weiter Verbreitung und allgemeiner Bekanntheit erfreut hätten. Aus der Selbstbeobachtung wissen die meisten von uns jedoch, daß Träume selten die Oberflächenlogik und Integrität von Märchen besitzen. Und aus persönlicher Erfahrung wissen wir auch, daß Träume, die uns von anderen erzählt werden, zwar amüsant sein können, doch selten die unwiderstehliche Anziehungskraft folkloristischer Darbietungen haben. Einfach zu behaupten, Träume seien die primäre Quelle von Märchen, heißt Märchen auf launenhafte Phantasien zu reduzieren, die sich aus Mangel an Informationen über die, die sie träumten, einer Interpretation entziehen. Wenige Psychoanalytiker wären bereit, einen Traum zu analysieren, wenn sie nichts über den Träumer wissen.[18]

Noch abwegiger als der Versuch, Märchen auf erzählte Träume zu reduzieren, ist die Methode, eine sexuelle Symbolik in jeder konvexen oder konkaven Form zu finden, die auf dem Weg des Märchenhelden erscheint. Ernest Jones Aufsatz über Psychoanalyse und Folklore veranschaulicht das Ausmaß, in dem die Bemühungen von Wissenschaftlern bei zu starker Betonung der sexuellen Symbolik fehlgeleitet werden können. Einer Braut den Schuh auszuziehen habe, so versichert Jones, »dieselbe Bedeutung von Defloration wie den Brautkranz zu zerreißen oder einen Gürtel zu lösen«. »Symbole mit derselben Bedeutung«, fügt er hinzu »... sind die Muschel, die Mondsichel, unzählige Tassen, Kelche, Kessel und Kästchen, und fast jedes andere Objekt mit einer Öffnung, von Türen und Schlangensteinen bis zu hohlen Bäumen und sogar der Öffnung unter einer angelehnten Leiter.«[19] Da kann man sich nur noch fragen, wie Ernest Jones das Märchen von Allerleirauh interpretiert hätte, die mit einem goldenen Ring, einem Spinnrad und einer Garnspule aus dem Schloß ihres Vaters flieht, sich dann in einem hohlen Baum versteckt, ihre Kleidung in eine Nußschale packt und eine Schüssel mit Suppe zubereitet, auf deren Boden sich ein Ring für den König, der sie am Ende heiratet, befindet. Die Deutungsmöglichkeiten werden zu schwindelerregend, um darüber nachzudenken.

Daß sich die psychoanalytischen Wissenschaftler selten über die symbolische Bedeutung eines Objekts oder einer Figur in einem Märchen einig sind, dient auch nicht gerade dazu, Vertrauen in ihre Methode zu wecken. Wenn uns ein Wissenschaftler erzählt, die Zwerge in »Schneewittchen« sollten als Geschwister der Heldin betrachtet werden, ein anderer versichert, daß sie das Unbewußte verkörperten, und ein dritter sie zu Symbolen für die kreative Tätigkeit erklärt, ist es da verwunderlich, daß der Laie vor Erstaunen die Augenbrauen hochzieht? Und wenn uns darüber hinaus angeboten wird, diese Figuren als symbolische Verkörperung der Genitalien der Heldin oder als Gruppe von Homosexuellen zu betrachten, wird es schwierig, den Protest zu unterdrücken.[20] Diese Vielfalt an Interpretationen ist natürlich kein Spezifikum der psychoanalytischen Schule, aber die große Gruppe von Wissenschaftlern, die sich zu dieser Schule hingezogen fühlen (viele aus benachbarten Disziplinen), bringt mehr als die gewöhnlichen Mannigfaltigkeiten hervor. Da gibt es Jungianer, mit ihrer Betonung der Initiationsriten und Mutter-Tochter-Beziehungen, und Freudianer, mit ihren Ödipus- und Elektra-Komplexen, und die

Legion von Schülern, die die Maximen ihrer Lehrer in neue, oft unorthodoxe Richtungen gelenkt haben.
Einige der psychoanalytisch orientierten Wissenschaftler gehen in ihren Interpretationen etwas differenzierter, wenngleich nicht unbedingt überzeugender vor. Karl Abrahams Deutung von »Tischchendeckdich, Goldesel und Knüppel aus dem Sack« ist fast schon peinlich erfinderisch in ihrer Sorgfalt und Reichhaltigkeit. Das Märchen, das er analysiert, erzählt das Schicksal von drei Söhnen, die von ihrem Vater aus dem Haus gejagt werden. Jeder lernt ein Handwerk und wird von seinem Meister am Ende der langen Lehrzeit belohnt. Der erste Sohn erhält einen Tisch, der auf den Befehl »Deck dich!« ein ganzes Mahl aus dem Nichts hervorzaubert. Der zweite Sohn erhält einen Esel, der auf das Wort »Bricklebrit« antwortet, indem er »hinten und vorn« Goldstücke ausspeit. Der dritte Sohn bekommt einen Stock, der auf den Befehl »Knüppel, aus dem Sack!« aus seinem Sack springt und den Feinden seines Besitzers eine Tracht Prügel versetzt. Dieses Märchen verkörpert nach Abraham »eine dreifache Erfüllung von Wünschen, die auf die drei erogenen Zonen bezogen sind«. Der erste Sohn erhält die volle Befriedigung seiner oralen Bedürfnisse; der zweite Sohn befriedigt erfolgreich seine analen Triebe; der dritte Sohn, der am Ende siegt und die Achtung seines Vaters erringt, erreicht das genitale Stadium, das durch Macht, Herrschaft und Einfluß charakterisiert ist (und ausgestattet mit reichlich sadistischer Aggression, obwohl Abraham dies nicht erwähnt). Da Abraham sich an die Parallelen zwischen der Handlung und der psychoanalytischen Lehre klammert, sagt er uns mehr über die freudianische Doktrin als über das Märchen. Er ersetzt eigentlich einen Mythos durch einen anderen. Wer sich dem Studium der Märchen widmet, sollte dafür sorgen, daß er uns mehr über die Märchen als über seine Zugehörigkeit zu einer besonderen Schule sagt.[21]
Trotz all ihrer Exzesse hat die psychoanalytische Wissenschaft in ihrer Beschäftigung mit Märchen zahlreiche Erfolge zu verbuchen. Wenn wir uns einige der Lieblingsthemen

von Märchen vergegenwärtigen (Inzest, Brudermord, Kindesaussetzung, Kannibalismus etc.), wird deutlich, daß selbst der zurückhaltendste freudianische Interpret auf diesem Kampfplatz einen großen Tag erleben kann. Märchen führen uns in eine Welt, in der Tabus zwar noch wirksam sein können, wo aber ihre Überschreitung der Motor der Handlung ist. Die offenkundige Flächenhaftigkeit der Märchenfiguren mag Wissenschaftler entmutigen, ihre Gedanken zu lesen und ihre Beweggründe zu analysieren, aber die Kühnheit ihrer Taten fordert eine sorgfältige Untersuchung ein. Diese Taten mögen in realistischen Situationen verwurzelt sein, doch sind sie oft so weit von der Realität entfernt, daß sie symbolisch verstanden werden müssen. Psychologischer und sozialer Realismus gehörten nie zu den besonderen Stärken von Märchen.

Lenin hat zu Recht behauptet (wie sowjetische Volkskundler nie müde werden zu erklären), daß es »in jedem Volksmärchen Elemente der Realität gibt«. Aber es wäre naiv, zu glauben (und Lenin wußte das offensichtlich), daß Märchen Spiegel sozialer Bedingungen eines früheren Zeitalters seien. Selbst wenn das Ensemble der Figuren eines Märchens aus Bauern, Soldaten, Adligen und Schuften (und weniger aus sprechenden Tieren, verzauberten Prinzessinnen oder Geistern im Wald) besteht, führen diese Figuren Taten aus, die so absurd oder überzogen sind, daß sie nicht glaubwürdig erscheinen. »Wer hat schon jemals Narren gesehen, die jeden betrügen und nie übertrumpft werden?«, fragt Vladimir Propp ganz zu recht. »Gibt es Diebe, die unter einer Ente Eier wegstehlen oder das Laken unter einem Gutsbesitzer und seiner Frau wegziehen? ... Im russischen Märchen gibt es *keine einzige* glaubwürdige Handlung.« Dasselbe gilt auch für die Grimmsche Sammlung, die das Schicksal eines Meisterdiebs erzählt (der einem Grafen die Bettücher stiehlt und einen Priester und einen Küster entführt), eines Bärenhäuters (der feierlich verspricht, sein Haar nicht zu kämmen, seine Nägel nicht zu schneiden oder sieben Jahre lang nicht zu beten), und von Catherlieschen (die einen feuchten

Kellerboden trocknet, indem sie Mehl verstreut und Schlaglöcher in der Straße repariert, indem sie Butter in sie schüttet). Auch hier wollen die Episoden kaum wahrscheinlich wirken, und die Figuren sind nicht wie die, die man im wirklichen Leben trifft. Wie W. H. Auden schrieb: »Kein Märchen behauptete je, eine Beschreibung der äußeren Welt zu sein, und kein Kind hat das je geglaubt.« Die Vermutung, Märchen zeichneten gewissenhaft einfach die Realität auf, ist bei näherer Betrachtung der Märchen nicht zu halten. In einigen kleinen Details können wir Spuren der Epoche, in der das Märchen erzählt wurde, finden, genauso wie neue Wendungen der Handlungsführung etwas über das kulturelle Klima, in dem ein Märchen sich entwickelte, enthüllen können.[22]

Zusammenfassend läßt sich feststellen, daß es zwar immer Elemente historischer und kultureller Realität in Märchen gibt, sie aber oft in einen Text eingebettet sind, der zum Surrealen tendiert. Märchenhelden können ihre folkloristische Laufbahn zu Hause in einer alltäglichen Umgebung beginnen, und sie können sie in einem Schloß in einer naturalistischen Umgebung beenden, aber die Welt, die dazwischen liegt, ist weniger natürlich als übernatürlich, weniger gewöhnlich als außergewöhnlich, weniger real als surreal. Der Zauber und die Verzauberung dieser Welt haben zwar einen Bezug zum gewöhnlichen Leben, doch ist es im allgemeinen zwecklos, auf der Suche nach Zeitzeichen das historische Leuchtfeuer auf diese besondere Welt zu richten. Sobald ein Märchenheld die realistisch dargestellte Welt verläßt, die als Heim bezeichnet wird, und ein Reich betritt, in dem es das Übernatürliche gibt, kommt er in einen Raum, der sich eher für literaturwissenschaftliche und psychologische Analysen eignet, als für historische Untersuchungen. Die Zaubersprüche, die von Hexen, Menschenfressern und Feen ausgesprochen werden, verwandeln gewöhnlich nicht nur eine einzelne Figur, sondern ein ganzes Universum. Eine verzauberte Prinzessin lebt in einer verzauberten Welt; ein sprechendes Tier bewohnt ein wunderbares Reich; und eine

Prinzessin, die nicht lachen kann, lebt in einem seltsam fremdartigen Königreich. Diese Sphären verbergen eher innere als äußere Realitäten, verkörpern eher psychische Wahrheiten als soziale Verhältnisse und repräsentieren eher bildliche als wörtliche Bedeutungen. Der erste Schritt, um einige der Vorstellungen zu verstehen, die in Märchen eingebettet sind, besteht darin, die wiederkehrenden Themen, Figuren und wiederholten Muster zu identifizieren, die einen folkloristischen Text konstituieren. Darum müssen wir die Märchen betrachten und uns dann von der Folklore der Märchen zur Folklore des menschlichen Geistes wenden.

3

OPFER UND SUCHER

Der Familienroman der Märchenfiguren

> Die Wahrheit ist, ich würde keine über Rotkäppchen vergossene Träne für all den Nutzen opfern, den man aus hundert Geschichten von Tommy Goodchild ziehen kann.
>
> SIR WALTER SCOTT

Im wirklichen Leben mag jede unglückliche Familie auf ihre eigene Art unglücklich sein, doch in Märchen sind sich die unglücklichen Familien sehr ähnlich. Fast alle Geschwister sind Rivalen, und zumindest ein Elternteil ist ein Menschenfresser. Die Protagonisten von Grimms Märchen sind weniger Helden, die gegen dunkle Gewalten kämpfen, als vielmehr Opfer feindseliger Mächte. Marienkind wird fast auf dem Scheiterhaufen verbrannt; Aschenputtel wird von ihrer Stiefmutter und ihren Stiefschwestern gequält; Allerleirauh führt ein erbärmliches Leben und muß Asche zusammenkehren; Brüderchen wird von seiner Stiefmutter verhext; die kleinen Jungen in »Die Nelke« und »Fundevogel« sind das Opfer von Mordplänen, die von den Köchinnen ihres Hauses ausgeheckt werden; Schneewittchen wird im Wald dem Sterben überlassen; und Rapunzel wird wegen der merkwürdigen Gelüste ihrer Mutter in einen Turm verbannt. Wie die als Zweiäuglein bekannte Märchenheldin zu dem Prinzen sagt, der sie von einem Leben der Unterdrükkung und Qual durch ihre Schwestern Einäuglein und Dreiäuglein rettet, »... ich leide Hunger und Durst, Kummer und Not vom frühen Morgen bis zum späten Abend: wenn Ihr mich mitnehmen und erlösen wollt, so wäre ich glücklich.« Dies ist für die meisten Märchenhelden keine Übertreibung.

Bisweilen ist ein Geburtsfehler oder ein Ereignis, das kurz nach der Geburt des Helden eintrat, für das Unglück verantwortlich, von dem das Märchen erzählt. Mütter sterben im Kindbett; Eltern sehnen sich so sehr danach, ein Kind zu bekommen, daß sie sich bereit erklären, einen Igel als Sohn anzuerkennen; ein mißachteter Schutzgeist verkündet bei einer Taufe eine böse Prophezeiung; Eltern tauschen ihr Neugeborenes für eine Belanglosigkeit ein; Armut oder böse Omen verleiten den einen oder anderen Elternteil dazu, ein Kind auszusetzen. Zauber und einfaches Pech verschwören sich oft, um den Märchenhelden zu quälen, aber am Ende werden die Eltern des Helden – seine Vorfahren und Vormunde – direkt mit dem Unglück, das ihn heimsucht, in Verbindung gebracht. Ihre Vergehen, die von Vernachlässigung bis zu Tyrannei reichen, bilden den Nährboden für die Konflikte, die die Märchenhandlungen in Gang setzen.[1]
Es kann durchaus sein, daß einige der oben zitierten Märchenepisoden von den gewalttätigen Vorkommnissen des rauhen gesellschaftlichen Klimas vergangener Epochen erzählen. Kindesaussetzung war, wie bereits erwähnt wurde, in früheren Jahrhunderten keineswegs unbekannt, besonders in Zeiten von Krieg, Hungersnöten und anderen extremen Situationen. Doch sogar in Kulturen, wo Kindesaussetzung angeblich selten oder unbekannt ist, spielt das Thema der von der Geburt an verlassenen Kinder in den folkloristischen Überlieferungen eine vorherrschende Rolle. Ruth Benedict entdeckte, daß das Thema in den Märchen der Zuni, des größten Pueblo-Stamms im Südwesten der Vereinigten Staaten, weit verbreitet war, obwohl diese Vorgehensweise der Kultur völlig fremd war. Benedicts Meinung nach könnte dieser scharfe Gegensatz zwischen narrativer Konvention und gegenwärtigem sozialem Brauch nicht durch den kulturellen Konservativismus befriedigend erklärt werden, durch seine Tendenz hinter den kulturellen Entwicklungen zurückzubleiben. Die Popularität des Themas ausgesetzter Kinder scheine eher psychische Ursachen zu haben und aus Tagträumen der Kindheit und Phantasien über Neid

.Abb. 6 *Hänsel und Gretel gehören zu den bekanntesten Opfern von Mißhandlung durch Eltern. Hermann Vogels Illustration zu dieser Geschichte erinnert uns daran, daß die Reaktion der Märchenhelden und -heldinnen auf eine schwierige Lage im allgemeinen darin besteht, sich hinzusetzen und auszuweinen.*

und Vergeltungsmaßnahmen gegenüber Eltern herzurühren. Da Märchen die Aussetzung bis ins kleinste Detail beschreiben und sich auf das Unglück des verlassenen Kindes konzentrieren, folgert Benedict, daß sie »von einer Aversion motiviert« seien, mit dem Ziel, den Tagträumer in die Position des Märtyrers zu versetzen. Die Gefühle, die zu diesen Handlungen führten, seien so tief verwurzelt, daß anscheinend sogar Erwachsene keine Schwierigkeiten hätten, sich mit dem Kind/Held anstatt den Eltern zu identifizieren.[2]

Weniger als die Realität scheint die Phantasie als Grundlage dieser großen Gruppe von Märchen zu dienen, in denen die Hauptfigur ein erniedrigter Held ist. Diese Märchen kann man auf der ganzen Welt finden; sie beschränken sich keineswegs auf die von den Zuni erzählten Geschichten oder die Texte, die von den Brüdern Grimm gesammelt wurden. Obwohl sie nur einen Teil der Märchen darstellen, üben sie doch eine beständige Faszination auf die Vorstellungskraft des Volkes aus und gehören zu den interessantesten Märchen im folkloristischen Repertoire. Im Gegensatz zu den Volks-Märchen, die sich mit dem Leben der Bauern befassen, sind Märchen über erniedrigte Helden zwar in einer realistischen Situation verwurzelt, aber sie neigen dazu, sich in die Richtung des Außergewöhnlichen, Phantastischen und Übernatürlichen zu entwickeln. Aufgrund ihrer übernatürlichen Erzählweise gehören sie zur Kategorie dessen, was Volkskundler Zaubermärchen oder Wundermärchen nennen (sie umfassen diese Kategorie zu einem großen Teil).[3] Anstelle der Klassenkonflikte der Volksmärchen, die auf Bauernhöfen oder in Dörfern spielen, stehen Familienkonflikte im Mittelpunkt dieser Geschichten. Das Familiendrama von Märchen stellt den Helden seinen Eltern gegenüber und verschlechtert seine Lage zusätzlich durch seine mit den Eltern verbündeten Geschwister (die gewöhnlich vom gleichen Geschlecht wie der Held sind, wenn sie als Gegenspieler fungieren). Im Laufe des Märchens eskaliert der interfamiliäre Konflikt; die Eltern und Geschwister werden

immer rachsüchtiger und die Leiden des Helden immer größer.
Zaubermärchen, die sich mit Familienkonflikten beschäftigen, spielen gewöhnlich in einem Bereich, in dem das Übernatürliche als wesentlicher Bestandteil des Alltags begriffen wird. Das Erscheinen von Hexen, Zwergen oder siebenköpfigen Drachen mag Angst, Grauen oder Neugier erwecken, aber es erregt nie auch nur das leichteste Befremden oder Erstaunen. Keine einzige Märchenfigur wundert sich über das Wunderbare. Noch stärker als andere literarische Erzählungen verlangt das Zaubermärchen die freiwillige Außerkraftsetzung des Zweifels. Da ihnen sowohl die satirische Spannung der Volks-Märchen über das bäuerliche Leben als auch die ausdrückliche Didaktik der Tierfabeln fehlt, bilden sie eine eigene Gattung. Sie sind im allgemeinen Abenteuergeschichten, die bei den beschreibenden Passagen und der psychologischen Analyse bündig, doch vollgepackt mit Drama und Melodrama sind. Die Figuren werden einzig und allein durch ihr Verhältnis zum Protagonisten definiert, jede gehört unzweideutig zum Lager der Guten oder der Bösen. Zaubermärchen beschreiben den Aufstieg eines einzigen, im Mittelpunkt stehenden Helden, der sich durch ein fremdes Zauberreich von seiner Unterdrückung in der düsteren Welt der Alltagswirklichkeit zu einer faszinierenden neuen Wirklichkeit bewegt. Der Held solcher Märchen ist ein »Wanderer zwischen den Welten«, ein weltlicher Pilger auf dem Weg zu Reichtum und Heirat.[4] Er ist der Außenseiter, der zum Insider, der Rebell der zum Konformisten wird, das Opfer, das seine Unterdrücker besiegt. Wenn er von seiner einfachen Herkunft in eine höhere Stellung aufsteigt, geht er durch ein verzaubertes Reich, das zur Bühne jener Taten wird, die seine Geschichte bilden. Geschichten über das anwachsende Glück eines einfachen Helden, auf dem Weg durch eine übernatürliche Welt, sind im populären Diskurs als Zaubermärchen bekannt geworden. Als die wahren Produzenten von Zauber und Verzauberung haben sie eindeutig mehr Berechtigung, diesen Namen zu tragen, als die vielen

Warnmärchen, Legenden, Geistergeschichten, Schwänke und Tierfabeln, von denen in der Grimmschen Sammlung viele zu finden sind. Selbst wenn sie selten echte Zauberer erwähnen, finden sie in einem Reich statt, das die Möglichkeit der Existenz solcher Gestalten bereitwillig eingesteht.

Vladimir Propp gibt uns eine nützliche, provisorische Definition dessen, was ich als das mündliche Zaubermärchen bezeichne. »Ein Zaubermärchen«, schreibt Propp, »beginnt mit einer Schädigung oder einer Schurkerei, die jemandem zugefügt wird (z.B. einer Entführung oder einer Verbannung), oder mit dem Wunsch, etwas zu besitzen (ein König schickt seinen Sohn nach dem Feuervogel aus), und geht mit dem Verlassen des Helden seines Zuhauses und dem Zusammentreffen mit Schenkern weiter ... Später kommt es zu einem Kampf mit einem Gegner ... zur Rückkehr und einer Verfolgung.«[5] In morphologischen Worten, ein Akt der *Schurkerei* und ein *Mangel* sind funktional äquivalent; das heißt, sie können beide als erstes Glied in der Kette der Ereignisse stehen, die die Handlung des Märchens konstituieren. Aber Schurkerei und Mangel sind als gepaarte Begriffe ungewöhnlich, da sie in keinem offensichtlichen Analogieverhältnis mit- oder im Gegensatz zueinander stehen. Um zu verstehen, wie sie als homologe Termini in der narrativen Logik von Märchen eingesetzt werden können, müssen wir uns Textbeispiele ansehen. Wie wir uns erinnern, beginnen Hänsel und Gretel der Brüder Grimm ihre Abenteuer als Opfer der elterlichen Schurkerei. Elterliche Bösartigkeit bringt allerdings das russische Schwesterchen Aljonuschka und Brüderchen Iwanuschka nicht dazu, in die Welt zu ziehen und da ihr Glück zu suchen; eine dunkle Wolke nimmt ihre Eltern mit und läßt sie verwaist zurück. Eine italienische Variante zeigt ein Kind, das seine Eltern verliert, weil es auf der Suche nach Chicorée zu weit in den Wald geht. In allen diesen Fällen ist entweder das Vorhandensein des Bösen (Schurkerei) oder die Abwesenheit des Guten (Mangel) die Hauptursache der Ereignisse. Schurkerei und Mangel haben schließlich ein und dieselbe Funktion, selbst wenn sie unter verschiedenen narrativen Masken erscheinen.

Geradeso wie Schurkerei Opfer erzeugt, führt ein Mangel zu einer Suche. Der Held eines Märchens kann entweder ein Opfer oder ein Sucher sein, ein sanftmütiger Märtyrer oder ein kühner Abenteurer. Als passivem Opfer der Umstände stoßen ihm Abenteuer zu; als aktiver Sucher weltlichen Ruhms zieht er los, mit einem bestimmten Ziel. Diese beiden kontrastierenden Charakterisierungen von Märchenfiguren gelten für deutsche und russische Geschichten gleichermaßen, obwohl statistisch leicht zu zeigen ist, daß die Grimmsche Sammlung eine unverhältnismäßig hohe Anzahl unterdrückter Helden hat, während russische Sammlungen häufiger von Drachentötern berichten. Dennoch ist es in der Praxis nicht immer leicht, zwischen Opfer-Helden und Sucher-Helden zu unterscheiden.[6] Man denke bloß an die vielen einfältigen Söhne, die von feindseligen Vätern von zu Hause verbannt werden und dann in irgendeine Suche verwickelt werden. Die Trennlinie zwischen Opfer und Sucher verschwimmt tatsächlich in fast allen Märchen dieses Typs. Während Opfer sich leicht in Sucher verwandeln können, können Sucher leicht in die Rolle von Opfern schlüpfen. Auf der ersten Etappe ihrer Reise in ein fernes Königreich, wo sie ihren Verlobten treffen soll, wird die Gänsemagd mit ihrer Dienerin in verschiedene Rollen gezwungen und lebt als Gänsehirtin in den einfachsten Verhältnissen. Die Suche wird in diesem Fall von einer Schurkin vereitelt, die die Protagonistin zum Opfer macht. Während viele Märchen ihre Helden in der Doppelrolle als Opfer und Sucher darstellen, zeigen andere das Opfer und den Sucher in demselben Märchen, einen von beiden in einer Nebenrolle. Ein Märchen kann aus der Perspektive des Opfers erzählt werden (wie »Aschenputtel«), aber es wird auch von einem Sucher berichten (dem Prinzen, der Aschenputtel heiratet); oder es wird aus der Sicht des Suchers (ein drachentötender Prinz) erzählt, der ein Opfer (eine verzauberte Prinzessin, die von einem Tier gefangengehalten wird) befreit. Kurzum:

Opfer und Sucher können friedlich in einer einzigen Rolle koexistieren oder abwechselnd als verschiedene, ungleiche Partner zusammenarbeiten.

Propps Definition des Zaubermärchens basiert auf einer gründlichen Analyse von hundert Märchen aus Alexander Afanasjews Sammlung russischer Volksmärchen *(Narodnye russkie skazki)*, doch sie scheint nationale Grenzen kaum zu kennen und ist auf bestimmte neapolitanische Märchen ebenso übertragbar wie auf einige finnische Märchen. Obwohl Propps Modell der spezifischen Bestandteile von Märchen am besten eurasischen Erzählungen entspricht, kann es in modifizierter Form auch auf die afrikanische und nordamerikanische Folklore angewendet werden. So wie bestimmte Motive mit erstaunlicher Regelmäßigkeit (oft mit einer besonderen Wendung) an jedem Ort auf der folkloristischen Landkarte auftauchen, treten bestimmte fundamentale Muster hervor, wenn man die Art und Weise untersucht, in der diese Motive in einer bestimmten Erzählung arrangiert sind. Märchen haben viele erstaunliche Eigenschaften, aber vielleicht keine, die so entwaffnend wie ihre durchgängige thematische und strukturelle Gleichförmigkeit ist. Bei der Lektüre von Märchen aus der ganzen Welt wird man immer wieder von einem Gefühl des *déjà lu* oder *déjà entendu* heimgesucht.

Volkskundler haben zwei verschiedene, wenngleich nicht vollkommen einander ausschließende Theorien vertreten, um die bemerkenswerte Kongruenz zu erklären, die man in Märchen aller Kulturen findet. Die erste, die als die Theorie der Wanderung oder Entlehnung bekannt ist, geht von der Annahme aus, daß nie etwas Neues erfunden wird, solange es möglich ist, Altes nachzuahmen.[7] Oder wie es Sir Walter Scott formuliert hat, nachdem er die erstaunlichen Ähnlichkeiten zwischen Märchen aus sehr verschiedenen Kulturen beobachtet hat, »die Armut der menschlichen Phantasie« ist größer, als er jemals vermutet hätte.[8] In ihrer extremsten Formulierung behaupten die Anhänger der Wanderungstheorie, daß ein bestimmter Ort (deutsche Wissenschaftler

aus dem 19. Jahrhundert bestimmten Indien als ihren Favoriten) für alle Märchen als Mutterboden gedient hätte. In dem allmählichen Prozeß der Verbreitung durch mündliche und schriftliche Überlieferungen tauchten Varianten der Märchen in anderen, oft weit entfernten Regionen auf. Dennoch blieben der ursprüngliche Inhalt und die zugrundeliegende Struktur des Märchens während der Reise im wesentlichen intakt. Vielen Volkskundlern erscheint diese Theorie unzureichend, da man, selbst wenn es keine sichtbaren Verbreitungswege gibt, die zwei Regionen verbinden, dennoch erstaunliche Ähnlichkeiten zwischen den Märchen entdecken kann. Noch schwerwiegender ist, daß die Wanderungstheorie es eindeutig nicht vermochte, das Ursprungsland der Märchen zu bestimmen. Dennoch erfreut sich diese Theorie unter den historisch ausgerichteten Volkskundlern allgemeiner Beliebtheit, besonders unter den Exponenten der finnischen Schule.
Die Ansicht, daß ein Urmärchen an einem bestimmten Ort zahlreiche Nachkommen in der ganzen Welt gezeugt habe, wurde als Theorie der Monogenese und Verbreitung bekannt. Die im Gegensatz dazu stehende Theorie der Polygenese geht davon aus, daß Ähnlichkeiten zwischen den Märchen auf unabhängige Erfindungen an Orten, die nicht durch Handels- oder Reiserouten verbunden sind, zurückgeführt werden können. Vladimir Propp stellte die Richtigkeit der Theorie der Monogenese und Verbreitung in Frage, als er fragte: »Wie will man die Ähnlichkeit zwischen den Varianten des Märchens von der Froschkönigin in Rußland, Deutschland, Frankreich, Indien, bei der indianischen Bevölkerung Amerikas und selbst in Neuseeland erklären, wo sich historisch keine Berührungspunkte nachweisen lassen?«[9] Obwohl Propp die Antwort zu umgehen versuchte, scheint er eine psychologische Erklärung vorzuziehen, eine Theorie, die die Ähnlichkeiten zwischen den Märchen auf die gleichbleibende Disposition der menschlichen Psyche zurückführt. Während die Anhänger der Theorie der Monogenese wiederholt auf den Ursprung und die Entwicklung der

Märchen aufmerksam machten, unterstützen die Verteidiger der Polygenese den Begriff der spontanen Kreation und konzentrierten sich auf die Bedeutung der Märchen. Für letztere figuriert die Psyche als Nährboden der Märchenhandlung; es braucht keinen Kontakt mit fremden Quellen zu geben, um sich Konflikte und Phantasien, die von Märchen verkörpert werden, auszudenken.

Nach der Ansicht derer, die behaupten, daß ähnliche Märchen auf der ganzen Welt durch einen Prozeß der spontanen Kreation entstehen, wird die folkloristische Einbildungskraft von der Struktur des Lebens beschränkt. Um diese Ansicht in ihrer banalsten Äußerung zu zitieren: »Die Beschränkungen des menschlichen Lebens und die Ähnlichkeit ihrer grundlegenden Umstände bringen notwendigerweise Märchen hervor ... die überall unter allen wichtigen strukturalen Gesichtspunkten ähnlich sind.« Oder wie Wilhelm Grimm es vor mehr als einem Jahrhundert formuliert hat, um die rekurrierenden Themen in den Märchen, die er und sein Bruder gesammelt hatten, zu erklären: »So einfach sind die meisten Situationen, daß viele sie wohl im Leben gefunden.« Andere Wissenschaftler haben etwas differenzierter argumentiert, daß Märchen die ewigen Wahrheiten des geistigen Lebens in konkrete Bilder und Ereignisse übersetzten. Sie können die größten Hoffnungen und Ängste jeder Kindheit verkörpern oder die Phantasien und Phobien eines früheren Zeitalters oder der Kindheit der Menschheit bewahren. In den wilden Handlungsweisen und gewalttätigen Ereignissen, die in Märchen beschrieben werden, haben diese Wissenschaftler einen Ausdruck regressiver Denkweisen oder primitiver Lebensweisen gesehen. Beide Ansichten – die eine, die die Gleichförmigkeit des Lebens im allgemeinen betont, und die, die auf die Kontinuität des Geisteslebens Nachdruck legt – deuten an, daß Märchen von Wahrheiten handeln, die für das Leben so fundamental und in ihrer Anwendbarkeit so universell sind, daß sie notwendigerweise überall ähnlich sind.[10]

Obwohl die Theorien der Monogenese und Polygenese nützlich sind, um das Vorherrschen bestimmter Grundthemen in Märchen zu erklären, ist keine von beiden in ihrer Ausarbeitung besonders überzeugend. Schließlich weist Literatur ganz allgemein Zeichen fremder Einflüsse auf und beschäftigt sich mit den Grundlagen des menschlichen Lebens und hat dennoch nicht die merkwürdig gleichbleibenden Eigenschaften der Märchenhandlungen. Roman Jakobson hat überzeugend behauptet, daß die Freiheit der kreativen Erfindung in der Folklore wesentlich mehr beschnitten sei als in der Literatur: »Die sozialisierten Bereiche des Geisteslebens, wie beispielsweise die Sprache und das Märchen, unterliegen weitaus strengeren und gleichförmigeren Gesetzen als jene, in denen die individuelle Phantasie vorherrscht.« Folklore operiere als System, das auf die von einer Gemeinschaft sanktionierten Konventionen ausgerichtet ist; Literatur hingegen gestatte einen viel größeren Spielraum und eine Vielzahl von Äußerungen, die den Konventionen des Systems, aus dem sie kommen, entsprechen oder zuwiderlaufen können. Es sollte hinzugefügt werden, daß die Beschränkungen, die der folkloristischen Erfindungsgabe auferlegt werden, weitgehend auf die Zensur durch die Zuhörerschaft der Märchen zurückgehen. Der von einem einzelnen verfaßte Text kann die Konventionen mißachten, den Erwartungen seiner zeitgenössischen Leser zuwiderlaufen und auf fast vollständige Ablehnung stoßen. Dennoch kann er schließlich in den Kanon der klassischen Werke eingehen. Ein Märchen hingegen muß die Zustimmung eines Kollektivs bekommen, bevor es in das Standardrepertoire von Märchen aufgenommen wird.[11]

Es ist ein leichtes, folkloristische Konvention literarischer Innovation gegenüberzustellen, aber es ist schwieriger, die genauen und gleichförmigen Gesetze zu bestimmen, an denen folkloristische Darbietungen festhalten müssen. Als »sozialisierter Bereich des Geisteslebens« ist Folklore zwar das Produkt einer kollektiven Handlung und dient als Vehikel für kollektive psychische Prozesse, aber ihre eigentlichen Gesetze bleiben im dunkeln. Um diese Gesetze zu identifizieren und definieren, müssen wir uns zunächst Propps Untersuchung des russischen Märchens zuwenden, einer Arbeit, die nur ein Jahr vor Jakobsons Analyse erschien. Propps Behauptung, daß alle »Zaubermärchen ... hinsichtlich ihrer Struktur einen Typ« bildeten, macht in ihrer Einfachheit stutzig. In Afanasjews Sammlung russischer Märchen isoliert Propp zwei Arten rekurrierender Eigenschaften: Die eine betrifft die Funktionen der Figuren, die andere die Verteilung ihrer Rollen. Unter Funktionen versteht Propp die Handlungen, »die unter dem Aspekt ihrer Bedeutung für den Gang der Handlung definiert« werden.[12] Die einunddreißig Funktionen, die von Propp identifiziert werden, reichen von Entfernung und Verbot über verschiedene Akte der Schädigung bis zur Hochzeit des Helden und/oder zur Thronbesteigung am Schluß. Nicht alle einunddreißig Funktionen sind obligatorisch, aber wo sie erscheinen, müssen sie immer in der von Propp umrissenen Reihenfolge stehen. Diese Funktionen werden auf sieben »Handlungskreise« beschränkt, die von den folgenden Rollen bestimmt werden:

1. der Gegenspieler
2. der Schenker
3. der Helfer
4. die Zarentochter (oder die gesuchte Gestalt) und ihr Vater
5. der Sender
6. der Held
7. der falsche Held

Propp erkannte, daß es keine eindeutige Zuordnung zwischen seinen theoretischen »Handlungskreisen« und den tatsächlichen Rollen der verschiedenen Märchenfiguren gibt. Die Zahl der Figuren kann sogar leicht reduziert oder erweitert werden. Eine Figur kann mehrere Rollen übernehmen; eine Hexe beispielsweise kann sowohl als Gegenspielerin, als feindselige Schenkerin oder unfreiwillige Helferin fungieren. Man denke bloß an die alten Weiber in »Hänsel und Gretel« und »Schneewittchen«, oder an Rumpelstilzchen, der seine Märchenlaufbahn als Helfer beginnt und als Gegenspieler beendet. Genauso können verschiedene Figuren in einen einzigen Handlungskreis verwickelt werden; das heißt, der Held kann eine Reihe von Gegenspielern oder Helfern auf seinem Weg treffen. Man denke bloß an die vielen jüngsten dreier Söhne, denen zuerst von Tieren aus der Luft, dann von welchen aus dem Meer und schließlich von solchen auf der Erde geholfen wird.

Einer der ersten russischen Rezensenten von Propps *Morphologie des Märchens* lobte seine bahnbrechenden Erkenntnisse und sagte dem Band eine große Zukunft voraus. Aber diese Zukunft ließ noch dreißig Jahre auf sich warten. In der Sowjetunion erregte das Buch weder Aufsehen noch Interesse. Erst mit dem Erscheinen der ersten englischen Übersetzung 1958 begann Propps Idee unter den Volkskundlern und Literaturwissenschaftlern auf beiden Seiten des Atlantik Enthusiasmus zu wecken. Aber in dem Maße, in dem diese Ideen Fuß faßten, gerieten sie unter Beschuß. In der Sowjetunion wurde Propp als unpatriotischer Gauner verleugnet, der »das russische Märchen (das wir alle so schätzen) aller nationaler, ideologischer und künstlerischer Besonderheiten beraubt« habe. Da er die Behauptung gewagt hatte, die russischen Märchen seien von denen »der anderen europäischen Völker, der Australier oder Polynesier« nicht sehr verschieden, hatte Propp das russische Märchen »verbluten« lassen und, schlimmer noch, »seiner Seele beraubt«.[13] Die Kritik an Propps Vorstellungen war im Westen etwas weniger chauvinistisch. Obwohl Propp sich in seiner morphologischen Analyse gewöhnlich auf die »Struktur« der Märchen bezogen hatte, wurde seine Arbeit von strukturalistischen Wissenschaftlern der sechziger Jahre als hoffnungslos formalistisch eingestuft. (Die Arbeit war formalistisch, aber dennoch nicht hoffnungslos.) Da er sich hauptsächlich auf die lineare Sequenz der Ereignisse beschränkte, die das narrative Muster des Märchens umfaßt, beschäftigte Propp sich mit den syntagmatischen Gesichtspunkten der Erzählung und vernachlässigte seine unabdingbaren paradigmatischen Dimensionen. Er hatte sein Gesichtsfeld in anderen Worten auf die Oberflächlichkeit der empirischen Beobachtung eingeengt und damit nichts als den manifesten Inhalt der Märchen erkundet. (»Professor Lévi-Strauss hat mir ... voraus, daß er Philosoph ist, während ich ein Empiriker bin, und zwar ein integrer ...«, erklärte Propp später in einem Angriff auf Lévi-Strauss.) Wonach Lévi-Strauss und andere in der *Morphologie* vergeblich suchten, war ein Versuch, die grundlegenden Bedeutungsstrukturen der Märchen aufzudecken. Es war einfach nicht genug, einunddreißig Funktionen und sieben Handlungskreise aufzustellen. Wie sind diese einunddreißig Funktionen und sieben Handlungskreise miteinander verbunden? Welches grundlegende Bedeutungsmuster enthüllen sie? Das waren die Hauptfragen von Propps Leserschaft im Westen.[14] Die Vertreter strukturalistischer Überzeugung fanden in A.-J. Greimas einen leidenschaftlichen Verfechter ihrer Kritik an Propps formalistischen Verfehlungen. In der Hoffnung, Propps syntagmatische Analyse durch die Verbindung mit Lévi-Strauss' Modell der paradigmatischen Analyse zu vertiefen, übernahm Greimas Propps sieben Handlungskreise, reduzierte sie auf drei Paare von Handelnden und stellte sie in binäre Opposition zueinander. Diese binären Beziehungen, stellte Greimas fest, gestalteten die Grundlage eines Modells *(modèle actantiel)*, das eine unbegrenzte Anzahl von Texten hervorbringe, das vollständige Repertoire folkloristischer Darbietungen.[15] Greimas' Schema besteht aus sechs Handelnden, die in einem syntagmatischen Verhältnis (das von den Pfeilen verdeutlicht wird) stehen:

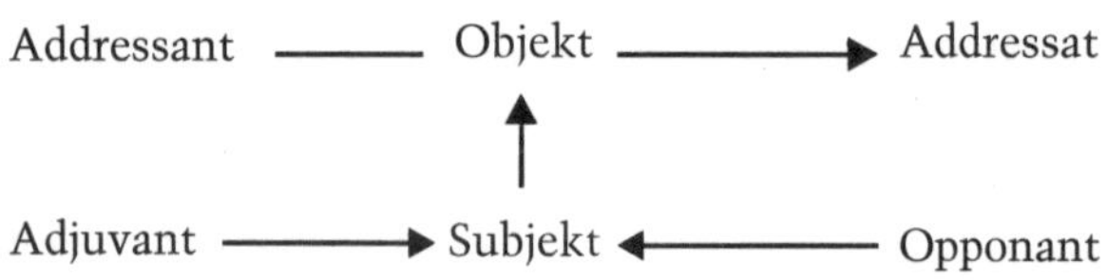

Wenn Propps Rollen auf dieses Diagramm übertragen werden, erhält man folgendes Schema:

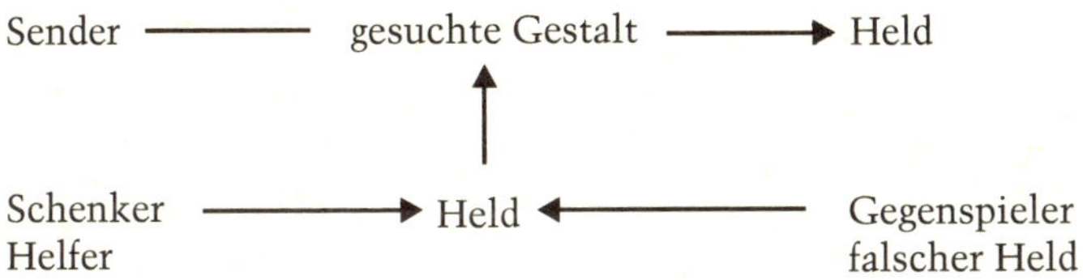

Die Übertragung von Propps Handlungskreisen auf Greimas' Modell führt zu einer Verdoppelung der Rolle des Helden – er ist sowohl Hauptfigur als auch Empfänger im Märchen. Greimas ist daher zu der Behauptung gezwungen, daß das Märchen, da es eine Situation entwickle, in der diese beiden Rollen verschmolzen sind, einen besonderen Fall von Erzählung darstelle. Doch das Märchen ist, wie ein Wissenschaftler bemerkt hat, keineswegs die einzige narrative Form, in der eine Figur sich etwas wünscht und es dann entweder bekommt oder auch nicht.[16] Darüber hinaus lenkt Greimas' Modell, indem es das Verhältnis Sender-Empfänger auf die gleiche Grundlage wie das Verhältnis Helfer-Gegner stellt, von dem Vorherrschen der Helfer-Gegner-Opposition in Märchen ab. Fast jedes Märchen hat eindeutig bestimmbare Helfer und Gegner: die Zwerge gegen die böse Königin in »Schneewittchen«; eine weiße Ente gegen die böse Hexe in »Hänsel und Gretel«, die treue Falada gegen die falsche Magd in »Die Gänsemagd«. Diese Liste noch weiterzuführen, wäre ein Kinderspiel. Im Gegensatz dazu ist die Opposition Sender-Empfänger unklar und wird, sobald man sie auf Märchen überträgt, problematisch. Wer ist der Sender in »Schneewittchen«? Kann die Stiefmutter in »Hänsel und Gretel« als Sender fungieren, selbst wenn es in dieser Geschichte keine gesuchte Gestalt gibt? Die ältere Königin in »Die Gänsemagd« schickt ihre Tochter zu einem König, aber dieser König ist nicht der Held der Geschichte.

Ein weitaus befriedigenderes Arrangement der dramatis personae von Propp wurde von dem sowjetischen Volkskundler Eleazar Meletinsky vorgeschlagen. Für Meletinsky steht der Held im Gegensatz zu allen anderen Figuren, deren Rollen einzig und allein von seiner Sicht aus definiert werden. Seine ist die einzige »reine« Rolle in dem Sinne, daß sie sich nicht mit anderen Rollen überschneidet oder sich mit ihrem Gegensatz vereinigt. Alle anderen Handelnden im Märchen sind nicht notwendig unvermischte Gegenspieler, Helfer oder Schenker. Stattdessen müssen sie irgendwo auf einem Spektrum, das den einen funktionalen Bereich mit dem anderen verbindet, situiert werden. Wie Propp bereits festgestellt hatte, haben viele Figuren in Märchen mehrere Rollen oder teilen ihre Funktionen mit anderen Figuren. Die Hexe in »Hänsel und Gretel« fungiert, wie wir uns erinnern, sowohl als Gegenspielerin als auch als Schenkerin (wenngleich nicht aus altruistischen Gründen). Meletinsky illustriert die Kontinuität zwischen den Rollen des Gegenspielers und Schenkers mit dem folgenden Diagramm:

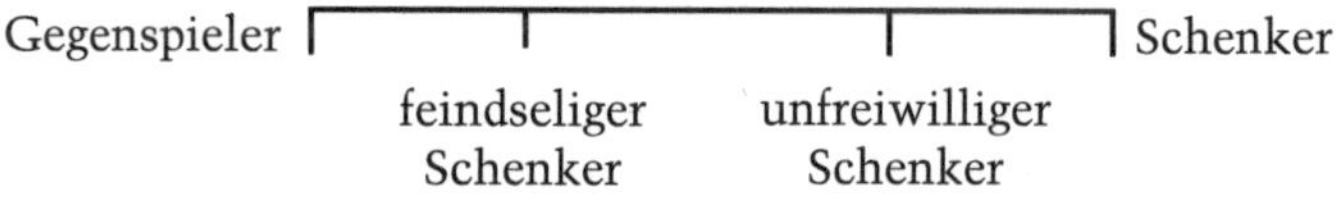

Alle funktionalen Bereiche, die von Propp definiert wurden (mit der Ausnahme des Senders, dessen Rolle meist nebensächlich ist) können gepaart und als Ausgangs- und Endpunkte eines Kontinuums betrachtet werden. Wenn man sie auf einem Kreis anordnet, umschließt der eine Halbkreis diejenigen, die dem Helden bei seiner Suche helfen, indem sie ihm Gaben und Rat anbieten, und der andere Halbkreis umfaßt diejenigen, die den Helden prüfen oder bedrohen und daher als Gegner fungieren.[17]

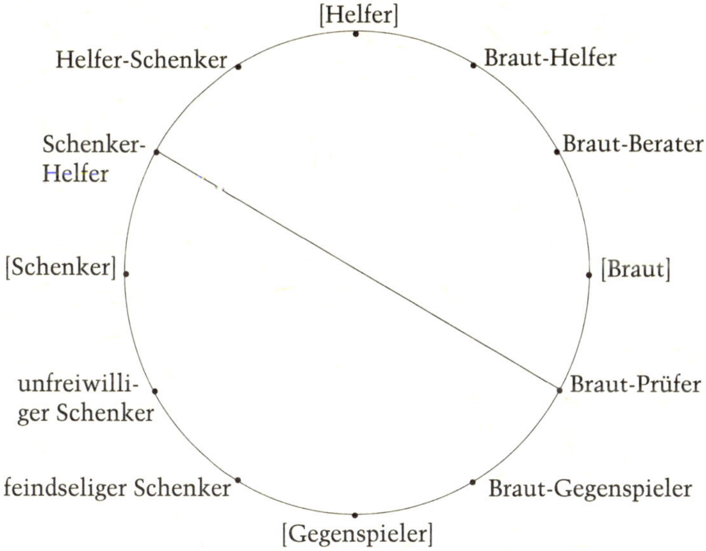

Auf die Gefahr hin, in radikalen Reduktionismus zu verfallen, haben einige Volkskundler die Ansicht vertreten, daß Märchen einen Konflikt zwischen einem Helden und einem Gegenspieler darstellten und alle anderen Figuren nur eine Nebenrolle als Verbündete von einem der beiden spielten.[18] Der Held mit seinen Helfern wird in Gegensatz zum Schurken und seine Anhänger gestellt. Diese Dichotomie zwischen Helfer und Gegenspieler ist für das Märchen genauso grundlegend wie die anderen dominanten Oppositionen zwischen gut und böse, schwach und stark, bescheiden und königlich, jung und alt, bekannt und fremd. Sie scheint sogar als Ursprung all dieser Gegensätze zu dienen.
Um unser Verständnis für die Bedeutung dieser im Märchen geltenden Spannungen zu vertiefen, ist es nützlich, die Situationen zu analysieren, die dazu führen, daß der Held von zu Hause weggeht und ein zauberhaftes, fremdes Reich betritt. Die Familie (genauer: die Kleinfamilie) liefert die grundlegende Konfiguration der Märchenfiguren: Mutter, Vater und Kind. Nur selten spielt ein Teil der Großeltern

eine Rolle, Onkel, Tanten, Cousinen und andere entfernte Verwandte sind in der Regel im Ensemble der Märchenfiguren abwesend. Die Welt der Märchen wird im allgemeinen von zwei Gruppen bewohnt, die sich auf dem gesellschaftlichen und wirtschaftlichen Spektrum gegenüberstehen: einfache Leute und königliche Personen. Märchen beschreiben gewöhnlich den Aufstieg von Armut zu Reichtum, von ohnmächtiger Abhängigkeit zu königlicher Autonomie, von der Auflösung der Kleinfamilie zur Gründung einer neuen. Der Märchenheld ist ein Wanderer, wenn nicht immer körperlich, so doch im Geiste. Von zu Hause oder, was auf dasselbe hinausläuft, an den Herd verbannt, führt sein Weg von den ärmlichen Verhältnissen des Elternhauses in eine Welt der Verzauberung und schließlich zurück in eine modifizierte und erhabenere Form seines ursprünglichen Zustands. In einer Reihe von Familien als Opfer und in anderen als Sucher dargestellt, kann er mit Leichtigkeit aus dem Zustand des tiefsten Selbstmitleids in den der kühnen Gewitztheit wechseln.

Die Geschichte des Helden findet gewöhnlich in weiter Vergangenheit statt, »in den alten Zeiten, wo das Wünschen noch geholfen hat«, wie die Brüder Grimm es formulierten. Doch die Wünsche der jungen Märchenhelden werden selten auf der Stelle erfüllt, wie einige Beobachter behaupten. Der Kern der Märchenhandlungen wird stattdessen den Mühsalen, Kämpfen und dem Zusammenstoß mit dem Tod, sowohl zu Hause als auch auf ihren Reisen, gewidmet. Diese Handlungen mögen zwar glücklich enden (was in einem einzigen Satz am Ende des Märchens zusammengefaßt wird), doch sie verwandeln auch Ängste in fühlbare, plastische Gestalten, anstatt Wünsche und Bedürfnisse zu verkörpern.[19]

Die bekannte Wendung – »es war einmal« –, mit der die meisten Märchen beginnen und die eine ihrer charakteristischsten Eigenschaften darstellt, macht uns auch mit der jeweiligen Familiensituation bekannt, die den Helden von zu Hause fort in das Reich des Zauberhaften treibt. Das

Heim, normalerweise der Ort der Stabilität und Sicherheit, wird die Behausung sowohl feindseliger als auch unheilverkündender Mächte.[20] Das Märchen beginnt mit einer ausgewogenen Situation – der Kleinfamilie zu Hause – und bewegt sich schnell auf einen Zustand der Unausgewogenheit zu. Ein Familienmitglied stört die anfängliche Ruhe und macht das Leben zu Hause unerträglich. Die Motive für die Abreise des Helden sind unterschiedlich: Er kann für seine armen Eltern eine finanzielle Belastung sein – noch ein Mund, der gestopft werden muß; er kann wegen seiner Dummheit ein Ärgernis sein; er kann das Ziel mütterlicher oder väterlicher Wut sein; oder er will der Bestrafung für eine Übertretung entgehen. In den folgenden Märchen ist der Held das Opfer elterlicher Bösartigkeit; er wird von seinen Eltern vernachlässigt, streng bestraft oder ausgesetzt. Wie jedes »verfolgte« Kind, träumt er davon, wegzulaufen. Die Flucht von zu Hause wird seine einzige Hoffnung und Quelle des Trosts. Doch seine Flucht führt ihn nicht in ein magisches Königreich, wo jeder Wunsch Wirklichkeit wird, sondern vielmehr in eine Welt, die von Schurken bewohnt wird, deren Macht weit furchterregender ist als die der Schurken, die er hinter sich gelassen hat.

Die Geschichte von Hänsel und Gretel illustriert musterhaft die Art und Weise, in der ein böser Elternteil im Spiegel der Märchenwelt reflektiert und verzerrt wird. Die Stiefmutter, die die Kinder nicht ernähren kann und die sie von zu Hause forttreibt, erscheint im Wald wieder als falsche Ernährerin, als eine kannibalistische Dämonin, die sich als großherzige Mutter verkleidet. In anderen Märchen, etwa in »Brüderchen und Schwesterchen«, wird die Entsprechung zwischen beiden Figuren explizit festgestellt: die Hexe im Wald ist tatsächlich die Stiefmutter, ihrer elterlichen Verkleidung beraubt. Die bösen Mächte zu Hause treten gewöhnlich mit all ihren übersteigerten Fehlern im verzauberten Reich, das die wichtigste Umgebung des Märchens konstituiert, wieder auf. Die Darbietung physischer Heldentaten oder die Demonstration geistiger Überlegenheit in der Zauberwelt bereitet den Weg für die Rückkehr in das neue Heim. Der Sieg über die Mächte des Bösen dort bedeutet gleichzeitig die Befreiung von der häuslichen Unterdrückung und Erhebung in eine höhere gesellschaftliche Stellung.

Der Held betritt die Märchenwelt im allgemeinen nur, um den Verhältnissen zu Hause zu entkommen, wird aber in dem Reich, in dem er Schutz sucht, weit gefährlicheren Situationen ausgesetzt. Obwohl er zu Hause keine Verbündeten hat, entdeckt er, daß verzauberte Wälder und Königreiche nicht nur abscheuliche Gegner, sondern auch menschliche Helfer beherbergen. Meist behalten seine Gegner – ob sie nun die Gestalt listiger Hexen, intrigierender Stiefmütter oder ausgefuchster Kammermädchen annehmen – alle menschlichen Eigenschaften. Seine Verbündeten hingegen gehören zu einer anderen Gattung; emsige Bienen, großzügige Bäume und geduldige, hilfsbereite Füchse eilen dem Helden zu Hilfe. Als die Gänsemagd ihre Mutter verläßt, um zum Königreich ihres Verlobten aufzubrechen, wird sie von einer hinterhältigen Magd und einem treuen Pferd begleitet. Die Magd setzt sich an die Stelle ihrer Herrin; die treue Falada hilft ihr, ihre königliche Position wiederzuerlangen. Aschenputtel gerät zwar in Ungnade und wird von einer Stiefmutter und ihren Töchtern erniedrigt, doch die Natur kommt ihr zu Hilfe. Vögel erledigen ihre Hausarbeiten, und ein auf dem Grab ihrer Mutter gepflanzter Baum stattet sie für den Ball mit königlichen Gewändern aus. Während die böse Mutter oder Stiefmutter in Märchen sowohl lebhaft wie lebendig ist, ist die gute Mutter – die beschützt, liebt und ernährt – immer tot.[21] Dennoch läßt sie ihr Kind nicht im Stich und erscheint durchweg in der Gestalt wohlwollender natürlicher Mächte wieder.

Der Märchenheld ist im doppelten Sinne des Wortes ein natürliches Kind. Er kann zu Hause in Gefahr sein, aber er findet in der Natur immer wieder Schutz und Unterstützung. Gleichzeitig ist er, wie der Begriff andeutet, ein illegitimes Kind, der Nachkomme einer Verbindung, die – wenn schon nicht verbrecherisch – so wenigstens geheimnisvoll oder problematisch ist. Es ist nicht ganz zufällig, daß so viele Märchen das Mutterbild aufspalten, um zwei völlig verschiedene Einheiten zu schaffen: eine übermenschliche und diabolische Stiefmutter, die teuflisch lebendig und kraftvoll ist, und eine gütige leibliche Mutter, die schlicht und einfach nicht mehr da ist. Noch ist es ganz zufällig, daß der Märchenheld oft als Stiefkind dargestellt wird, ein Kind, dessen wirklicher Vater oder wirkliche Mutter nicht deutlich identifiziert und charakterisiert wird. Man denke bloß an die vielen Märchen, in denen ein Elternteil auffällig abwesend: nur eine Mutter *oder* ein Vater treten auf. Um eine mögliche Ursache für die Zwillingsthemen »Natürlichkeit« und Illegitimität zu erkunden, müssen wir uns von dem folkloristischen Erbe der Brüder Grimm den fiktionalen Phantasien des menschlichen Geistes zuwenden.

In einem bemerkenswerten Essay mit dem Titel »Der Familienroman der Neurotiker« vertritt Freud die Ansicht, daß das Seelenleben einer Gruppe neurotischer Patienten Einsichten in die Einbildungskraft von Kindern geben kann.[22] Diese Patienten hatten – im Laufe des Reifer- oder besser gesagt Älterwerdens – ihre Kindheitsträume bewahrt, verstärkt und verherrlicht, anstatt sie aufzugeben. Obwohl der sogenannte Familienroman solcher Patienten nicht auf Befehl erinnert werden konnte, fand Freud heraus, daß Teile davon durch Psychoanalyse ans Licht kämen und zusammengesetzt werden könnten. In seinem Aufsatz verzeichnete er die wichtigsten Themen der Tagträume und Phantasien von Kindern, die er aus der Phantasiewelt bestimmter neurotischer Patienten abgeleitet hatte.

Nach Freud nimmt der Familienroman zum ersten Mal Gestalt an, wenn das Kind beginnt, sich von der Autorität der Eltern zu befreien. Ein wachsendes Gefühl der Unzufriedenheit mit seinen Eltern, das von dem Gefühl herrührt, zurückgesetzt oder vernachlässigt zu werden, führt das Kind dazu, in der Vorstellung, es sei ein Stiefkind oder ein adoptiertes Kind, Trost zu suchen. Selbst nach der Pubertät kann die Einbildungskraft des Kindes noch von der Aufgabe beherrscht

sein, sich selbst von seinen Eltern zu befreien und sie durch Eltern höherer Stellung zu ersetzen. Es bildet sich ein, das Kind eines prominenten Staatsmannes, eines Millionärs, eines aristokratischen Großgrundbesitzers zu sein – einer Person, die genau die Eigenschaften besitzt, die seinen eigenen Eltern am meisten fehlen. Solche Tagträume, stellt Freud fest, dienen der »Erfüllung von Wünschen« und der »Korrektur des Lebens«.[23] Obwohl die neuen, höherstehenden Eltern genau mit den Eigenschaften der gegenwärtigen, bescheidenen Eltern ausgestattet sind und der Familienroman des Kindes daher die Sehnsucht nach der Zeit widerspiegelt, als ihm seine eigene Mutter und sein eigener Vater als die edelsten Personen auf der Welt erschienen (und als es sich im Lichte ihres Ruhms sonnte), konnte man auch Rache- und Vergeltungsgedanken bei diesen jungen Romanciers identifizieren. Heimweh und Revolte, Erhebung und Erniedrigung, Versöhnung und Rache: dies sind die beiden Motoren, die den Familienroman antreiben.
Die Glorifizierung einer Familie auf Kosten einer anderen läßt sich auch im Märchen feststellen. Der Familienroman, der von der kindlichen Phantasie gesponnen wird, scheint die Hauptthemen des Familienmärchens abzubilden, das von der Phantasie des Volkes geschaffen wurde.[24] Beide werden innerhalb des Kontexts einer gewöhnlichen Familiensituation hervorgebracht. Der Tagträumer des Familienromans sieht sich selbst als Stiefkind oder adoptiertes Kind und schafft eine neue soziale Ordnung, in der er von bescheidener Herkunft zu aristokratischem Ursprung erhoben wird. Er befreit sich selbst von einem sozial unannehmbaren Vater, einer nachlässigen Mutter oder in anderer Hinsicht unvollkommenen Eltern, indem er einen Mythos über seine besonderen Geburtsumstände gestaltet. Märchenhandlungen weichen jedoch in einem wichtigen Punkt von Familienromanen ab: Während es dem Tagträumer des Familienromans gelingt, sich von seinen Eltern zu befreien, indem er sie zurückweist und neue fabriziert, werden Märchenhelden von ihren Eltern zurückgewiesen. Väter verbannen für immer

ihre Söhne, und Mütter, in der Verkleidung von Stiefmüttern, schließen ihre Töchter gewöhnlich aus dem Familienkreis aus. Während der Protagonist des Familienromans kaum mehr als ein Opfer der Umstände ist (Verwirrung der Identität, Tod eines leiblichen Elternteils usw.), ist der Held des Märchens ein Opfer der offenkundigen elterlichen Böswilligkeit.

Im Gegensatz zur allgemeinen Erkenntnis haben Märchenheldinnen kein Monopol auf Erniedrigung. Männliche und weibliche Figuren scheinen gleichviel zu leiden, obwohl die narrative Dauer des weiblichen Leidens gewöhnlich größer ist. Und die Tyrannen, von denen die Protagonisten der Märchen bekämpft und unterdrückt werden, können Vater oder Mutter wie auch König oder Königin gleicherweise sein. Schneewittchen muß Fallen umgehen, die ihre Mutter (die von den Brüdern Grimm später in eine Stiefmutter verwandelt wurde) auslegt, doch Allerleirauh muß ihren Verstand benutzen, um ihrem Vater auszuweichen. Der Held in »Die drei Sprachen« fällt fast dem mörderischen Plan seines Vaters zum Opfer, doch der kleine Junge in »Von dem Machandelboom« wird von seiner Stiefmutter ermordet.[25]

Eine Reihe von Märchen stellt die leiblichen Eltern (oder schlecht verkleidete Versionen davon) in der Rolle der Unterdrücker dar, gestaltet diese Eltern dabei jedoch so grausam oder blutrünstig, daß es unmöglich wird, sie für die nächsten Verwandten zu halten. Die einzige Möglichkeit, ihr unnatürliches Verhalten zu erklären, ist die Annahme, sie seien Schwindler, die sich irgendwie der Stellung der wirklichen Eltern bemächtigt haben. Die Familie, die am Ende des Märchens etabliert wird, bildet die wirkliche Familie verwandter Geister des Helden. Eine zweite Gruppe von Märchen entwirft ein komplizierteres Szenario, an dessen Anfang zwei Arten von Eltern stehen: die leiblichen Vorfahren und die Adoptiveltern. Hier muß der Findling/Held seinen Weg zurückfinden von den einfachen Pflegeeltern zu einem Königspaar. An diesem Punkt müssen wir innehalten und ein Märchen der Grimmschen Sammlung näher betrachten, um zu sehen, wie Märchen die Handlung des Familienromans modifizieren und transformieren, selbst wenn sie seine grundlegende Struktur bewahren.

Das Märchen »Der Teufel mit den drei goldenen Haaren« erzählt die Geschichte eines ausgesetzten Jungen. Eine »arme Frau« geht mit einem Sohn schwanger, bei dessen Geburt ein Wahrsager voraussagt, er werde eines Tages eine Königstochter heiraten. Von dieser Prophezeiung erzürnt, bemächtigt sich der König des Landes (»der ein böses Herz hatte«) des Kindes, legt es in eine Schachtel und wirft sie ins Wasser. Die Schachtel geht allerdings wundersamerweise nicht unter und wird schließlich von einem Müller und seiner Frau aufgefangen, die den Jungen an Kindes Statt annehmen. Jahre später, als der König mit dem Jungen wieder zusammentrifft, versucht er noch einmal, den Burschen zu ermorden, arrangiert dabei jedoch unabsichtlich nur die Heirat zwischen ihm und seiner Tochter. Dennoch legt der König seinem zukünftigen Schwiegersohn weitere Hindernisse in den Weg, zu denen die Mission gehört, in die Unterwelt hinabzusteigen, um die drei goldenen Haare vom Kopf des Teufels zu holen. Sobald diese Mission erfüllt ist, lebt der Junge für immer in Glückseligkeit mit seiner Frau, während der König als Bestrafung für sein sündiges Verhalten gezwungen ist, seine Tage als einfacher Fährmann zu verleben, der Reisende über einen Fluß setzt.

Im Gegensatz zum klassischen Familienroman zeigt dieses Märchen drei Elternpaare: eine »arme Frau« und ihren Ehemann, einen Müller und seine Ehefrau, einen König und eine Königin. Dieses Märchen scheint auch von der Handlung des Familienromans abzuweichen, da es einfache leibliche Eltern *und* einfache Pflegeeltern präsentiert. Aber diese Unterschiede sind leicht in Einklang zu bringen. Man braucht sich beispielsweise nur zu vergegenwärtigen, daß der Ehemann der leiblichen Mutter und die Ehefrau des Königs kaum erwähnt werden und damit eine Situation entsteht, in der die leibliche Mutter mit dem König bei der Aussetzung des

Kindes/Helden als Verschwörer gepaart werden kann. Die »arme Frau« gibt ihr Kind freiwillig auf; der König setzt das Kind im Wasser aus. Wir haben daher zwei Elternpaare übrig, die in etwa den wirklichen und vorgestellten Eltern der kindlichen Phantasie entsprechen: ein einfacher Müller mit seiner Frau und ein königlicher Vater mit seiner Gemahlin. Das Märchen verwandelt dabei die Fiktion des Familienromans in Wirklichkeit. Der schlichte Müller und seine Frau, die den Helden wie einen eigenen Sohn aufziehen, entpuppen sich als nichts weiter denn als Pflegeeltern, Stellvertreter des königlichen Ahnen und seiner Gemahlin. Die Bösartigkeit der leiblichen Eltern übt eine Doppelfunktion im narrativen Haushalt des Märchens aus: Sie macht die Eltern für die niedrige soziale Stellung des Helden verantwortlich und erklärt, warum der Held seiner Geburtsrechte zunächst beraubt wurde. Dem Helden obliegt es, sich mit der königlichen Familie wieder zu vereinigen – in diesem Fall durch die Heirat mit einer Frau, die unter bestimmten Gesichtspunkten als seine Halbschwester betrachtet werden könnte. Wie bereits festgestellt wurde, wird die Feindseligkeit, die die jungen Romanciers gegenüber ihren Eltern empfinden, in Märchen in die Erniedrigung durch feindselige Eltern verwandelt. Ein König, der sowohl Vater als auch Tyrann ist, oder eine Königin, die sowohl Mutter als auch Verfolgerin ist, verkörpern am häufigsten elterliche Böswilligkeit.

Als Otto Rank sich auf den »paranoiden Charakter« bestimmter Märchen bezog, dachte er zweifelsohne an Geschichten wie »Der Teufel mit den drei goldenen Haaren«.[26] Immer wieder stellen diese Märchentypen Kinder als Opfer böswilliger oder nachlässiger Eltern dar. Der Held in »Der König vom goldenen Berge« wird beispielsweise von seinem eigenen Vater im Stich gelassen, der gedankenlos mit dem Teufel einen Handel macht. Jahre später kommt der Sohn als König eines fremden Landes nach Hause zurück, um sich noch einmal weggejagt zu sehen, als er die Kleiderordnung seines Vaters mißachtet. Wie die königliche Vaterfigur in »Der Teufel mit den drei goldenen Haaren« steht auch dieser väterliche Verfolger zwischen dem jungen, unschuldigen Helden und seiner Geliebten. Doch Mütter und sogar Tanten sind ebenso in der Lage, die Maschinerie des Familienromans in Gang zu setzen. Der gleichnamige Held in »Fundevogel« ist aufgrund elterlicher Nachlässigkeit verwaist: Als seine Mutter unter einem Baum einschläft, stiehlt ihn ein plündernder Adler aus ihrem Schoß und setzt ihn in einer Baumspitze ab. Ein Förster nimmt ihn darauf an Kindes Statt an und zieht den Findling auf. In »De drei Vügelkens« werden zwei Brüder und ihre Schwester von königlichen Tanten in einen Fluß geworfen, aber von einem Fischer aus ihrem Wassergrab gerettet, der die drei Kinder mit seiner Ehefrau aufzieht. Böses wird im allgemeinen durch Gutes ausgeglichen; auf jeden Verfolger mit königlichem Blut oder hochmütigem Verhalten kommt gewöhnlich ein weichherziges, gütiges Wesen, das die geschickten Angriffe auf das Leben des Helden vereitelt.

Der Familienroman dient einer Reihe von klassischen Märchen als Gerüst. Doch die Wünsche und Phantasien junger Romanciers, die die Grundlage dieser Märchen bilden, werden einer bemerkenswerten Veränderung unterzogen, bevor sie in den öffentlichen Bereich der Folklore eintreten. Die Feindseligkeit eines Kindes gegenüber seinen Eltern (die sich als Nichtanerkennung und Ablehnung der Eltern in den Kindheitsphantasien manifestiert) zeigt sich in der Folklore als elterliche Feindseligkeit gegenüber dem Kind. Um das tiefe Schuldgefühl auszuschalten, das von unannehmbaren Gedanken erzeugt wird, kann ein Angreifer sich eines klugen Kunstgriffs bedienen. Er verwandelt sich selbst in einen unschuldigen Märtyrer und versetzt das Opfer seiner schuldbeladenen Gedanken in die Rolle des ruchlosen Schurken. Der psychologische Mechanismus, der hier am Werk und als Projektion bekannt ist, wurde von Freud in der syntaktischen Umkehrung des Satzes von »Ich hasse ihn« zu »Er haßt mich« genau illustriert. Oft findet eine deutliche Umkehrung der anfänglichen Bedingungen statt, bevor individuelle Phantasien in öffentliche Bereiche eintreten. Der feindselige Romancier schlüpft unbemerkt in die Rolle des Opfers, das sich ein von seiner Verfolgung erzählendes Märchen ausdenkt. Es ist zweifelsohne an der Ansicht von Otto Rank etwas Wahres daran, daß Erwachsene das Leben folkloristischer Helden mit den Details ihrer eigenen Kindheit ausstatten und damit durch rückwärtsgewandte Kindheitsphantasien den Rohstoff der Märchen liefern.[27]

Einigen mag es äußerst unangemessen erscheinen, sich auf das Instrumentarium der Psychoanalyse zu berufen, um Geschichten zu analysieren, die für die Flächenhaftigkeit ihrer Figurenzeichnung bekannt sind. Rapunzel mag das »schönste Kind unter der Sonne« sein und lebt vollkommen einsam in ihrem Turm, aber das ist auch schon alles, was wir je von ihr erfahren. Der treue Johannes (im gleichnamigen Märchen) wird seinem Namen gerecht, aber er besitzt keinen anderen bemerkenswerten Charakterzug. Die Müllerstochter in »Rumpelstilzchen« ist arm und schön, aber ansonsten gegenüber anderen Märchenheldinnen nicht weiter ausgezeichnet und tatsächlich nicht von ihnen zu unterscheiden. König Drosselbart ist ein Mann, der von den üblichen Königsgestalten nur durch die bizarre Form seines Kinns unterschieden werden kann. Wenn Märchen uns wenig über die Eigenschaften ihrer Helden mitteilen, zeigen sie sich bei der Beschreibung ihrer Geistesverfassung noch sparsamer.[28] Gefühle und Emotionen werden gewöhnlich verkörpert. In »Der Froschkönig« nimmt der Kummer eines Dieners in den drei eisernen Ringen, die seinen Körper zusammenschnüren, konkrete Gestalt an. Der Durst (ein unbeherrschter Instinkt) verwandelt den Bruder aus »Brüderchen und Schwesterchen« in ein Tier. Übertriebene Neugier wird in »Marienkind« als der Wunsch, eine verbotene Tür zu öffnen, dargestellt. Indem die psychologische Analyse streng vermieden wird, laden die Handlungen von Märchen sich mit symbolischer Bedeutung auf. Die konkreten Beschreibungen und äußeren Ereignisse des Märchens dienen nicht nur dazu, die Handlung voranzutreiben, sondern veranschaulichen auch das psychische Innenleben. Eine Märchenhandlung psychologisch zu analysieren, ist gleichbedeutend damit, eine Märchenfigur zu analysieren. Wie Tzvetan Todorov bemerkt hat, verdichten Märchen soweit wie möglich die Lücke zwischen einem psychologischen Wesensmerkmal und der Handlung, die es hervorruft.[29] Sobald wir erfahren, daß Schneewittchens Mutter auf ihre Tochter eifersüchtig ist, wissen wir von ihren Mordplänen in bezug auf das Mädchen. Die physischen und mentalen Eigenschaften einer Figur dienen nicht nur dazu, sie zu definieren, sondern erklären gleichzeitig eine Handlung – sie sind sowohl deskriptiv als auch kausal. Diese Eigenschaften haben darüber hinaus fast immer eine einzige vorhersehbare Konsequenz, anstatt mehrere Möglichkeiten für den Verlauf der Handlung zu eröffnen. In der narrativen Logik eines Märchens führt Eifersucht zu Mord. Die konkurrenzlose Schönheit einer Heldin zieht einen Freier an und ermöglicht eine Heirat. Der Wunsch zu reisen führt zu einer Reise. Angst erzeugt Menschenfresser und verschiedene andere Ungeheuer. Hilflosigkeit und Verzweiflung produzieren wundersamerweise Helfer. Mitgefühl wird belohnt. Neugier lockt ein Verbot hervor. So merkwürdig es klingt, doch es sieht so aus, als müßten wir die Handlung betrachten, um die Gedanken der Märchenfiguren zu lesen.

Die Helden der Märchen werden uns durchweg in freudlosen realistischen Situationen vorgestellt, denen die magischen Eigenschaften, die man mit dieser Gattung verbindet, völlig fehlen. Doch sobald der Held sich auf die Suche nach einem entfernten Ideal macht oder gezwungen wird, sich auf den Weg zu machen, nehmen die Ereignisse plötzlich die Gestalt des Zauberhaften an und fungieren als physische Projektionen und Repräsentationen psychischer Prozesse. Der Wechsel von der realistischen Umgebung, die in den Einleitungsabschnitten von Märchen beschrieben wird, in die wundervolle Welt des eigentlichen Märchens wird von einem entsprechenden Wechsel von der bildlichen Bedeutung der Worte zu den Dingen, die diese Worte bezeichnen, begleitet.

Wie Wallace Stevens geschrieben hat: »Realität ist ein Klischee, vor dem wir mit Hilfe der Metapher flüchten.« »Es ist nur au pays de la métaphore qu'on est poète«, fügte er hinzu.[30]

In Märchen flüchtet der Held vor den ermüdenden Klischees der Wirklichkeit, indem er eine Welt betritt, wo die bildliche oder metaphorische Dimension der Sprache wörtliche Bedeutung annimmt. Vorstellungen werden zu Tatsachen. Die Mutter oder Stiefmutter, die sich am Anfang des Märchens wie eine Menschenfresserin verhält, wird zu einer echten Hexe. Die zänkische Mutter aus dem Originalmanuskript von »Die drei Raben« wird eine *Rabenmutter.* Als sie mit einem ihrer drei Söhne wegen seiner Leichtfertigkeit schimpft, verwandeln diese sich in schwarze Raben und fliegen davon.[31] Alle »natürlichen« Kinder in Märchen werden im eigentlichen Sinne des Wortes Kinder der Natur, denen von der Natur geholfen wird und die vor den äußerst unnatürlichen Schurken im Elternhaus von ihr beschützt werden. Die Übertragung von Metaphern in die wörtliche Bedeutung kann bisweilen in groteske Effekte umschlagen. Eine Märchenheldin wird zum »Mädchen ohne Hände«, nachdem ihr Vater dreist um ihre Hand angehalten hat. Als sie ablehnt, hackt er ihr beide Gliedmaßen ab. Zahllose Prinzen verlieren vor stolzen Prinzessinnen, die die geistige oder körperliche Überlegenheit ihrer Freier mit unlösbaren Rätseln und nicht zu vollbringenden Aufgaben prüfen, ihren Kopf. Die Liste könnte noch lange fortgesetzt werden, doch das Argument ist klar. Indem das Bildliche wörtlich genommen wird, können Märchen immer wieder das Ausmaß zur Schau stellen, in dem sie im geistigen Universum der Kindheit angesiedelt sind. Auch da herrscht, wie in Märchen, die wörtliche Bedeutung der Sprache und der Glaube an die Allmacht der Gedanken.

Die symbolischen Kodes, die in Märchen verwoben sind, sind relativ leicht zu entziffern, da sie oft auf bekannten Andeutungen oder leicht zu entschlüsselnden verbalen Situationen basieren. Wie Freud bemerkte, bedient sich die

Folklore in der Regel allgemeingültiger Symbole.[32] Könige und Königinnen repräsentieren gewöhnlich die Eltern; ein Prinz oder eine Prinzessin bedeuten das Ich. Ein tiefer, undurchdringlicher Wald symbolisiert die dunklen, versteckten Tiefen der Seele. Eine Wassermasse wird oft mit dem Geburtsvorgang assoziiert; man denke bloß an die unzähligen Märchen, in denen auf einem Fluß treibende Findlinge auf eine vorhersehbare Rettung durch einfache Leute zusteuern. Diese und andere ebenso zeitlose Symbole sind gewöhnlich recht durchsichtig und lassen sich leicht interpretieren.

Auch Symbole, die aus wörtlichen Metaphern und visuellen Wortspielen hervorgehen, sind relativ leicht zu entschlüsseln. In seiner *Traumdeutung* zitiert Freud Beispiele von beidem aus den Träumen von Patienten. Eine Frau berichtete ihm einen Traum, in dem sie »sitzen geblieben« war, in der wörtlichen Bedeutung des deutschen Ausdrucks. Eine andere Frau erzählte, wie sie in einem Traum, der offenkundig von dem Verlust der Ehre (als Homonym für *Ähre*) handelte, durch Felder ging und Weizen- und Gerstenähren schnitt. In diesen wie in den bereits zitierten verbalen Ersetzungen sind die Deutungsschlüssel im allgemeinen bekannt und vom festgesetzten linguistischen Gebrauch niedergelegt.

Im Gegensatz zu den persönlichen Symbolen, die wir in literarischen Werken moderner Prägung finden, sind die Symbole der folkloristischen Kunst der öffentlichen Vorstellungskraft in hohem Maße zugänglich, vor allem deshalb, weil sie von einem Kollektiv geformt, wenn nicht gar geschaffen sind. Dennoch bleiben denen, die den symbolischen Kode von Märchen knacken wollen, zahlreiche Schwierigkeiten. Ein Frosch kann in der Folklore ein »gängiges Phallussymbol« sein, aber das gilt nicht in jedem Fall.[33] Tiere fungieren zwar im allgemeinen als Helfer und unterstreichen damit die Nähe des Helden zur Natur, aber bisweilen übernehmen sie auch eine schädigende Rolle. Ein Fluß kann einem Helden Sicherheit und Schutz gewährleisten, aber er kann ihn auch in ein Tier verwandeln. Nichtsdestotrotz überrascht es nicht, daß Jung sich auf Märchen als Vehikel für das Verständnis der Arbeitsweise des menschlichen Geistes konzentrierte und daß Freud sein Wissen über Traumsymbole an Märchen erweiterte. Wie Jung feststellte, ist der Inhalt der Märchen nicht den Launen und Einfällen einer individuellen Logik unterworfen, sondern meistens von ewig gültigen Denkweisen bestimmt.[34] Die symbolische Sprache der Märchen reflektierte für ihn die unwandelbare, für immer festgesetzte Struktur der menschlichen Psyche.

Der fundamentale Unterschied zwischen Literatur und Folklore wird von den verschiedenen symbolischen Kodes bestätigt, die die beiden Erzählweisen verwenden – eine individuelle und willkürliche, und, die andere, eine öffentliche und durch den Brauch festgesetzte. Roman Jakobson ist von der Wahrheit nicht weit entfernt, wenn er die Folklore als einen »sozialisierten Bereich des Geisteslebens« beschreibt. Obwohl die Wanderungs- und Entlehnungstheorie genügen kann, um das Vorherrschen bestimmter Themen und Motive in Märchen zu erklären, scheitert sie daran, eine befriedigende Erklärung über die Gleichförmigkeit der Gestalt und Struktur des Märchens zu liefern. Nur eine sorgfältige Analyse der Psychodynamik der Märchen kann unser Wissen über ihre Darstellungsmittel und rekurrierenden Gedankenmuster erweitern.

In seiner Untersuchung von »Feengeschichten« *(fairy stories)* behauptet J. R. R. Tolkien, daß »die Frage, woher die Geschichten stammten (so berechtigt sie auch sein mag), bedeute, nach dem Ursprung der Sprache und des Geistes zu fragen«[35]. Die Suche nach dem Ursprung der Märchen muß nicht unbedingt blitzartige Einsichten in die Entstehung der Sprache und der geistigen Fähigkeiten des Menschen hervorbringen. Aber die Untersuchung der Märchen teilt uns etwas über die Art und Weise mit, in der der Geist sich auf die Doppelbewegung der Sprache zwischen wörtlicher Bedeutung und bildlichem Ausdruck bezieht, um Geschichten zu gestalten, die psychologische Tatsachen inszenieren. Der Familienroman gehört zu den bedeutungsvollsten dieser inneren Tatsachen.

II

HELDEN

4

MEHR GLÜCK ALS VERSTAND

Die männliche Linie

> »Da kommt ein alter Mann und seine drei Söhne –«
> »Ich könnte zu diesem Anfang ein passendes altes Märchen erzählen.«
>
> SHAKESPEARE, *Wie es euch gefällt*

Märchenhelden durch Namen zu identifizieren ist keine leichte Aufgabe. In der Grimmschen Sammlung hat tatsächlich nur jeder Zehnte einen Namen. Aber es ist ja auch kein Geheimnis, daß die bekanntesten Märchenfiguren weiblich sind. Aschenputtel, Schneewittchen, Rotkäppchen und Dornröschen: das sind die Namen, die einen lebhaften Eindruck in den Kindheitserinnerungen hinterlassen haben. Mit der Ausnahme von Hänsel, der den Spitzenplatz mit seiner Schwester teilt, bleiben die männlichen Protagonisten aufgrund ihres Namens, wenn schon nicht aufgrund ihrer Taten, kaum im Gedächtnis. Da es ihnen an farbenprächtigen, beschreibenden Spitznamen fehlt, die den weiblichen Helden eine bestimmte Identität verleihen, werden diese Figuren als Typen dargestellt und durch ihre Verwandtschaft (der Müllerssohn), durch ihre soziale Stellung (der Prinz), durch ihr Verhältnis zu Geschwistern (der jüngste Bruder), durch das Niveau ihrer Intelligenz (der Dummling) oder durch körperliche Mißbildungen (der Däumling) gekennzeichnet.[1]

Die meisten Leute kommen in Verlegenheit, wenn es darum geht, Märchenhelden zu benennen, aber wenige haben Schwierigkeiten, sie zu beschreiben. »In Liedern, in Märchen sieht man den jungen Mann abenteuernd auf der Suche nach der Frau ausziehen. Er durchbohrt Drachen, bekämpft Riesen«, schreibt Simone de Beauvoir. Und welche Eigenschaften hat dieser junge Mann? Ein Interpret der Grimmschen Sammlung beschreibt ihn als »aktiv, konkurrenzfähig, gutaussehend, fleißig, listig, habsüchtig.« Diese Aufzählung faßt die herkömmlichen Erkenntnisse der Märchenforschung über die Drachen- und Riesentöter zusammen.[2]

Die herkömmlichen Erkenntnisse stellen sich allerdings in bezug auf die deutsche Folklore selbst als Märchen heraus. Die Lektüre der ersten Auflage der *Kinder- und Hausmärchen* offenbart, daß es genau zwei Drachentöter und nur einen Riesentöter in der ganzen Sammlung von ungefähr 150 Märchen gibt.[3] Eines dieser Märchen, »Von Johannes-Wassersprung und Caspar-Wassersprung«, erzählt die bekannte Geschichte über die Tötung eines siebenköpfigen Drachen und die Befreiung einer Prinzessin, doch die Erzählung wurde (aus unbekannten Gründen) nicht in die zweite Auflage der *Kinder- und Hausmärchen* aufgenommen. Der zweite Drachentöter trägt den eindeutig unheldenhaften Namen Dummhans, und der Wettstreit, in dem er drei Drachen, die eine unterschiedliche Anzahl von Köpfen haben, tötet, ist nicht besonders spannend. Was den Riesentöter angeht, so gelingt ihm das Köpfen dreier Riesen nur, weil ihm das richtige Schwert mitten in den Weg gelegt wurde. Wenn es eine Eigenschaft gibt, die diesen Helden eigen ist, so ist es die Naivität. Wie so viele andere Figuren in der Grimmschen Sammlung sind auch sie eindeutig unrealistische Figuren. »Unschuldig«, »dumm«, »nutzlos«, »närrisch«, »einfältig« und »arglos«: dies sind die Attribute, die den Märchenhelden in der Grimmschen Sammlung fortwährend zugeschrieben werden.

Volkskundler pflegen Helden in zwei Gruppen einzuteilen. Es gibt aktive und passive Helden, »formelle Helden« und »ideelle Helden«, Drachentöter und männliche Aschenputtel, Betrüger und Dummlinge.[4] Der Theorie gemäß dienen die Oppositionen aktiv/passiv, Verfolger/Opfer, tapfer/ängstlich und naiv/listig als nützliche Hilfe, um Märchenhelden zu klassifizieren. In der Praxis läßt sich allerdings nicht immer so leicht festlegen, ob ein Held auf seine eigenen Kräfte vertraut oder von Helfern abhängig ist. Hat er einen Hang zur Gefahr, oder übersteht er schlicht und einfach die verschiedenen Abenteuer, die ihm widerfahren? Wie intelligent ist er eigentlich? Was auf den ersten Blick ziemlich eindeutig erscheint, entpuppt sich als sehr verworren. Der unbekümmerte Dummling, der Erfolg zu haben scheint, ohne ihn überhaupt anzustreben, ist nicht immer so tolpatschig, wie sein Name oder Ruf uns glauben machen wollen, und der ausgekochte Betrüger wird seinem Ruf, scharfsinniger Denker zu sein, nicht immer gerecht.

Es gibt da eine weitere Komplikation. Trotz ihrer scheinbaren Schlichtheit sind die *Kinder- und Hausmärchen* nicht ohne gelegentliche ironische Anklänge, die die oberflächlichen Bedeutungen untergraben. Besonders die den Protagonisten vorbehaltenen Epitheta und Prädikate können untypische Wesensmerkmale stark hervorheben. Die gleichnamige Heldin in »Die kluge Else« rangiert oben auf der Liste der dümmlichen Charaktere; in »Hans im Glück« wird eine stetige Abnahme des Glücks des Helden verzeichnet; und das tapfere Schneiderlein in der gleichnamigen Geschichte stellt eher Angeberei als Tapferkeit zur Schau.[5] In der Welt der Märchen kann ein Dummling leicht in die Rolle eines ausgekochten Betrügers schlüpfen; der Sohn eines einfachen Müllers kann ein König werden; und ein feiger Narr kann sich zu einem wackeren Helden entwickeln. Die Charakterzüge demonstrieren einen erstaunlichen Mangel an Stabilität, indem sie sich im Fortgang des Märchens fast unbemerkt in ihr Gegenteil verkehren. Auf diesem Hintergrund wollen wir uns nun den männlichen Protagonisten der Grimmschen Sammlung zuwenden, um zu sehen, welche Charakterzüge sie kennzeichnen, und um festzustellen, inwieweit der Fortgang ihrer Abenteuer einem vorhersehbaren Verlauf folgt.

Während die weiblichen Protagonisten von Märchen oft

ebenso gut wie schön sind, scheinen ihre männlichen Pendants im allgemeinen ebenso jung und naiv wie dumm zu sein. Schneewittchens Stiefmutter mag zwar wegen der außerordentlichen Schönheit ihrer Stieftochter aufgebracht sein, aber die Väter männlicher Helden sind auf immer und ewig verärgert ob der konkurrenzlosen Dummheit ihrer Söhne. Auf die Frage, wer der Dümmste unter ihnen sei, würden die meisten Märchenväter antworten: mein jüngster Sohn. Doch dieser Sohn ist gleichzeitig der Auserwählte, der Sohn, der schließlich seine älteren und klügeren Geschwister aussticht. Auf eine fast widernatürliche Art und Weise zeichnen Märchen mit männlichen Protagonisten die Erfolgsgeschichte von Heranwachsenden nach, denen sogar der gesunde Menschenverstand fehlt, Anweisungen zu beachten, die ihnen viele Helfer und Schenker geben, in der Absicht, Katastrophen zu verhindern und das glückliche Ende zu gewährleisten. »Du verdienst nicht, daß ich mich deiner annehme,« erklärt einer dieser frustrierten Wohltäter, nachdem sein weiser Rat bei nicht weniger als drei Gelegenheiten mißachtet worden war.[6]

In den Märchen der ganzen Welt ist paradoxerweise derjenige, dessen Erfolg am unwahrscheinlichsten ist, der Erfolgreichste. Verdienst zählt selten; Glück scheint alles zu sein. Aladdin, der Prototyp des unwürdigen Helden, dem es gelingt, für immer in Glück zu leben, beginnt seinen Aufstieg zu Reichtum und Macht unter weniger als günstigen Umständen. Die einführenden Abschnitte seiner Geschichte widerlegen die Ansicht, daß klassische Märchen Tugend belohnen und Bosheit bestrafen. »Es ist mir berichtet worden, o größter König unserer Zeit«, beginnt die Geschichte »Aladdin und die Wunderlampe«, »daß in einer Stadt Chinas ein armer Schneidersmann lebte; der hatte einen Sohn namens Aladdin. Und dieser Knabe war von Jugend auf ein Tunichtgut und Taugenichts.« Als er älter wird, weigert er sich, ein Handwerk zu erlernen und fährt mit seinem Müßiggang fort, doch »sein Vater grämte und betrübte sich so sehr über die Untugend seines Sohnes, daß er krank ward und starb.«

Doch eben dieser Aladdin, der nach der Beförderung seines Vaters ins Grab noch eigensinniger wird, erbt am Ende den Thron eines Sultans. Wie ein Kritiker zu Recht bemerkt, preist und verherrlicht die Geschichte von Aladdin und der Wunderlampe »einen der unwürdigsten Charaktere, die man sich vorstellen kann.« Es ist bezeichnend, wie schnell Aladdin seinen Weg von den Seiten der deutschen Übersetzung von *Tausendundeine Nacht* zu den mündlichen Erzählungen einer bestimmten Region Deutschlands fand. Sobald sein exotischer Name in Dummhans geändert worden war, wurde er offensichtlich so schnell der Folklore Pommerns einverleibt, daß es schwer war, ihn von einheimischen Söhnen zu unterscheiden.[7]

Die Helden der *Kinder- und Hausmärchen* werden in den meisten Fällen kaum in der Lage sein, Preise für Intelligenz und gutes Benehmen zu gewinnen, aber noch unwahrscheinlicher ist es, daß sie Auszeichnungen für Mut sammeln. Die Geschichten beschreiben riskante Abenteuer, aber die Helden bleiben oft feige und passiv. Als der Dummling in »Die Bienenkönigin« aufgefordert wird, die erste dreier Aufgaben zu erfüllen, setzt er sich einfach hin und weint sich aus. In »Die drei Federn« setzt sich der Held hin und ist »traurig«, anstatt sich den von seinem Vater erdachten Herausforderungen zu stellen. Märchenheldinnen galten nie als Vorbilder für wagemutiges Verhalten, doch bei Märchenhelden ist es auch nicht selten, daß sie leise leiden und Notlagen hoffnungslos passiv erdulden.

Trotz all ihrer Unzulänglichkeiten besitzen die Dummlinge in Grimms Märchen einen Charakterzug, der sie von ihren rivalisierenden Brüdern unterscheidet: Mitgefühl. Dieses Mitgefühl ist bezeichnenderweise den in der Natur lebenden Verbündeten und Wohltätern der Märchenhelden vorbehalten: den Tieren, die die Erde, die Gewässer und den Himmel bewohnen.[8] Noch bevor der Dummling sich auf eine Reise zu fremden Königreichen macht oder verschiedene Aufgaben übernimmt, um eine Prinzessin zu befreien, muß er sich der Hilfe der Natur oder übernatürlicher Kräfte würdig erweisen, indem er Mitgefühl zeigt. Unter den verschiedenen Prüfungen, Aufgaben und Anfechtungen, die einem Helden auferlegt werden, erweist sich dieser erste Test als der wichtigste, da er die privilegierte Stellung des Helden begründet. Sobald er Mitgefühl zeigt – mit der folgerichtigen Begleiterscheinung Bescheidenheit – kann er nichts Falsches tun, selbst wenn er Verbote übertritt, Warnungen mißachtet und Anweisungen ignoriert. Diese einführende Charakterprüfung dient dazu, den Helden unter den Brüdern auszusondern und ihn mit potentiellen Helfern für die vor ihm liegenden Aufgaben auszustatten.

Zwei Märchen der Grimmschen Sammlung illustrieren, wie sehr Mitgefühl belohnt wird. In »Die Bienenkönigin« verteidigt der jüngste von drei Brüdern einen Ameisenhaufen, einen Entenschwarm und ein Bienennest vor den Angriffen seiner boshaften Brüder. »Laßt die Tiere in Frieden«, ermahnt er die Brüder. Das Mitgefühl zahlt sich am Ende aus, denn der jüngste Sohn ist der, der vor der Verwandlung in Stein verschont wird – einer Strafe, die den Verbrechen seiner gefühllosen Brüder völlig entspricht. Mit Hilfe seiner neugewonnenen Verbündeten löst der Dummling drei »unerfüllbare« Aufgaben, die für ihn auf eine Steintafel geschrieben wurden. Er sammelt tausend Perlen, die im Wald verstreut liegen, holt einen Schlafzimmerschlüssel aus der Tiefe des Sees und erkennt richtig die jüngste von drei »vollkommen« identischen Schwestern. Um genauer zu sein, die Ameisen sammeln die Perlen, die Enten holen den Schlüssel und die Bienen identifizieren die jüngste Tochter. Doch der Dummling wird dafür belohnt, daß er den Palast, in dem die drei Prinzessinnen residieren, vom Zauber befreit hat; er erhält die Hand der jüngsten und darf die anderen beiden Schwestern an seine Brüder verheiraten.

So wie der Dummling in »Die Bienenkönigin« bewegt auch der Held in »Die weiße Schlange« kaum einen Finger, um seine Braut zu gewinnen. Nachdem er Mitgefühl für die Tierwelt gezeigt hat, indem er drei Fische, ein Ameisenvolk und drei Raben rettete, gehört er zu den »Auserwählten«, die

Beistand von Helfern erhalten, sobald sie mit der Lösung von Aufgaben betraut werden. Obwohl männliche Märchenfiguren gewöhnlich für ihre heroischen Taten gefeiert wurden, ist ihre größte Leistung das Bestehen einer Charakterprüfung. Durch die Verherrlichung des Mitgefühls und der Bescheidenheit, die – im Gegensatz zu Intelligenz und Körperkraft – eher erworbene Eigenschaften denn angeborene Charakterzüge sind, suggerieren Grimms Märchen ihrer Zuhörerschaft (die nach und nach immer jünger wurde), daß sogar der am wenigsten talentierte Jugendliche zu Ansehen kommen kann.[9]

Sobald der Held sich in dem einführenden Charaktertest bewiesen hat, ist er für die vor ihm liegenden Aufgaben gerüstet. Die dankbaren Nutznießer seiner Taten sorgen schnell für die Begleichung der Rechnung. Sowie der Held mit einer unmöglichen Aufgabe konfrontiert wird – einen See mit einem gelöcherten Löffel zu leeren, über Nacht ein Schloß zu bauen und einzurichten, einen Brotberg in vierundzwanzig Stunden zu verzehren –, ist Hilfe zur Stelle. Für jede Aufgabe, die Weisheit, Mut, Ausdauer, Kraft oder einfach Appetit und Durst von gewaltigem Ausmaß erfordert, gibt es einen Helfer – oder eine Gruppe von Helfern –, mit den nötigen Fähigkeiten. Und am Ende fallen die Erfolge der Helfer auf den Helden zurück, denn er ist es, der für die Austrocknung des Sees, den Bau des Schlosses und den Verzehr des Brotes belohnt wird.

Das Bestehen der einführenden Prüfung und die Bewältigung der Grundaufgaben genügt, um sich eine Prinzessin und ihr Königreich zu sichern. Dennoch gibt es eine Reihe von Märchen, die einen dritten Akt in Übereinstimmung mit dem ternären Prinzip, das ihre Handlung beherrscht, einführen.[10] Die letzte Prüfung, die der Held bestehen muß, wird durch das erneute Auftreten seiner rivalisierenden Brüder, die ihn in seinen früheren, präheroischen Tagen quälten, begründet. Die Brüder passen die erste Gelegenheit ab, Reichtümer des Helden zu stehlen, ihn von seiner Geliebten zu entfremden, seinen guten Namen zu beschmutzen oder ihn von seinem Land zu verbannen. Doch sind sie dem Helden nicht ebenbürtig, so daß er sie geschickt überlistet und ihre Angriffe übersteht. Obwohl der Held bei der Bewältigung der Aufgaben, die ihm auferlegt werden, selten behilflich ist, nimmt er gegen Ende die für den Erfolg notwendigen Eigenschaften seiner Helfer an und gewinnt an Stärke, Mut und Verstand.

In dem Maße, in dem der demütige männliche Protagonist heranreift und in eine höhere Stellung gehoben wird, werden seine Antagonisten im letzten, fakultativen Teil des Märchens erniedrigt und degradiert. Auch wenn der Held sich oft dadurch hervortut, Gnade gegenüber Tieren zu zeigen, bleibt er doch beim Umgang mit seinen menschlichen Feinden äußerst unerbittlich. »Köpf alle runter, nur meiner nicht«, verkündet der Held in »Der König vom goldenen Berge«. Und er macht Ernst mit dieser Drohung. Sogar Brüder und Bräute werden von Märchenhelden ohne mit der Wimper zu zucken getötet, sobald ihr Schwindel ans Licht kommt. Der Held in »Der Ranzen, das Hütlein und das Hörnlein« beispielsweise beseitigt seine Frau, sowie er ihre Falschheit entdeckt. Verrat wird so schnell und vorhersehbar bestraft,

Abb. 7 *Otto Ubbelohdes Held aus »Der König vom goldenen Berge« betrachtet das Gemetzel, das am Ende des Märchens steht.*

wie Mitgefühl belohnt wird. Diese dritte Phase in der Laufbahn des Helden verleiht seiner Geschichte Symmetrie und Gleichgewicht, die alle Geschichten anstreben. Wie die ersten beiden, führt der letzte Akt einen Wettbewerb zwischen einem jungen Mann und seinen zwei älteren, aber moralisch unterlegenen Brüdern vor. Beide dramatischen Konflikte kulminieren in der Belohnung der Gutherzigkeit und der Bestrafung des Verrats; der letzte Akt intensiviert einfach die Belohnung (eine Prinzessin und ein Königreich) und die Bestrafung (Tod). Dadurch wird der Geschichte nicht nur eine Moral, sondern auch ein Moment der Endgültigkeit verliehen. Der Held hat nicht nur die höchste Stellung im Land erreicht, sondern auch jeden seiner Konkurrenten eliminiert. Für diese Stellung wurde er in der ersten Episode der Erzählung ausgewählt, im zweiten Teil mit einzigartigen Eigenschaften versehen und im Schlußteil als alleiniger Thronfolger gefeiert.

Das Ziel des Werdegangs des Helden ist in allen Märchen dasselbe, ganz gleich, ob sie das Schicksal männlicher oder weiblicher Protagonisten aufzeichnen. In Übereinstimmung mit dem grundlegenden Gesetz, das die Umkehrung aller in den einleitenden Abschnitten herrschenden Bedingungen fordert, endet das Märchen mit der Inthronisierung des Bescheidenen und der Bereicherung des Armen. Die männlichen Märchenhelden sind in mindestens einem, oft aber auch jedem Sinne des Wortes bescheiden. Meist stammen sie aus Familien niedriger Herkunft. Doch ob sie nun für die Krone geboren oder auf einem Bauernhof aufgezogen wurden, sie sind immer bescheiden; ohne diese besondere Eigenschaft würde es ihnen nicht gelingen, sich für die Großzügigkeit der Helfer und Schenker zu qualifizieren. Daher scheint die Bescheidenheit das besondere Kennzeichen der Märchenhelden zu sein. Und da Bescheidenheit Mitgliedern jeglicher Schicht innewohnen kann, eignen sich sowohl Prinzen als auch Bauern für die Rolle des Märchenhelden.

Bescheidenheit gehört auch zum psychologischen Porträt

von Märchenheldinnen. Weibliche Protagonisten sind von Natur aus genauso bescheiden wie ihre männlichen Pendants, aber sie entfalten diese Tugend unter ganz anderen Bedingungen. Märchen betonen Charaktereigenschaften oft, indem sie sie in Elemente der Handlung überführen; für die weiblichen Helden gilt dies in besonderem Maße. Müllerstöchter und Königstöchter gleichermaßen sind nicht nur als bescheiden gekennzeichnet; sie werden erst im Lauf der Geschichte bescheiden ›gemacht‹. Eigentlich ist der Begriff bescheiden zu gemäßigt in Anbetracht der vielen Demütigungen, denen die weiblichen Protagonisten ausgesetzt werden.

Da die meisten Märchen mit einer Heirat enden, genügt es, ein einziges Märchen heranzuziehen, um die unterschiedlichen Schicksale von männlichen und weiblichen Protagonisten zu veranschaulichen. Auch wenn es am Ende des Märchens oft ein glückliches Paar gibt, dreht sich die Handlung der Geschichte doch um eine einzige, zentrale Figur. Diese Hauptfigur steht so fest im Mittelpunkt der Ereignisse, daß alle anderen Charaktere einzig und allein durch ihr Verhältnis zu ihr definiert werden und es ihnen daher an einem autonomen Handlungsbereich fehlt. In »Aschenputtel« beispielsweise bleibt sogar der Bräutigam trotz all der schneidigen Ritterlichkeit, die ihm von Walt Disney und anderen zugeschrieben werden, eine farblose Figur. Die Geschichte erzählt von ihm nicht mehr, als daß er der Sohn eines Königs sei. Dadurch, daß ihm eine eigene Geschichte und sogar ein Name fehlen, wird er auf die Funktion des auf seinen Einsatz wartenden Prinzen/Retters reduziert. Den Bräuten ergeht es in Geschichten mit männlichen Helden kaum besser. Da sie auf Nebenrollen beschränkt werden, gelingt es auch ihnen nicht, unser Interesse zu wecken. Doch wie immer gibt es eine Ausnahme, und so liefert die Grimmsche Sammlung eine bemerkenswerte Abweichung von der Regel, daß nur eine Figur im Mittelpunkt des Märchens stehen kann. »Die Gänsehirtin am Brunnen« verwebt die Schicksale beider Partner durch die Heirat, mit der die

Geschichte endet. Zweifelsohne gibt es Anzeichen, daß das Märchen ursprünglich nicht aus einem Stück bestand, und daß in einem bestimmten historischen Augenblick ein Märchenerzähler die Verbindung zweier Handlungsstränge vollzog.[11] Dennoch verzahnen sich die beiden Stränge und bilden eine einzige Erzählung. Die Geschichte des bescheidenen Grafen und der bescheiden ›gemachten‹ Prinzessin, die ihn heiratet, liefert einen beispielhaften Fall der gegensätzlichen Schicksale von Männern und Frauen in Märchen, die ihren Höhepunkt in Hochzeitszeremonien finden.

»Die Gänsehirtin am Brunnen« beginnt mit einer ausführlichen Beschreibung des Bräutigams. Der junge Mann ist gutaussehend, reich und adlig, doch er muß – wie die meisten bescheidenen Märchenhelden – seine Veranlagung erst durch die Demonstration von Mitgefühl und Demut unter Beweis stellen. Ohne diese Tugenden würden sich seine übrigen untadeligen Vorzüge als äußerst wertlos erweisen. Und tatsächlich erfahren wir, daß der junge Graf nicht nur in der Lage ist, »Mitgefühl zu empfinden«, sondern daß er trotz seiner adligen Herkunft nicht zu hochmütig ist, dieses Mitgefühl in die Tat umzusetzen. Sobald er sein Mitgefühl gezeigt hat, indem er einer alten, schwachen Frau, die von allen anderen gemieden wird, die Last abgenommen hat, erhält er den Schlüssel zu Glück und Erfolg. Wie viele seiner einfachen, wohltätigen Verwandten in Märchen, erhält der Graf eine Gabe, die ihm unter den Freiern einer Prinzessin eine privilegierte Stellung garantiert. Das Smaragdetui, das ihm das alte Weib geschenkt hat, führt ihn schließlich zu seiner Braut – einer als Schäferin verkleideten Prinzessin.

Weder der Graf noch seine ländliche Braut können sich einfacher Vorfahren rühmen. Das unansehnliche Mädchen, das zu Beginn der Geschichte Gänse hütet, ist keineswegs, was sie zu sein scheint. Am Brunnen legt sie ihre bäuerliche Verkleidung und ihre rauhe Haut ab, um zu enthüllen, daß sie eine Prinzessin ist. Ungeachtet ihrer aristokratischen Herkunft kann auch sie zu einer höheren Stellung aufsteigen, denn ihre Märchentage hat sie in den bescheidensten aller Verhältnisse verbracht. Im Gegensatz zu ihrem Bräutigam wurde sie jedoch zu dem bescheidenen Lebenswandel gezwungen, als ihr eigener Vater sie aus dem Haus verbannte. Wie unzählige Märchenheldinnen erleidet auch sie einen erniedrigenden Abstieg, der sie von einer Prinzessin zu einer Bäuerin degradiert, von einer privilegierten Tochter zu einer verarmten Magd. Märchenhelden erhalten Gaben und Unterstützung, sowie sie aktiv ihr Mitgefühl und ihre Demut unter Beweis gestellt haben; Heldinnen werden im Gegensatz dazu nur die Nutznießer von Helfern und Rettern, nachdem sie erniedrigt und gezwungen wurden, Bescheidenheit zu lernen.

Es gibt viele bekannte Märchen von erniedrigten Heldinnen, die zu königlichen Rängen aufsteigen oder in sie zurückkehren, sobald sie bescheiden gemacht und gedemütigt wurden.[12] Doch kein Märchen stellt die für ein glückliches Ende erforderliche Erniedrigung deutlicher zur Schau als »König Drosselbart«, »Das Meerhäschen« und »Die sechs Diener«. König Drosselbarts Braut liefert das berühmte Beispiel einer Heldin, die den König und die Krone erhält, nachdem in einfachen Verhältnissen ihre Arroganz und ihr Stolz gebrochen wurden. Es ist nicht genug, daß sie ihren falschen Stolz, der zu ihrem Sturz geführt hat, verflucht; ihr Ehemann muß noch feierlich hinzufügen: »Das alles ist geschehen, um deinen stolzen Sinn zu beugen und dich für deinen Hochmut zu bestrafen, womit du mich verspottet hast.« Als König Drosselbart ihr großzügig anbietet, sie wieder in ihre königliche Position einzusetzen, schämt sie sich so sehr, daß sie sich selbst für unwürdig erklärt, seine Braut zu sein. Die Prinzessin in dem Märchen »Das Meerhäschen« wird auch von ihrem zukünftigen Ehemann bescheiden ›gemacht‹. Nichtsdestotrotz wird sie mit der Niederlage spielend fertig und stellt mit einiger Befriedigung gegenüber sich selbst fest: »Der kann doch mehr als du!« Die Prinzessin in »Die sechs Diener« ist genauso bereitwillig bußfertig und ihrem Schicksal am Ende der Geschichte ergeben. Darauf beschränkt, mit ihrem Ehemann (einem Prinzen, der sie in dem Glauben

läßt, er sei ein Bauer) Schweine zu hüten, ist sie bereit, ihr Schicksal zu akzeptieren: »Ich habe es verdient mit meinem Übermut und Stolz.« Als der Ehemann ihr die wahren Tatsachen über sein Leben enthüllt, rechtfertigt er die Täuschung mit der Erklärung: »Ich habe so viel für dich gelitten, da hast du auch für mich leiden sollen.«
Wie die Geschichte »Die sechs Diener« verdeutlicht, »leiden« junge Männer, indem sie sich als Verdienst anrechnen, was Helfer aus der Tierwelt, Diener oder übernatürlicher Beistand an Aufgaben für sie erledigt haben. Frauen leiden daran, in niedrigere Schichten gezwungen worden zu sein. Kurzum, männliche Helden demonstrieren von Anfang an Weichherzigkeit und Bescheidenheit, die sie für den Aufstieg zu Reichtum, der Ausübung von Macht und des von Ehesegen gekrönten Glücks qualifizieren; die Heldinnen müssen sich einem Prozeß von Erniedrigung und Niederlagen unterziehen, der mit einem schnellen sozialen Aufstieg durch Heirat endet und gleichzeitig den Verlust von Stolz und den Verzicht auf Macht bedeutet.
Bevor wir uns einer anderen Kategorie von Helden zuwenden, gilt es, einen kurzen Rückblick auf die erste Gruppe zu werfen. Dem naiven Helden in Märchen mit drei Brüdern fehlt der Verstand und die Kraft, die gewöhnlicherweise mit heldenhaften Figuren assoziiert werden; er muß sich auf seine Helfer mit übermenschlichen oder übernatürlichen Kräften verlassen, um jede Aufgabe erfüllen zu können, die ein König für die Hand seiner Tochter fordert. Anstatt die Drachen zu töten, bietet er an, sie zu lausen; anstatt Riesen umzubringen, freundet er sich mit ihnen an und macht es sich in ihren Behausungen heimisch. Die Demonstration von Mitgefühl bildet die Bedingung für die Umkehrung seines Schicksals, die für die Märchenhandlungen charakteristisch ist. Nur vom Standpunkt der Bescheidenheit aus kann er zum höchsten Amt im Land aufsteigen. In dem Maße, in dem dieser Held die soziale Leiter hinaufklettert, wenn er sie hinabsteigt, erwirbt er Intelligenz und Macht durch die Zurschaustellung von Dummheit und Verletz-

lichkeit. Obwohl nie ausdrücklich betont wird, daß er am Ende klug und stark ist, deuten die meisten Märchen an, daß sich ihre Helden diese königlichen Eigenschaften mit der königlichen Stellung automatisch aneignen.

Der jüngste dreier Söhne geht seinen Weg durch magische Königreiche, wo eine Ameise möglicherweise um einen Gefallen bittet, eine verzauberte Prinzessin vielleicht nach seinen Diensten verlangt oder ein Zwerg eventuell um eine Brotkruste bittet. Eine zweite Gruppe von Helden in Grimms *Kinder- und Hausmärchen* bewegt sich jedoch in der etwas realistischeren Umgebung der Volks-Märchen: in Dörfern und auf Straßen, die sie miteinander verbinden. Die Liste der Figuren in Märchen mit diesen Helden beinhaltet auch Könige und Prinzessinnen, doch fehlt ihnen die übernatürliche Dimension der Zaubermärchen, ihre Stimmung und Atmosphäre ist realistischer. Die Helden sind in ihrem Leben schon so weit fortgeschritten, einen Beruf auszuüben; viele sind Lehrlinge, andere sind Schneider, Förster, Handwerker oder Söldner. Viele sind Männer und keine Jungen mehr. (Einer ist sogar so alt, daß er sich genötigt fühlt, die älteste von zwölf Prinzessinnen auszuwählen, als ein König ihm eine seiner Töchter zur Heirat anbietet.) Doch diese Helden scheinen nicht mit viel mehr Intelligenz, Kraft oder Tapferkeit ausgestattet zu sein als die jungen Dummlinge in den bereits erwähnten Märchen. Sie sind nicht unbedingt die Dorftrottel, aber in Übereinstimmung mit der allgemeinen Tendenz der deutschen Folklore, begabte männliche Protagonisten mit heroischen Zügen zu meiden, werden ihre Stärken selten detailliert beschrieben.

Naivität scheint auch das wichtigste Kennzeichen der Jungen und Männer im Dorf zu sein. Aber was zunächst als Charaktermangel erscheint, verkehrt sich ins Positive, sobald der Protagonist sich entschließt, sein Glück in der Welt zu suchen. Nietzsche stellte einmal fest, daß Angst ein Zeichen für Intelligenz sei, was er mit der alten Geschichte begründete, daß Narren hineinstürzten, wo Weise sich fürchten, den Fuß hineinzusetzen.[13] Je naiver der Held ist, umso tollkühner und furchtloser ist er, und umso wahrscheinlicher ist es, daß er die Herausforderungen besteht, die die Freier einer Prinzessin abschrecken sollen. Naivität impliziert Furchtlosigkeit, die wiederum die Eigenschaft des Mutes annehmen kann.

Genauso, wie sich Naivität in Mut verwandeln kann, kann sie sich in List verkehren. Die Dummheit eines Helden kann solch extreme Formen annehmen, daß sie seine Antagonisten vollkommen entwaffnet. Ein junger Mann, der am Anfang mit Naivität geschlagen ist, kann am Ende durch eine List über seine Gegner triumphieren. Der Protagonist, der die Weltläufe nicht kennt, kann in der bestmöglichen Position sein, um am Ende der Geschichte heroische Eigenschaften aufzuweisen.

Heroische Heldentaten, die von Figuren mit klaren Charaktermängeln – Mangel an Weisheit und Verstand – vollführt werden, können am Ende komische Effekte hervorbringen. Der Dummling, Numbskull und der Einfältige hasten von einer gefährlichen Situation in die nächste; sie gewinnen, weil sie jeden Rat wörtlich nehmen, und stellen dabei ihre geistige Beschränktheit zur Schau; aber sie vermeiden auch Ärger, weil sie so naiv sind, daß sie ihre Gegner durcheinanderbringen. Es ist schon möglich, daß es ihnen gelingt, die ihnen gestellten Aufgaben zu erfüllen, aber jede ihrer Bewegungen hat dabei den Hauch eines Vaudeville.

Die burlesken Effekte, die ein Märchen hervorbringt, das die Taten eines furchtlosen Helden erzählt, sind vielleicht am deutlichsten im »Märchen von einem, der auszog, das Fürchten zu lernen« erkennbar. Der Held dieses Märchens versucht vergebens, zu lernen, wie man ängstlich ist, oder genauer gesagt, wie es einem gruselt. In einer haarsträubenden Episode nach der anderen bewahrt er seinen Gleichmut und vertreibt kaltblütig seine Möchtegern-Erschrecker. In einem letzten, verzweifelten Versuch zu entdecken, was es heißt, Furcht zu empfinden, verbringt er drei Nächte in einem Spukschloß mit dem Abwehren und schließlich dem Austreiben der Geister. Seine Belohnung ist die Hand der

Prinzessin, aber noch immer kennt er die Furcht nicht. Erst in seinem Ehebett lernt er schließlich zu schaudern, als seine findige Frau seine Decke wegzieht und einen Eimer voll Gründlinge über ihn verschüttet. Bruno Bettelheim vermutete sicher zu Recht psychosexuelle Implikationen im letzten Akt des Märchens, besonders, weil statt der Erfahrung von Angst dem Akt des Gruselns das offenkundige Interesse des Märchens gilt. Aber die Unfähigkeit des Helden, Angst zu verspüren, sollte nicht als negativer Zug dargestellt werden. »Der Held dieses Märchens konnte sich nicht fürchten, weil er alle sexuellen Gefühle verdrängt hatte«, behauptete Bettelheim.[14] Es ist genau die Abwesenheit der Fähigkeit, sich zu fürchten, die den lebhaften Helden dazu befähigt, den Schrecken eines verwünschten Schlosses zu widerstehen und schließlich die Hand seiner Braut zu gewinnen. Die Unfähigkeit, sich zu fürchten, rückt hier tatsächlich so nahe an Mut heran, daß der Protagonist, trotz all seiner unerschütterlichen Naivität, heroische Eigenschaften aufzuweisen beginnt. Im Gegensatz zu seinen bescheidenen und hilflosen Verwandten in den klassischen Zaubermärchen der drei Söhne, erledigt er flott eine Aufgabe nach der anderen, ohne dabei Hilfe von fremden Kräften in Anspruch nehmen zu müssen. Gäbe es bei seinen Abenteuern nicht diese komischen Untertöne, so wäre es durchaus angebracht, ihn in die Reihe der Helden zu stellen, die sich durch ihren Mut und Verstand auszeichnen.

Wenn Naivität und Mut im Grunde genommen im Wörterbuch der Folklore Synonyme sind, so sind Naivität und List in ihrer Bedeutung auch nicht weit voneinander entfernt.[15] Je naiver und dümmer der Held eines Märchens ist, umso wahrscheinlicher ist es, daß er über seine Gegner triumphiert und seine Abenteuer mit Erfolg gekrönt werden. Das tapfere Schneiderlein, das sich selbst für die Beseitigung von sieben Fliegen in einem Streich auszeichnet, scheint die Verkörperung lächerlicher Eitelkeit zu sein. Doch seine Angeberei befähigt ihn, Riesen zu überlisten, die Aufgaben zu erledigen, die ihm der feindlich gesinnte Vater seiner

Braut stellt und eine adlige Ehefrau zu unterwerfen, die von dem Gedanken der Heirat mit einem sozial niedriger Gestellten abgestoßen ist. In diesem Märchen ist die Linie, die Naivität von Gewitztheit und Angeberei von Tapferkeit trennt, ausradiert. Der naive Held ohne Angst und Intelligenz ist praktisch vom Betrüger nicht mehr zu unterscheiden.

Inzwischen sollte deutlich geworden sein, daß der bescheidene und naive jüngste von drei Söhnen ein naher Verwandter des furchtlosen und naiven Helden ist. Tatsächlich vereinigt der Held in Grimms »Die Kristallkugel« die Eigenschaften eines bescheidenen Helden und furchtlosen Narren in sich; er besitzt die Schlichtheit und Bescheidenheit, die mit seinem familiären Status als jüngster von drei Söhnen einhergehen, und von ihm wird gesagt, er habe »ein Herz ohne Furcht.« Es ist vor allem seine töricht furchtlose Veranlagung, die ihm die Kühnheit verleiht, als der vierundzwanzigste Freier anzutreten, der eine Prinzessin befreien soll, die im »Schloß der goldenen Sonne« eingesperrt ist. Gerade seine Dummheit verleiht ihm die Eigenschaften, derer es bedarf, um zu dem von der Prinzessin bewohnten Königreich zu gelangen. Er »vergißt«, zwei Riesen einen magischen Hut zurückzugeben und genau das versetzt ihn vor das Tor des Schlosses. In Märchen kommt man mit Unverschämtheit genauso weit wie mit Tapferkeit; Naivität ist so effektiv wie Geschicklichkeit. Der offensichtliche Mangel an Tugend verwandelt sich in deren Besitz. So wie Aschenputtel beweist, daß sie die untadeligste und edelste von allen ist, trotz ihrer schäbigen Kleidung und ihrer Stellung in der Familie, so setzt sich auch der Dummling der Familie schließlich gegen ältere und weisere Antagonisten durch.

Wie bereits erwähnt wurde, belohnen die rauhen Lebensumstände des Helden der Zaubermärchen ihn am Ende mit den Eigenschaften, die gewöhnlicherweise mit dem Königtum assoziiert werden. Selbst wenn der bescheidene Dummling nie das Schwert erhebt und unfähig ist, eine Frage zu beantworten, geschweige denn ein Rätsel zu lösen, wird er ein Prinz mit allem, was dazu gehört. Die Heldentaten eines jeden Helfers aus dem Wald werden zu seinen eigenen Taten und Errungenschaften; er wird zu einer Figur mit allen Vorzügen eines Drachen- und Riesentöters. Da die Gruppe der Märchen, die die komischen Abenteuer der furchtlosen Helden beschreiben, im allgemeinen auf die Prüfung des Mitgefühls verzichten, eliminieren sie auch die Helfer, die für den Aufstieg des bescheidenen Protagonisten zu einer heroischen Gestalt verantwortlich sind. Die furchtlosen Helden müssen sich ganz und gar auf ihre eigenen geistigen und körperlichen Kräfte verlassen, so bescheiden diese auch sein mögen. Genau diese Kräfte werden in den einleitenden Abschnitten, wo Unverschämtheit mehr erreicht als Tapferkeit, und Schlichtheit weiter führt als Geschicklichkeit, auf die Probe gestellt.

Da der furchtlose Held ein größeres Maß an Selbstbewußtsein aufweist als sein bescheidener Verwandter, ist seine Handlung realistischer darstellbar. Zusammentreffen mit sprechenden Tieren, übernatürlichen Beratern und anderen exotischen Vermittlern gibt es nicht mehr. Der Held trifft stattdessen auf Jäger, Schlosser, Küster, Wirte und einfache Leute. Er heiratet vielleicht keine Bauerntochter, aber das Schloß, in dem er sich schließlich niederläßt, verbreitet den besonderen Duft des Bauernhofs. Und damit sind wir wieder eher im Dorf als in einem verzauberten Wald. Doch es wäre irreführend, diese Märchen als realistisch zu bezeichnen. Ihnen geht es nicht darum, der Zeit und der Kultur, in der sie erzählt wurden, einen Spiegel der sozialen Verhältnisse vorzuhalten. Es sind alles Märchen, die aus Übertreibung, Wortspielen, Parodie und Buchstabentreue komische Effekte ziehen.

All die realistischen Anklänge und possenhaften Merkmale in diesen Märchen weisen auf ihre Verwandtschaft mit den Gaunergeschichten hin, wo sich professionelle Narren, Handwerker, entlassene Soldaten und junge Leute aus verschiedenen Berufsgruppen verschwören, um über ihre Herren, Gläubiger und andere Mitglieder privilegierter Schichten zu triumphieren. Durch gewitzte Unaufrichtigkeit gelingt es ihnen, nach oben zu kommen. Die Märchen, in denen Betrüger und furchtlose Helden die Hauptrolle spielen, werden von dem Prinzip des offenen Endes beherrscht. Ein absurdes Scharmützel jagt das nächste, ohne daß ein bestimmtes Wachstum, eine Entwicklung oder ein Reifungsprozeß erkennbar wäre. Im Gegensatz dazu nehmen die Abenteuer des bescheidenen Helden die Gestalt eines dreiaktigen Dramas an, mit einer Prüfung im ersten Akt, Aufgaben im zweiten und einer letzten harten, vom Erfolg gekrönten Probe im dritten Akt. Das Ziel ist zwar für beide Arten von Helden dasselbe, aber die Wege, die dahin führen, weisen wenig Gemeinsamkeiten auf.[16]

Märchen, die die Abenteuer eines männlichen Protagonisten aufzeichnen, legen schon von Beginn an einen dominanten Charakterzug fest, der dem Helden selbst dann eine gut abgegrenzte Identität sichert, wenn seine Zugehörigkeit zur Gruppe der heroischen Figuren verkündet wird. Das verbale Etikett, das der Figur anhaftet (»Dummling«, »der jüngste dreier Brüder«, »Dummkopf«) garantiert, daß er als Hauptfigur der Erzählung erkannt wird. Aber im Laufe der Odyssee des Helden wird sein vorherrschender Charakterzug durch einen Umkehrungsprozeß in sein Gegenteil verwandelt. Der aus einfachen Verhältnissen stammende Held heiratet eine adlige Frau; der dreiste Narr stellt seine guten Eigenschaften unter Beweis; der naive Dummling überlistet so gut wie jeden. In Märchen sind gerade die jungen Männer, denen ein guter Stammbaum, ein mutiges Herz und ein scharfer Verstand fehlen, diejenigen, die eine Prinzessin und ein Königreich erlangen.

Die Umkehrung von Charakterzügen ist in folkloristischen Erzählungen häufig zu beobachten. Die Umkehrung der Bedingungen, die zu Beginn vorherrschen, ist offenkundig das Ziel jedes Märchens. Das Märchen, stellt Max Lüthi fest, »liebt alles Extreme, im besonderen extreme Kontraste«. Die Figuren, bemerkt er weiter, sind entweder schön oder häßlich, gut oder böse, arm oder reich, fleißig oder faul und bescheiden oder adlig.[17] Obwohl viele Leser und Wissenschaftler darauf bestehen, daß Märchen Mehrdeutigkeit kaum dulden und die Stabilität der Eigenschaften, die den Helden und Schurken zugeschrieben werden, betonen, legt die Häufigkeit, mit der die Umkehrung sich vollzieht, nahe, daß sie in ihren Behauptungen zu weit gehen. Genauso wie das »Tier« gleichzeitig wild und zivilisiert sein kann, kann der jüngste dreier Söhne gleichzeitig Dummling und Weiser, bescheidener Junge und Prinz, Feigling und Held sein. Sowohl Charaktereigenschaften als auch soziale Bedingungen können sich schnell von einem Extrem ins andere verwandeln.

Daß Charakterzüge nicht verallgemeinerbar oder vorprogrammiert sind, wird deutlich, wenn wir das Schicksal einer Figur analysieren, die im Pantheon der Märchenhelden keine Hauptrolle spielt. Der gleichnamige Protagonist von »Hans im Glück« könnte gut als Antiheld bezeichnet werden. Im Lauf seiner Reisen überlistet er niemanden; er wird stattdessen das Opfer von zahlreichen, eindeutig betrügerischen Transaktionen. Seine Schicksalskurve fällt eher beständig ab, als daß sie steigen würde. Und am Ende seiner Reise erscheint er nicht weiser, aber entschieden ärmer als zu Beginn. Dennoch wird von ihm gesagt, er sei glücklich, und er selbst zählt sich zu den glücklichsten Menschen auf der Welt. Die Stufen seiner Reise ins Glück sind leicht nachzuzeichnen. Nachdem er seinem Meister sieben Jahre treu und fleißig gedient hat, macht er sich mit einem schwerwiegenden Lohn auf den Heimweg: einem Stück Gold von der Größe seines Kopfes. Glücklich tauscht er die Last gegen ein Pferd ein, das seine Reise beschleunigen soll. Im weiteren Verlauf tauscht er das Pferd gegen eine Kuh, die Kuh gegen ein Schwein, das Schwein gegen eine Gans und die Gans gegen einen Schleifstein und einen gewöhnlichen Stein. Sogar als diese beiden wertlosen Steine auf dem Grund eines Brunnens gelandet sind und ihm damit nichts zum Vorzeigen für seine siebenjährige Arbeit bleibt, ist Hans unverdrossen. Er springt vor Freude auf und dankt Gott, daß er ihn von seiner Last, die seine Reise so sehr verlangsamte, befreit habe. Unbelastet von irdischen Besitztümern und leichten Herzens macht er sich auf den Weg zu seinem Elternhaus.

Im allgemeinen wird der unbeschwerte Held dieses Märchens als Archetyp eines Narren betrachtet. Schon der Titel des Märchens, »Hans im Glück«, ist voll Ironie: Nur ein Narr wäre erfreut, sich von dem schwergewichtigen Lohn, den Hans von seinem Meister erhält, zu trennen. Doch bei näherem Hinsehen wird deutlich, daß die Geschichte des glücklichen Hans womöglich die Befreiung von der Verpflichtung zur Arbeit feiert. In der letzten Etappe seiner Reise wirft Hans den Schleifstein und den gewöhnlichen Stein weg – Werkzeuge eines Handwerks, das ihm einen stetigen Geldfluß sichern würde; zu Beginn seiner Reise entledigt er sich des Goldes, mit dem seine Arbeit entlohnt wurde. In einer erstaunlichen Umkehr des für Märchen gültigen Wertesystems ersetzt die Geschichte von Hans nicht nur Reichtum durch Armut, sondern auch die Heirat einer Prinzessin aus einem fremden Land durch die Rückkehr nach Hause zur Mutter. Kurzum, es endet da, wo die meisten Märchen beginnen. Aber dadurch, daß Hans seinem Arbeitslohn gegenüber völlig gleichgültig bleibt und sich selbst von der Plackerei befreit, demonstriert er eine Art von Weisheit, die die ironische Deutung des Märchentitels unmöglich macht. Seiner materiellen Besitztümer beraubt, doch im Geiste reich, kehrt er der Welt des Handels den Rücken, um seine Mutter zu umarmen.[18]

Die Geschichte des glücklichen Hans veranschaulicht eindringlich die Unmöglichkeit, einen stabilen Raster an Charaktereigenschaften der Helden aufzustellen. Wie Hans, der närrisch und weise, arm und reich, glücklich und erfolglos ist, besitzen die Helden unzähliger Märchen Eigenschaften, die sich unversehens in ihr Gegenteil verkehren. Dennoch ist klar, daß bestimmte Gegensätze (bescheiden/adlig, naiv/betrügerisch, ängstlich/mutig, mitfühlend/rücksichtslos) in praktisch jedem Märchen mit einem männlichen Helden zu finden sind. Es ist darüber hinaus vor allem deswegen so schwierig, eine Liste unveränderlicher Charakterzüge aufzustellen, weil eine einzige Figur in einem Märchen einen Charakterzug sowie sein Gegenteil haben kann und gewöhnlich auch hat. Genauso schwierig ist es, wenn auch aus anderen Gründen, ein genaues Modell für die Handlung von Märchen mit männlichen Helden zu entwickeln. Denn auf jeden Helden, der eine Prinzessin heiratet und ein Königreich erbt, kommt einer, der als verarmter Junggeselle nach Hause zurückkehrt. Auf zehn Helden, die durch die Demonstration ihres Mitgefühls Helfer und magische Geschenke erringen, kommt einer, der zu Hilfe und magischen Dingen durch einen Akt der Gewalt gelangt. Auf jeden Tierbräutigam, der durch die Liebe und Hingabe einer Frau von seinem Fluch erlöst wird, kommt einer, der durch die gefühllose Behandlung seiner Braut verzaubert wird. Es gibt sicher ein gewisses Maß an Vorhersehbarkeit in diesen Handlungen, aber nur, wenn wir im Hinterkopf behalten, daß jeder erzählerischen Norm durch ihr Gegenteil Gewalt angetan werden kann. So kann die einführende Prüfung des guten Charakters zu Beginn der Erzählung bei Märchen, die eine dreiteilige Handlungsstruktur aufweisen, durch die Demonstration der Unbarmherzigkeit des Helden ersetzt werden. Die Geschichte eines Helden, der zur Erledigung bestimmter Aufgaben auf magische Helfer angewiesen ist, kann neben einem Märchen über einen Helden existieren, der selbständig handelt und die Eigenschaften von Helfern annimmt.[19]

Die Erkenntnis und Anerkennung der Instabilität von Märchen – der Neigung, sich von einem Extrem zum anderen zu bewegen – ist für das Verständnis ihrer Figuren, Handlungen und thematischen Ausrichtung unabdingbar. Märchenfiguren haben nur wenige feststehende Eigenschaften, sie werden ›reformiert‹, sobald sie das Ziel ihrer Reisen erreichen, wo sie all die Besonderheiten erhalten, die sie sich einst gewünscht haben. Männliche Protagonisten mögen sklavisch die Grundregeln heroischen Verhaltens befolgen oder jede maßgebende Regel brechen; ihre Geschichten schließen in jedem Fall mit der Besteigung des Thrones. Und die zu Beginn des Märchens herrschenden Bedingungen werden am Ende vollkommen umgeschmissen. In Märchen gibt es, kurz gesagt, keinen stabilen Untergrund. Die Umkehrung von Charakterzügen, die Vergewaltigung narrativer Normen und die Verwandlung ursprünglicher Bedingungen sind nur einige der Möglichkeiten, in denen das Märchen Begriffe der Unveränderlichkeit über den Haufen wirft und eine fiktionale Welt schafft, in der das einzig Beständige der Wechsel ist.

In diesem Zusammenhang ist es notwendig, noch einmal einige der Ungleichheiten zwischen folkloristischen Phantasien und der sozialen Realität zu betonen. Die radikalen Veränderungen, die die Märchenhelden aus ihren bescheidenen Verhältnissen in eine königliche Stellung aufsteigen ließen, waren in der Zeit, in denen sich die Märchen entwickelten und ihre Blütezeit erlebten, praktisch unbekannt, doch entsprechen sie unleugbar den Phantasien vergangener Zeiten und auch unserer Tage. Wenn im wirklichen Leben der jüngste dreier Söhne kaum die erforderlichen Mittel hat, im Leben etwas zu erreichen oder seine Stellung zu verbessern, so versprechen Märchen, daß Bescheidenheit und andere Tugenden durchaus die Vorteile einer Erbschaft aufwiegen. Doch über die Beruhigung unterprivilegierter Söhne hinaus, die in einer Zeit lebten, in der das Erstgeburtsrecht Sitte oder Gesetz war, reagieren Märchen viel allgemeiner auf die Unsicherheiten eines jeden Kindes. Auch dem ältesten Kind kann es passieren, daß es sich selbst als weniger begabt oder geliebt sieht als seine Geschwister, und es kann sich dadurch ohne Schwierigkeiten mit den einfältigen Helden identifizieren. Grundlegende psychologische Wahrheiten scheinen der allgemeinen Handlungsstruktur dieser Märchen stärkeren Auftrieb gegeben zu haben als besondere soziale Umstände.

Eine stabile Handlung läßt immer noch genug Raum für Abwandlungen. Begabte Erzähler können dem roten Faden einer Geschichte einzigartige Drehungen und Windungen verleihen. Die Atmosphäre kann sich von einem Märchen zum nächsten verändern, und der Held kann in einem je anderen Licht erscheinen. Wie Robert Darnton gezeigt hat, kann der Vergleich verschiedener nationaler Versionen eines einzigen Märchentyps Erstaunliches zutage fördern. Wenn man verschiedene Erzählungen von »Jack the Giant Killer« liest, kann man den Wechsel von »englischer Phantasie zu französischer Schlauheit und italienischer Posse« verfolgen. Noch wichtiger sind die feinen Verschiebungen im Charakter des Protagonisten, wenn er von einer Kultur in die andere wechselt. Darnton hat beobachtet, daß die Figur des Schwindlers besonders in der französischen Folklore und Literatur vorherrscht.[20] Im Gegensatz dazu tritt der Dummling oder (um es etwas schmeichelhafter zu formulieren) der arglose, junge Mann, wie wir sehen konnten, besonders in der Grimmschen Sammlung in Erscheinung. Dieser Unterschied zwischen den folkloristischen Helden der beiden Kulturen ist jedoch weniger deutlich, als es scheint, denn der schurkenhafte, gallische Betrüger und sein naives, teutonisches Gegenstück haben mehr gemeinsam, als man vermuten würde. Sogar die Namen, die den beiden Typen in den *Kinder- und Hausmärchen* am meisten verliehen werden (Dummling für den Einfältigen und Däumling für den Schwindler), legen nahe, daß sie geistesverwandt sind. Sowohl der Dummling als auch der Schwindler setzen sich am Ende durch, indem sie ihre scheinbar überlegenen Gegner überlisten oder überbieten. Trotzdem ist die Verschiebung in der Betonung von List zu Naivität, sobald man den Rhein überquert, bezeichnend, denn sie suggeriert, daß die Franzosen die Schlauheit und Kühnheit feiern, während die Deutschen die Tugend der Arglosigkeit wie ihren Augapfel hüten.

Wenn wir die deutsche literarische Tradition – sowohl die mündliche als auch die schriftliche – etwas genauer betrachten, stellen wir fest, daß der naive Held keineswegs eine volkstümliche Verirrung darstellt. Er paßt sich vorzüglich in eine lange Tradition solcher Figuren ein. Wolfram von Eschenbachs Parzival, dem es zukommt, die höchsten ritterlichen

Ideale zu verkörpern, wird als *der tumbe* (der Junge und Unerfahrene) beschrieben. Von seiner Mutter in das Kostüm eines Narren gesteckt, besteigt er einen jämmerlichen Gaul, um sein Glück in der Welt zu suchen. Obwohl es einige Anzeichen gibt, er sei so etwas wie ein Drachentöter (er kommt in Munsalvaesche während des Festes zu Sankt Michael, des Bezwingers des Satan in der Gestalt eines Drachen, an), befinden sich die einzigen Drachen, die er tötet, auf dem Helm seines Gegners. So wie die folkloristischen Helden kennt auch Parzival keine Furcht und beweist auf dem Schlachtfeld folglich seine Tapferkeit. Obwohl er die erste Prüfung des Mitgefühls nicht besteht, entwickelt er diese Eigenschaft im Laufe seiner Abenteuer und erlernt Bescheidenheit.

Wenn wir uns im selben poetischen Klima aufhalten und nur zu einer anderen Epoche wechseln, stellen wir fest, daß der von Richard Wagner gestaltete Siegfried seine heroische Laufbahn gleichermaßen als naiver, furchtloser Jüngling beginnt. Die Ähnlichkeit zwischen seiner Geschichte und dem »Märchen von einem, der auszog, das Fürchten zu lernen« ist unverkennbar. Seinem rechthaberischen Vormund, Mime, vertraut Siegfried an, er wolle »das Fürchten« lernen, worauf Mime antwortet, daß der Kluge das Fürchten leicht lerne, während der Dumme sich etwas schwerer täte.[21] Siegfried gehört eindeutig zur letzteren Gruppe der Helden. Wie der, der auszog, das Fürchten zu lernen, entdeckt er diese Empfindung in der Erfahrung der Liebe. Als er die schlafende Brünnhilde betrachtet, empfindet er einen verwirrenden Wirbel der Gefühle:

Wie ist mir Feigem?
Ist es das Fürchten?
O Mutter! Mutter!
Dein mutiges Kind!
Im Schlafe liegt eine Frau: -
die hat ihn das Fürchten gelehrt!
(*Siegfried*, 3. Akt)

Keiner war von der Ähnlichkeit zwischen der Grimmschen Märchenfigur und dem heldenhaften Siegfried mehr überrascht als Richard Wagner. In einem Brief an seinen Freund Theodor Uhlig schrieb er: »Habe ich Dir nicht früher schon einmal von einem heitren stoffe geschrieben? Es war dies der bursche der auszieht, »um das fürchten zu lernen« und so dumm ist, es nie zu können. Denke Dir meinen schreck, als ich plötzlich erkenne, daß dieser bursche niemand anders ist, als – der junge Siegfried, der den hort gewinnt und Brünnhilde erweckt!«[22]

Es wäre ein leichtes, unzählige andere arglose Narren und Jungen ohne Furcht in der deutschen Literatur auszumachen. Vom Barock über die Romantik bis zur Gegenwart ist Naivität ein Wesensmerkmal vieler literarischer Helden. Der Protagonist von Grimmelshausens *Simplicius Simplicissimus* mag ein schlauer Schurke sein, aber sein Name spricht Bände. Wie Parzival schreitet er von närrischer Unschuld bis zu Verständnis für den Gang der Welt fort, obwohl das Ende seiner Geschichte ohne Illusionen ist. Goethes *Wilhelm Meisters Lehrjahre*, das Paradebeispiel für den Bildungsroman, der verehrtesten aller deutschen literarischen Traditionen, stellt uns einen naiven Unschuldigen vor, der zufälligerweise in die richtigen Kreise gelangt. Auch in der Romantik müssen wir uns nicht lange umsehen, um Helden zu entdecken, die reinen Herzens und unschuldigen Geistes sind. Ein jeder von ihnen – von Novalis' Heinrich von Ofterdingen bis zu Joseph von Eichendorffs Florio – beginnt die erste Etappe seiner Reise ins Ungewisse als ein in weltlichen Dingen vollkommen ungebildeter junger Mann. Die deutsche Literatur des 20. Jahrhunderts hat keinen Mangel an solchen Gestalten. In einer nachträglichen Einleitung zu *Der Zauberberg* legt Thomas Mann Wert darauf, auf die literarischen Vorfahren von Hans Castorp zu verweisen. Über die Art und Weise erstaunt, wie literarische Traditionen den Charakter seines Protagonisten – ohne es zu wissen – beeinflußt haben, ist er durch die Gesellschaft, in die sein Held von Literaturkritikern gestellt wird, auch geschmeichelt. Sowohl Parzival als auch Wilhelm Meister, schreibt er, gehören in die Gruppe der »guileless fool« (arglosen Narren), und seinem Hans Castorp ergehe es nicht anders. Seine »Simplizität und Schlichtheit« machten ihn zu einem legitimen Verwandten der beiden Vorgänger. Doch kann auch Hans Castorp all die Weisheit eines Unschuldigen zur Schau stellen: Wenn er etwas haben will, kann er »Schalk«, »verschmitzt« und »verschlagen« sein. Daß Mann darüber hinaus »hier und da« Ähnlichkeiten zwischen Hans Castorps Geschichte und Märchen beschreibt, überrascht nicht weiter.[23]

Es hört sich vielleicht etwas übertrieben an, zu behaupten, daß uns Märchen etwas über das erzählen können, was die Historiker der *Annales* ›mentalités‹ genannt haben. Doch durch alle Epochen hindurch haben die Märchenerzähler die an sie weitergegebenen Erzählungen sowohl mit kulturellen Werten als auch mit Fakten aus ihrer eigenen Umgebung ausgeschmückt. Jede kleinste Veränderung kann bedeutsam sein, sofern sie sich im größeren Maßstab vollzieht und nicht nur einfach eine individuelle Erzählweise des Märchens darstellt. Was die Grimmsche Sammlung uns über Helden erzählt, weicht nicht wesentlich von dem ab, was andere deutsche volkskundliche und literarische Quellen feststellen. Mit der Naivität hat es weit mehr auf sich, als es den Anschein hat.

5

DAS SPINNEN VON MÄRCHEN

Die weibliche Linie

> Geschichten erzählen ist ja immer die Kunst, sie weiterzuerzählen, und die verliert sich, wenn die Geschichten nicht mehr behalten werden. Sie verliert sich, weil nicht mehr gewebt und gesponnen wird, während man ihnen lauscht.
>
> WALTER BENJAMIN,
> »Der Erzähler«

Fast jeder hat schon einmal von Mutter Gans gehört, aber wie viele Leute verbinden etwas mit den *Geschichten oder Märchen aus vergangener Zeit, mit anschließender Moral*? Oder gar mit Charles Perrault? Die bekannte Sammlung der Märchen, die Perrault geschrieben hat, wurde unter diesem Titel 1697 veröffentlicht. Sowohl in Frankreich als auch jenseits der Grenzen haben die acht Geschichten dieser Sammlung die Phantasie der Menschen gefangengenommen und angeregt. Der Titel setzte sich jedoch nie durch. Er verschwand, bisweilen sogar zusammen mit dem Märchenautor, in der Versenkung. *Märchen meiner Mutter Gans* ist der Name, unter dem die Sammlung Perraults berühmt wurde. Auch wenn Perrault nicht jedem ein Begriff ist, ist der Ruf von Mutter Gans als Geschichtenerzählerin fest verankert.

Wer aber war Mutter Gans? Darüber gibt es fast genauso viele Theorien wie Märchen in der Sammlung Perraults. Eines ist sicher: der Begriff *ma mère l'oye* stammt nicht von Perrault. Mutter Gans gibt es mindestens schon seit dem Jahr 1650, als ein Schriftsteller auf ihre »phantastischen und erdachten« Märchen hinwies. Ob sie wirklich gelebt hat, ist

eine andere Frage. Einige Wissenschaftler bestehen darauf, daß Mutter Gans nur ein Sammelbegriff für all die älteren Bäuerinnen sei, die Geschichten, wie die von Perrault gesammelten, erzählten. Da diese Frauen angeblich mit weniger anstrengenden Arbeiten auf dem Hof betraut waren – zu denen auch das Gänsehüten gehörte – wurden sie unter dem Namen Mutter Gans bekannt. Andere Wissenschaftler haben vorgeschlagen, daß die vielen Mütter Gans ihren Namen wegen des schnatternden Tons, den sie verbreiteten, wenn sie herumsaßen und schwatzten oder Geschichten erzählten, erhalten hätten. Die ethnozentrische Theorie, daß eine Elizabeth Goose aus Boston, Massachusetts, die echte Mutter Gans gewesen sei, hat sich nie durchgesetzt. Es ist bis jetzt keinem gelungen, den Band *Songs for the Nursery or Mother Goose's Melodies* ausfindig zu machen, den der Ehemann von einem der sechzehn Kinder von Frau Goose gedruckt haben soll.[1]
Weder die beiläufigen Herleitungen des Begriffs *Mutter Gans* noch die positivistischen Versuche, die Identität von Mutter Gans festzulegen, sind besonders befriedigend. Selbst der Vorschlag eines ›Wortgetreuen‹, *Mutter Gans* beziehe sich auf eine alte Fabel, in der eine Gans ihre Kinder mit Geschichten erzogen und unterhalten habe, ist vor allem deshalb wenig überzeugend, weil diese Fabel nie veröffentlicht wurde. Die Theorien, die Mutter Gans mit verschiedenen Sagen- und Mythenfiguren in Verbindung bringen, erscheinen vielversprechender und überzeugender. Es ist nicht ganz unwahrscheinlich, daß ma mère l'oye etwas mit einer französischen Königin namens Berthe zu tun hat, die in Legenden oft als Märchenerzählerin erwähnt wird. Diese Königin, die entweder mit einem großen Fuß oder zwei überproportionierten Füßen ausgestattet war (je nach Quelle), diente auch als Vorlage für eine Reihe von Kirchenstatuen von *la reine pédauque* (abgeleitet vom Begriff *la reine pied-d'oie* oder *regina pede aucae*, was soviel bedeutet wie »die gänsefüßige Königin«). Sie hat enge Beziehungen sowohl zu Spinnerinnen als auch Geschichtenerzählerinnen. Der Satz »als

Abb. 8 *Das Titelbild zu Perraults Sammlung* Contes de ma mère l'oye *zeigt auf der Wandtafel den Titel des Bandes.*

Königin Berthe spann« (in französisch *au temps que la reine Berthe filait,* und in italienisch *nel tempo ove Berta filava*) ist praktisch gleichbedeutend mit unserem »es war einmal« oder »in den alten Zeiten«. Wenn in Frankreich jemand einen Schwur leisten will, so kann er auf das Spinnrad der Königin Pédauque schwören. Es ist unwahrscheinlich, daß Königin Berthes Fuß durch das Spinnen deformiert wurde, da

Abb. 9 *Das Titelbild zu A. L. Grimms Märchensammlung hat seinen Teil dazu beigetragen, den Mythos der älteren Bäuerin als echte Beiträgerin der mündlichen Erzählung zu festigen.*

Spinnräder zu ihrer Zeit kaum gebräuchlich waren. Ihr Gebrechen scheint vielmehr angeboren gewesen zu sein.[2] Das deutsche Gegenstück zu Frankreichs Königin Berthe ist die mythologische Figur Berchta oder Perchta, eine nahe Verwandte von Holda und Frau Holle. Jede dieser Figuren spielt in den deutschsprachigen Landstrichen eine wichtige Rolle. Wie Königin Berthe hat Berchta Gänsefüße, doch ist in

Abb. 10 *Die Märchen- und Legendenanthologie von Carl und Theodor Colshorn wurde mit Ludwig Richters Darstellung eines Märchenmütterchens und ihrer jungen Zuhörer bebildert.*

ihrem Fall nicht ganz eindeutig, ob der Fuß mit den Schwimmhäuten ein Zeichen ihrer jenseitigen Vorfahren oder schlicht und einfach eine Mißbildung ist, die auf die vielen am Spinnrad verbrachten Stunden zurückzuführen ist.[3]
Von einer gänsefüßigen Königin oder Göttin bis zu Mutter Gans scheint es ein ziemlich weiter Weg zu sein. Perraults Mutter Gans ist auf alle Fälle weder königlich noch beson-

ders würdevoll, und sie scheint auch keine dieser körperlichen Mißbildungen zu haben, die an eine Gans erinnern. Doch auch sie ist Spinnerin und Geschichtenerzählerin. Das Titelbild (Abb. 8) zu Perraults *Histoires ou Contes du temps passé* zeigt uns eine alte, bei der Spindel sitzende Frau in bäuerlicher Tracht. Drei gepflegte Kinder sind mit weit aufgerissenen Augen um sie versammelt und lauschen offensichtlich jedem ihrer Worte. Eine Wandtafel trägt die Inschrift »Contes de ma mère l'oye«. Diese Illustration scheint die Vorlage für unzählige Titelbilder von Märchensammlungen des 19. Jahrhunderts gewesen zu sein: Eine ältere, ausgemergelte Bäuerin mit einer Spindel oder einem Spinnrad neben sich und einer Gruppe aufmerksamer Jugendlicher zu ihren Füßen wird zum optischen Signal für den Eintritt in die Welt der gedruckten Märchen (Abb. 9 und 10). Die Brüder Grimm verbreiteten den Mythos der zähen Bäuerin weiter, indem sie der zweiten Auflage der *Kinder- und Hausmärchen* ein Porträt von Dorothea Viehmann hinzufügten. Edgar Taylor, der englische Übersetzer der Grimmschen Sammlung, muß von Dorothea Viehmanns Erscheinung und der Beschreibung der Brüder Grimm von ihr so angetan gewesen sein, daß er sie – unter dem Pseudonym Gammer Gretel – zum Ursprung der ganzen Sammlung machte. Diese »gutmütige Bauersfrau« (es gibt keine Anzeichen, daß sie das eine oder das andere war) kannte »all die guten Geschichten, die man auf dem Land erzählte«, so Taylor. »Abends, in der Weihnachtszeit, versammelten sich die Jungen und Mädchen der Nachbarschaft um sie, um ihr beim Erzählen einiger ihrer vielen merkwürdigen Geschichten zuzuhören.«[4]

Im Laufe des 19. Jahrhunderts vollzogen sich einige interessante Wandlungen in der Darstellungsweise des Märchenerzählens. Während die Spindel oder das Spinnrad immer mehr in den Hintergrund traten, bis sie schließlich ganz verschwanden, wurde das Aussehen der erzählenden Figur immer weicher und wohlwollender. So zeigen Ludwig Richter und Gustave Doré in ihren Darstellungen von Märchen-

Abb. 11 *Ludwig Richters Titelbild zu Bechsteins Märchenbuch führt uns vom Kamin in den Wald und fügt der Darstellung der Märchenerzählerin alle möglichen kitschigen Details hinzu.*

erzählerinnen Frauen, die eher wie liebenswürdige, gutbürgerliche Großmütter als wie zähe Bäuerinnen aussehen (Abb. 11 und 12). Dorés Illustration ist für die zweite Hälfte des 19. Jahrhunderts charakteristisch. Seine Sprecherin ist weder eine echte Schwerarbeiterin noch eine Erzählerin; eine Spindel ist nirgendwo zu sehen, und auf ihrem Schoß befindet sich ein Buch. Mit dem Anwachsen der Zahl gedruckter Märchensammlungen nahm das Lesen den Platz

Abb. 12 *Gustave Dorés Märchenerzählerin muß auf einen gedruckten Text zurückgreifen, um – wahrscheinlich – ihre Enkel zu unterhalten.*

des Erzählens ein, und die Märchen zogen vom Arbeitsraum, der Spinnstube, in das Kinder- und Wohnzimmer.
So anziehend das Titelbild von Perraults erster Auflage der *Histoires* auch sein mag, ist es in einigen Punkten irreführend – oder wenigstens waren frühere Deutungen der Zeichnung irreführend. Die Illustration, so nahm man an, bilde Mutter Gans ab und zeige, daß die ältere Frau, die Märchen am Feuer erzählt, die wahre »Autorin« der Märchen des

Bandes sei, oder doch zumindest eine von ihnen. Wie in der Skizze gezeigt wird, soll diese Mutter Gans eine repräsentative Funktion übernehmen. Sie steht für die zahllosen Hausdiener, die ihren Schützlingen unentwegt Märchen erzählten. Doch es sollte ganz klar gesagt werden, daß es in der Illustration keinen eindeutigen Hinweis gibt, der die abgebildete märchenerzählende Frau mit Mutter Gans identifizieren würde. Wie ein Volkskundler bemerkt hat, wiederholt diese Frau ihren hingerissenen Zuhörern vielleicht nur die Geschichte einer einzigen Mutter Gans.[5] Die Illustration hat auch der falschen Ansicht Nahrung gegeben, daß »in den alten Zeiten« Märchen ausschließlich von älteren Bäuerinnen erzählt wurden. Die Dienerinnen und Kindermädchen bildeten tatsächlich nur einen Teil der Gruppe der Erzähler, und wie wir heute wissen, wurden die Kinder erst im Laufe der Zeit zu den wichtigsten Zuhörern von Märchen. George Cruikshanks entzückende Illustration von Edgar Taylors *German Popular Stories* (Abb. 13) sagt uns etwas über das Milieu, in der die übersetzten Grimmschen Märchen gelesen werden sollten. Und Ludwig Richters Darstellung einer Spinnstube (Abb.14) erinnert uns daran, daß auch Männer zu den bäuerlichen Erzählern gehörten und in der Zuhörerschaft sowohl Erwachsene als auch Kinder waren.

Mutter Gans bleibt ein Geheimnis. Aber unser Umweg über Spekulationen in bezug auf ihre Herkunft und über Abbildungen der Umgebung, in der ihre Märchen erzählt werden, enthüllt eine Reihe wiederkehrender Themen und Beziehungen. Egal, ob diese Spekulationen überzeugend sind oder nicht, es ist auffallend, daß so viele von ihnen Mutter Gans mit der Kunst des Spinnens in Verbindung bringen. Die französische Königin Berthe ist eine anerkannte Spezialistin auf diesem Gebiet, und die deutsche Göttin Bertha ist genauso fachkundig. Im Titelbild zu Perraults *Histoires* und zahlreichen anderen Märchensammlungen erinnert uns die Spindel daran, daß einer der bevorzugten Plätze für das Märchenerzählen die Spinnstube war, wo das Spinnen von

Abb. 13 *Die* German Popular Stories, *für die diese Vignette von George Cruikshank als Titelbild diente, sind offensichtlich für Männer und Frauen, jung und alt das reinste Vergnügen.*

Geschichten die Zeit vertreiben half, die dem Flachsspinnen gewidmet wurde. Der regelmäßige Rhythmus der Arbeit prägte wiederum den Zuhörern die Details jeder Erzählung ein. Die Verbindung von Spinnen und Märchenerzählen ist vor allem deswegen besonders geglückt, weil das eine durch das andere erleichtert wurde.[6]

Die verschiedenen Theorien über den Ursprung von Mutter Gans machen deutlich, daß Spinnen und Märchenerzählen mehr als zwei miteinander vereinbare, sich gegenseitig unterstützende Künste sind. Es verbindet sie darüber hinaus, daß beides die Frauen, die diese Tätigkeiten ausüben, verunstalten kann. Spinnerinnen müssen für die Beherrschung

Abb. 14 *Ludwig Richters Skizze einer Spinnstube macht deutlich, daß Frauen ein Monopol für Spinnen, aber nicht für Märchenerzählen hatten.*

ihres Handwerks mit einer körperlichen Behinderung bezahlen, die direkt oder indirekt mit dem Handwerk selbst verknüpft ist, wie die körperlichen Mißbildungen von Frankreichs gänsefüßiger Königin und Deutschlands gänsefüßiger Göttin nahelegen. So, wie das Spinnen mit körperlicher Verstümmelung assoziiert wird, wird das Märchenerzählen mit stimmlichen Störungen verbunden. Von den Märchen erzählenden Frauen wird gesagt, sie schnatterten wie Gänse und fielen anderen durch ihre Stimme auf die Nerven. Die Spekulationen über den Ursprung von Mutter Gans enthüllen vielleicht nicht allzuviel über ihr eigentliches Wesen, aber sie erzählen uns eine ganze Menge über die sichtbaren

Fäden, die das Märchenerzählen und das Flachsspinnen verbinden.
Das Spinnen und auch andere Hausarbeiten werden so eng mit dem Märchenerzählen verknüpft, daß es kaum verwundert, Beschreibungen von Märchenheldinnen zu finden, die Flachs sammeln, ihre Finger zerstechen, ihre Hände am Faden schneiden und ganz allgemein unzählige Stunden am Spinnrad verbringen. Auch hier ist Schmerz das Kennzeichen des Handwerks. Miniaturspinnräder, Spindeln und Goldspulen sind die einzigen Gepäckstücke, die eine Reihe von Märchenheldinnen auf ihre Reise von einem Heim zum nächsten mitnehmen. (Im Mittelalter wurden die Königinnen oft mit diesen Utensilien begraben.) Die Grimmsche Märchensammlung führt uns alle Arten von Spinnerinnen vor: faule, fleißige, ungeschickte, talentierte, schwerfällige und anmutige. Wie nicht anders zu erwarten, ist das Spinnen eine durch und durch weibliche Tätigkeit. (Die englische Sprache ist in diesem Punkt sehr eindeutig, wenn sie *spindle side* oder *distaff side* auf die weibliche Linie einer Familie und *spear side* auf die männliche Linie bezieht. Metaphorische Ableitungen von *spinning*, beispielsweise *spinster* – alte Jungfer –, beziehen sich fast immer auf Frauen.) Das Grimmsche Märchen »Die zwölf Jäger« zeigt eindeutig, daß ein Mann noch nicht einmal im Traum daran denken würde, ein Spinnrad auch nur anzusehen. Um zu prüfen, ob die zwölf Jäger dieser Geschichte weiblich oder männlich sind, läßt der König sie an einem Dutzend Spinnräder vorbeigehen. Der Beweis ihrer Männlichkeit ist erbracht, als sie von den Arbeitsgeräten keine Notiz nehmen. Durch ein Lächeln hätten sie ihre weibliche Identität verraten.
Nicht allen Frauen im Märchen geht ein Lächeln über die Lippen, wenn sie ein Spinnrad sehen. Doch viele von ihnen betrachten Spinnen als ihr Schicksal, wenn nicht sogar als vornehme Beschäftigung, und manche beurteilen es, wenn nicht als Mittel der Erlösung, so doch als Tätigkeit, die anderen die Befreiung von Flüchen und Verzauberungen ermöglicht. Die junge Heldin in »Die zwölf Brüder« ver-

bringt sieben Jahre damit, schweigend zu spinnen, um ihre Brüder von einem Zauber zu befreien. Wie bei ihrer Verwandten in »Die sechs Schwäne«, die zur Erlösung ihrer Brüder näht, vollzieht sich die Befreiung durch den Rückzug aus der Welt in eine Sphäre der stillen Hausarbeit. Auch »Die Nixe im Teich« zeigt eine Heldin, die ein verzaubertes Wesen in seine normale menschliche Gestalt zurückverwandelt, indem sie, diesmal auf einem goldenen Spinnrad, Flachs spinnt. In all diesen Märchen erscheinen Spinnen, Weben und Nähen (zusammen mit anderen Hausarbeiten) als Fähigkeiten, Tiere in Menschen zu verwandeln und die wildesten Ungetüme zu domestizieren.

Während manche Märchen dem Spinnen die Macht verleihen, Verzauberungen aufzuheben, versehen andere diese Aktivität mit genauso wohltätigen, wenngleich weniger übernatürlichen Kräften. »Spindel, Weberschiffchen und Nadel« zeigt uns eine junge Waise, deren einziges Erbe aus einem Haus aus den im Titel genannten Werkzeugen besteht. Die Heldin spinnt, webt und näht so viel, daß »sich der Flachs in der Kammer von selbst mehrte, und wenn sie ein Stück Tuch oder einen Teppich gewebt oder ein Hemd genäht hatte, so fand sich gleich ein Käufer, der es reichlich bezahlte.« Dieses Vorbild an Fleiß ist so bescheiden, daß es bis zum Haaransatz errötet, seine Augen niederschlägt und mit dem Spinnen fortfährt, als ein junger, gutaussehender Prinz, auf der Suche nach einer Braut, vorbeireitet. Die Spindel auf ihrem Rad ist da weniger gehemmt: sie stürmt davon, um den Prinzen zu verfolgen, zieht einen goldenen Faden hinter sich her und führt den nicht ganz abgeneigten jungen Mann in die Unterkunft des Mädchens. Das Weberschiffchen und die Nadel der Waise arbeiten auf ebenso beeindruckende Weise: das Schiffchen webt einen herrlichen Teppich, und die Nadel fliegt durch das Haus, um Tische, Bänke und Fenster zu schmücken. Überwältigt vom Anblick solch außergewöhnlicher haushälterischer Fähigkeiten macht der Prinz dem Mädchen sofort einen Heiratsantrag. Das Märchen könnte seine Botschaft nicht deutlicher formulieren: vorzügliche Haushaltsführung gereicht dem bescheidensten Mädchen zur Ehre und macht es einem Prinzen ebenbürtig. In der Schatzkammer des Palastes verwahrt die Waise die Spindel, das Weberschiffchen und die Nadel als geheiligte Dinge, die ihr zu ihrer neuen Stellung verholfen haben, ohne sich nicht erleichtert versichert zu haben, daß sie nie mehr gebraucht würden.

Zahlreiche andere Märchen der Grimmschen Sammlung feiern die Tugenden der hauswirtschaftlichen Talente. Die schöne, hart arbeitende Stieftochter einer bösartigen Witwe stellt fest, daß Spinnen sich am Ende auszahlt, selbst wenn die Finger bluten. Frau Holle, der Schutzengel der Spinnerinnen, belohnt ihre Anstrengungen beim Spinnen, Backen, Ernten und Bettenmachen, indem sie sie mit Gold überschüttet. Ihre häßliche, faule Halbschwester wird für ihre Faulheit bestraft, als sie von Frau Holle mit einem Eimer Pech übergossen wird. Der Bräutigam in »Die Schlickerlinge« geht sogar so weit, seine Verlobte, die »schön, aber faul und nachlässig« ist, gegen eine Dienstmagd einzutauschen, die den Ruf genießt »arbeitsam« zu sein. Eitelkeit und Faulheit sind in diesen Märchen die schlimmsten Laster; Bescheidenheit und Fleiß werden als gute Eigenschaften hervorgehoben. Und Geschicklichkeit beim Spinnen dient als Erkennungszeichen für selbstlosen Fleiß.

Während Helden sich gewöhnlich Charakterprüfungen unterziehen und Mitgefühl zeigen müssen, werden Heldinnen Prüfungen in Hinblick auf ihre Fähigkeiten im Haushalt unterworfen – Fähigkeiten, die sich in Aufgaben verwandeln, die im allgemeinen ohne Helfer erledigt werden. Wie schon weiter oben bemerkt wurde, demonstrieren Märchenheldinnen selten Bescheidenheit; sie werden eher in bescheidene, wenn nicht sogar völlig erniedrigende Verhältnisse hineingestellt. König Drosselbart zwingt seine adlige Frau, sich im Anfeuern, Kochen, Putzen, Spinnen und Verkauf von Töpfen zu versuchen; die Königstochter in »De beiden Künigeskinner« wird genötigt, ihre Nachmittage mit Spülen zu verbringen; die Prinzessin in »Die sechs Diener«, die

Gänsemagd und Zweiäuglein müssen Schweine, Gänse und Ziegen hüten; abgesehen vom Lesen von Erbsen und Linsen aus der Asche muß Aschenputtel vor Tagesanbruch aufstehen, Wasser holen, anfeuern, kochen und waschen (bei diesen Arbeiten hilft ihr keiner); Allerleirauh ist auch mit »aller schlechten Arbeit« betraut und muß Wasser und Holz schleppen, das Feuer schüren, Federvieh rupfen, Gemüse putzen und die Asche kehren. Sogar die Heldin in »Die drei Männlein im Walde«, die einen ähnlichen Charaktertest wie die männlichen Helden durchläuft, muß erst den Besen in die Hand nehmen, bevor sie die Nutznießerin der im Titel genannten Helfer wird. Sollte es den Märchenheldinnen einmal gelingen, den Belastungen zu Hause zu entkommen, so unternehmen sie eine Reise, deren Erfolg darin besteht, sie zu neuen Formen von häuslicher Sklaverei zu führen. Doch indem sie den Mund halten und ihre Muskeln trainieren, gelangen sie schließlich zum Erfolg.
Obwohl die Aktivitäten der meisten Märchenheldinnen auf den häuslichen Bereich beschränkt bleiben, machen sich einige auf den Weg, die Aufgaben zu lösen, die für ihre eigene Befreiung und die ihrer Ehemänner erforderlich sind. Das Schema der Reise der Heldin in »Das singende springende Löweneckerchen« ist in vielerlei Hinsicht für die zur Erlösung führenden Reisen der weiblichen Protagonisten typisch. Sieben Jahre lang verfolgt die Prinzessin dieses Märchens ihren in eine Taube verwandelten Ehemann. Nachdem sie seine Spur verloren hat, macht sie sich hilfesuchend auf den Weg zur Sonne, bekommt aber für ihre Anstrengungen nicht mehr als ein Kästchen. Eine Reise zum Mond beschert ihr ein Ei, das sie zerbrechen soll, wenn sie in großer Not ist. Ein Zusammentreffen mit den vier Winden bringt ihr neben einer dritten Gabe eine konkrete Auskunft über ihren fliegenden Gatten. Als die Prinzessin schließlich im Schloß ihres Geliebten ankommt, erfährt sie, daß er sich in seine menschliche Gestalt zurückverwandelt habe und sein Hochzeitsfest vorbereite. Es gelingt ihr, indem sie in das sich im Kästchen befindende Kleid schlüpft, den Neid ihrer

Rivalin zu erwecken und ihr einen Tausch vorzuschlagen: das Kleid gegen die Gelegenheit, eine Nacht im Schlafzimmer des Prinzen zu verbringen. Kaum hier angekommen, enthüllt sie ihre Identität; doch vergebens, denn ein Diener der falschen Braut hatte dem nichtsahnenden Bräutigam ein Schlafmittel verabreicht. Im Ei des Mondes befindet sich ein zweites schimmerndes Gewand - eines, das erneut den Neid der falschen Braut erregt und zu weiteren Verhandlungen über eine zweite Nacht beim Prinzen führt. Beim zweiten Versuch gelingt es der Prinzessin, dem Prinzen von ihrer Vergangenheit zu erzählen, und als er sie an der Stimme erkennt, wird er von dem Fluch erlöst, der ihn an die falsche Braut band.
Zahllose Märchen beschreiben weibliche Protagonisten, die zur Sonne, zum Mond, zu den Winden oder Sternen reisen. Diese Ausflüge in den Kosmos bescheren ihnen Kleider, die der Bestechung falscher Bräute im Tausch für ein intimes Treffen mit dem Bräutigam dienen. Doch die Sonne, der Mond und die Sterne (oder ähnliches) erscheinen in Märchen auch dann im Trio, wenn die Heldin sich nicht traut, von zu Hause fort zu gehen oder weiter als bis zum nächsten Bauernhof oder Schloß zu reisen. Als der Vater von Allerleirauh seine Tochter drängt, einen Hochzeitstermin festzusetzen, versucht sie Zeit zu gewinnen, indem sie drei Kleider fordert: »Eins so golden wie die Sonne, eins so silbern wie der Mond und eins so glänzend wie die Sterne.« Als sie erkennt, daß der Vater nicht zur Vernunft zu bringen ist, packt sie die drei Kleider in eine Nußschale, wickelt sich selbst in einen Fellmantel und schwärzt ihre Hände und ihr Gesicht mit Ruß. Eselshaut (peau d'Âne), die französische Verwandte von Allerleirauh, hat in Kleiderfragen einen ähnlichen Geschmack. Sie verlangt von ihrem Vater ein Kleid in der Farbe des Himmels, ein anderes in der Farbe des Mondes und ein drittes, das so glänzend wie die Sonne sein soll. Als es auch ihrem Vater nicht gelingt, seine Wünsche in Schach zu halten, zieht sie eine Eselshaut an und macht sich auf eine Reise, die damit endet, daß sie auf einem Bauernhof als

Küchenmagd arbeitet. Aschenputtels Kleidung hat nicht gerade kosmische Eigenschaften, aber die drei Kleider, die von dem auf dem Grab ihrer Mutter gepflanzten Haselnußbaum herabregnen, haben eindeutig mit der von Allerleirauh und Eselshaut getragenen Kleidung Ähnlichkeit. Die Heldin in »De beiden Künigeskinner« erhält von ihrer Mutter drei Walnüsse, die Kleider enthalten, die ebenfalls dazu dienen sollen, Eifersucht zu wecken. In »Der Eisenofen« werden einer Prinzessin drei Nußschalen gegeben, die drei Kleider verbergen, die nacheinander angezogen werden, um den Neid ihrer Nebenbuhlerin zu schüren.

In der Grimmschen Sammlung treffen wir immer wieder auf Heldinnen, die sich damit begnügen müssen, Schweine zu hüten, zu spülen oder Böden zu schrubben, die aber schließlich aus ihren einfachen Verhältnissen erlöst werden, indem sie sich in Gewänder kleiden, die die Bewunderung von Prinzen wecken und die rivalisierenden Prinzessinnen mit Neid erfüllen. Durch die Kombination von Arbeit und Schönheit bekommt die Heldin ihren Mann. Der gesellschaftliche Aufstieg hängt vor allem vom Beweis der häuslichen Fähigkeiten ab – dem Äquivalent der Demonstration des Mitgefühls beim Mann. Doch es hängt in einem gewissen Maße auch von den Gaben der Natur ab, die der Heldin fast übernatürliche Anziehungskraft verleihen. Wenn die Helfer in Märchen mit Männern in der Hauptrolle ihre Stärke, Verstand und Mut auf den Helden übertragen, statten die Helfer in Märchen mit Frauen die Heldin mit Schönheit aus. Diese Schönheit, die durch die Kleider symbolisiert wird, verbindet das Kosmische mit dem Häuslichen, da es das gemeinsame Produkt von Natur und menschlicher Arbeit (Spinnen und Weben) ist. Erhabene Schönheit und bodenständige Arbeit werden verquickt, um den Schlüssel zum Erfolg der Heldin zu liefern.

Die meisten Märchen rühmen die Bedeutung des Fleißes beim Spinnen (und anderen Hausarbeiten), doch es gibt einige Texte in den *Kinder- und Hausmärchen*, die es als äußerst beschwerliche Tätigkeit beschreiben, die unter allen Umständen zu vermeiden ist. Schon in »Frau Holle« gibt es Hinweise, daß Spinnen mit körperlicher Verunstaltung einhergeht. Und nach der Lektüre von »Dornröschen« ist es schwierig, mit Spindeln angenehme Assoziationen zu verbinden.[7] Andere Märchen – die im allgemeinen nicht zu den klassischen Zaubermärchen gehören – sind allerdings in der Verdammung des Spinnens und der Verteidigung der Faulheit deutlicher. In diesen Volks-Märchen (eines erschien in abgewandelter Form in der Grimmschen Sammlung) umgeht die Heldin das Spinnen, indem sie drei mißgestaltete alte Frauen aufsucht, ihren Ehemann mit ihnen konfrontiert und jeder der Mißbildungen der Frauen eine Arbeitsstufe beim Spinnen zuordnet. »Von dem bösen Flachsspinnen« erzählt von derselben List und dem Erfolg, der eine Königin und ihre drei Töchter von den vom König auferlegten »Foltern« des Spinnens befreit. Es ist leicht einsehbar, warum die Brüder Grimm dieses Märchen bei der Vorbereitung der zweiten Auflage der Sammlung gestrichen haben. Diese Märchen scheinen zu sagen, daß ein scharfer Verstand alles ist, was man braucht, um einem Dasein der Plackerei am Spinnrad zu entkommen und ein unbeschwertes Leben voller Müßiggang zu führen.[8]

Eitelkeit und Nichtstun sind in der Grimmschen Sammlung in einem weiteren Märchen über das Spinnen gepaart. »Die faule Spinnerin« erzählt von den verschiedenen Schlichen, zu denen eine Frau greift, um dem schlimmen Schicksal als Spinnerin zu entkommen. Sie beginnt damit, sich eine Ausrede nach der anderen für ihren Ehemann zu überlegen, der in seinem Eifer, sie zu beschäftigen, immer wieder Flachs heranschafft. Als er in den Wald geht, um Holz für eine fehlende Haspel zu holen, folgt sie ihm, versteckt sich in einem Baum und murmelt eine Warnung: »Wer Haspelholz haut, der stirbt, wer da haspelt, der verdirbt.« Diese und eine andere List halten den Ehemann davon ab, Faden oder Spinnen in der Gegenwart seiner Frau noch einmal zu erwähnen. »Aber das mußt du selbst sagen, es war eine garstige Frau.« Das ist der Schlußsatz des Märchens, eine

Beurteilung, die wahrscheinlich geradewegs aus der Feder von Wilhelm Grimm stammt. Die in der ersten Auflage der *Kinder- und Hausmärchen* abgedruckte Version endet mit dem Entschluß des Ehemanns, aufzuhören, seine Frau zu drängen, sich um die Hausarbeiten zu kümmern. Erst in einer späteren Auflage ruft die eindringliche Stimme des kommentierenden Erzählers den Leser auf, in die Verdammung des Verhaltens der Frau einzustimmen. Faulheit in Kombination mit Täuschung lief den in so viele Märchen der Sammlung eingegangenen Werten zuwider.
Wenn wir uns die verschiedenen Geschichten der *Kinder- und Hausmärchen* ins Gedächtnis rufen, in denen Spinnen zum Handlungsverlauf gehört, wird deutlich, daß die Beschäftigung mit Spinnen nur in solchen Texten eine herausragende Stellung einnimmt, die am weitesten von der Realität entfernt sind. Wenn eine Spindel tanzt, kann man sicher sein, daß sie Glück bringen wird. Wenn ein Spinnrocken dazu dient, von einem Zauber zu erlösen, wird er viele nützliche Aufgaben erfüllen. Doch sobald wir die übernatürliche Sphäre der klassischen Zaubermärchen verlassen und uns dem bodenständigen Realismus der Anekdoten, Schwänke und komischen Märchen zuwenden, wird Spinnen zu einer Beschäftigung, die kaum mehr als Stöhnen und Ächzen hervorlockt. Eine kluge Heldin wird all ihre geistigen und körperlichen Fähigkeiten daransetzen, Wege zu finden, der Plackerei am Spinnrad zu entkommen.
Zaubermärchen haben mit ihrem Hang zum Maßlosen und ihren surrealen Vorkommnissen eine besondere Anziehungskraft für Kinder. Märchen über Zauber und Verzauberung werden am meisten für »Kinderausgaben« der *Kinder- und Hausmärchen* ausgewählt. Gleichzeitig sind diese Geschichten, vielleicht zufälligerweise, diejenigen, die die traditionellen ethischen Werte und sozialen Normen unterstützen. Wilhelm Grimm sorgte dafür, daß sie mit dem Lob von Sparsamkeit, Aufrichtigkeit, Gehorsam, Fleiß, Geduld und anderen edlen Tugenden versehen wurden. Er widerstand selten der Versuchung, bestimmte Werte zu betonen, mora-

lisierende Kommentare hinzuzufügen und besondere Lehren in die Märchen einzuarbeiten. Schließlich erkannte er beizeiten den Wert seiner Sammlung als moralischer Leitfaden durch das Dickicht der gesellschaftlichen Unruhen des 19. Jahrhunderts. Er war sich nicht zu gut, »Spindel, Weberschiffchen und Nadel«, mit dem Ethos der harten Arbeit und der das Spinnen unterstützenden Botschaft, von einer literarischen Quelle abzuschreiben. Die volkskundliche Authentizität der ideologischen Reinheit zu opfern, schien sein Gewissen als Wissenschaftler nicht besonders zu belasten.[9] Sobald wir uns von den Zaubermärchen den in Dörfern spielenden, humorvollen Volks-Märchen zuwenden, setzt sich ein anderes Ethos durch – eines, das die Flucht vor der Arbeit zu einer Kunst macht. Hier war Wilhelm Grimm zwar in der Ausübung seiner Macht als Herausgeber auch nicht eingeschränkt, doch scheint er den bürgerlichen Werten gegenüber wesentlich unvoreingenommener gewesen zu sein.[10] (Zwar ließ er »die faule Spinnerin« nicht ohne einen scharfen Tadel davonkommen, doch erlaubte er einer Reihe von frechen Aufrührern und Schurken, die Arbeitsmoral und die königliche Autorität zu unterminieren.) Die Werte, die in den Lebensbeschreibungen entlassener Soldaten versteckt sind, unterscheiden sich stark von denen, die wir in Zaubermärchen finden. In »Sechse kommen durch die ganze Welt« und auch »Das blaue Licht« besiegen entlassene Soldaten den undankbaren König, der ihren Mut in Zeiten des Krieges ausgebeutet hat und sich nicht um sie kümmert, als der Krieg beendet ist. Von Ausgabe zu Ausgabe gerät der König immer mehr unter Beschuß. Hier sind die ersten Sätze aus der ersten Druckversion von »Das blaue Licht«: »Es war einmal ein König, der hatte einen Soldaten zum Diener, wie er ganz alt wurde und unbrauchbar, schickte er ihn fort und gab ihm nichts.« Die letzte Ausgabe der *Kinder- und Hausmärchen* konzentriert sich mehr auf die Opfer des Soldaten und die Grausamkeit des Königs, indem die Unterschiede zwischen beiden betont werden.

> Es war einmal ein Soldat, der hatte dem König lange Jahre treu gedient; als aber der Krieg zu Ende war und der Soldat, der vielen Wunden wegen, die er empfangen hatte, nicht weiter dienen konnte, sprach der König zu ihm: »Du kannst heimgehen, ich brauche dich nicht mehr; Geld bekommst du weiter nicht, denn Lohn erhält nur der, welcher mir Dienste dafür leistet.«

Der Held in »Sechse kommen durch die ganze Welt« dient seinem König treu und ergeben, doch als der Krieg vorbei ist, bekommt er für seine Leistungen nur eine läppische Summe. »Wart«, droht er, »das laß ich mir nicht gefallen, finde ich die rechten Leute, so soll mir der König noch die Schätze des ganzen Landes herausgeben.« Und er setzt alles daran, es wahr zu machen. Am Ende der Geschichte macht er sich mit siebentausend Wagenladungen voll Gold auf den Heimweg. Der besiegte Märchenkönig wird gezwungen zuzugeben, daß er mit dem Helden und seinen fünf Kumpanen einfach nicht mithalten kann; der Beweis ihres Zusammenhalts hat den einst arroganten König bescheiden gemacht und ihn in die einfachen Verhältnisse versetzt, die er seinen treuen Dienern angedeihen lassen wollte.

In Zaubermärchen wie »Der Froschkönig oder der eiserne Heinrich« ist die väterliche Autorität der Könige unantastbar. In den Volks-Märchen der Grimmschen Sammlung, die die Klassenkonflikte stärker betonen als die Familienkonflikte, kann es vorkommen, daß die Autorität in königlichem Gewande angekratzt wird. In diesem Zusammenhang dürfen wir nicht vergessen, daß die Brüder Grimm, trotz ihres Eintretens für konservative Werte, zu den »Göttinger Sieben« gehörten, jener mutigen Professorengruppe, die aus ihren Ämtern entlassen wurde, weil sie gegen die Aufhebung des Staatsgrundgesetzes durch den König von Hannover protestiert hatte.[11]

Volks-Märchen sind in der Herabsetzung von Reichen und Mächtigen (genau der Schicht, die die Helden der Zaubermärchen anstreben) genauso emsig wie in der Offenlegung der Mißerfolge eines Monarchen. »Das kluge Gretel« erzählt von der Fähigkeit einer Köchin, ihren Herrn zu überlisten

und ihm zwei fette, gegrillte Hühner zu entwenden. Ein armer Bauer hängt ein Schild mit der Aufschrift ›Doktor Allwissend‹ über die Tür und übervorteilt bald die, die ihm gesellschaftlich überlegen sind. »Die kluge Bauerntochter« stellt unter Beweis, daß ein junges Mädchen aus bescheidenen Verhältnissen einen König überlisten kann. »Der junge Riese« zeigt uns eine Figur, deren Lebensziel es ist, einen geizigen Arbeitgeber nach dem anderen zu betrügen und zu erniedrigen. Wilhelm Grimm hat sich keine Gelegenheit durch die Lappen gehen lassen, zu den von den Geschichten implizierten Werten höhnische Kommentare hinzuzufügen. Beispielsweise in dem Schlußteil von »Der kluge Knecht«, der uns in einer schnellen, einfachen Lektion beibringt, wie man Hausarbeiten vermeidet, zeigt sich mehr als nur ein Hauch von Ironie. »Bekümmert euch nicht um euern Herrn und seine Befehle«, erklärt das Märchen, »tut lieber, was euch einfällt und wozu ihr Lust habt, dann werdet ihr ebenso weise handeln wie der kluge Hans.«
Trotz gelegentlicher Anmerkungen über die Unschicklichkeit, seine Vorgesetzten zu betrügen, kommt die Anklage der Begüterten und Mächtigen in den von den Brüdern Grimm gesammelten Märchen über das Landleben nicht zu kurz. Unablässig führen sie vor, wie der kleine Mann den Spieß gegen die Reichen umkehrt oder zumindest ihre vulgäre, alberne Verhaltensweise aufdeckt. Der Benachteiligte gewinnt gewöhnlicherweise Oberhand, indem er seinen Verstand benutzt, doch manchmal erreicht er sein Ziel auch durch äußerst dummes Verhalten.[12] Wie auch immer, er hat Erfolg damit, die Privilegierten zu demaskieren und ihre angeborene Unterlegenheit zu beweisen. In Volks-Märchen, die im Dorf oder auf der Straße spielen, ist der Held am fleißigsten, wenn es darum geht, Pläne zu schmieden, wie er seinen Herrn oder irgendeinen anderen Vertreter der lokalen Autorität erniedrigen kann. Betrug, Schikane und Falschheit marschieren vor dem Leser als höchste Tugenden auf; Überleben, von Wohlstand ganz zu schweigen, wäre ohne sie außer Reichweite. Zaubermärchen mögen die herrschende

gesellschaftliche Ordnung (im allgemeinen eine feudale Gesellschaft mit einer Schicht bürgerlicher Werte) stillschweigend unterstützen und sich für alle Tugenden, derer es bedarf, um sie aufrecht zu halten, einsetzen, doch Volks-Märchen attackieren die Unfehlbarkeit dieser Ordnung und untergraben die Arbeitsmoral.

In diesem Zusammenhang ist es nicht verwunderlich, daß Spinnen – nicht nur in der Grimmschen Sammlung, sondern in der westlichen Folklore überhaupt – eine äußerst mehrdeutige Stellung einnimmt. Es kann sowohl ein Segen als auch ein Fluch sein. Wie Handarbeit im allgemeinen, geht Spinnen mit Fleiß und Leistung einher, aber es wird auch mit Unterdrückung und Versklavung assoziiert. In Zaubermärchen ist die Beherrschung des Spinnrads die beste Mitgift eines Mädchens, in einigen die einzig notwendige. In Volks-Märchen realistischerer Prägung verbessert Spinnen selten den Charakter; es deformiert den Körper und stumpft den Geist ab. Um ihm aus dem Weg zu gehen, ist eine Heldin berechtigt, fast alle Mittel anzuwenden. Die in Widerstreit liegenden Botschaften der beiden Arten von Märchen schließen sich gegenseitig jedoch nicht aus. Sie entsprechen eher den Widersprüchen im bäuerlichen Leben. Harte Arbeit war eines der Mittel, um voran zu kommen oder zumindest nicht abzusteigen, aber sie führte auch zu Entstellungen und konnte genau die Ziele, die sie sich gesetzt hatte, verfehlen.

In der Grimmschen Sammlung gibt es ein Märchen, das die Schwärmerei der Zaubermärchen für das Spinnen mit den gegen die Arbeitsmoral gerichteten, humorvollen Volks-Märchen verbindet. Die Müllerstochter in »Rumpelstilzchen« arbeitet sich durch ihre vermeintlichen Leistungen beim Spinnen hoch, obwohl sie es gleichzeitig vermeiden kann, am Spinnrad zu sitzen. Gleich ob wir die deutschen, schottischen oder französischen Versionen dieses Märchens betrachten, macht der König, den die Heldin heiratet, unmißverständlich klar, warum er das bescheidene Mädchen so unwiderstehlich findet. In einem der Märchen beglückwünscht er sich selbst, eine Frau gefunden zu haben, deren Spinnen eine regelmäßige Einkommensquelle bedeutet. In einem anderen versichert er sich, daß ihr Talent ihn vor dem Ruin bewahren würde, falls er die Krone verliere. In einem dritten enthüllt er seine hohen Erwartungen in bezug auf die Einkünfte, die seine Frau durch das Spinnen erreichen wird. Und in anderen freut er sich darüber, eine solch »tatkräftige«, »fleißige« und »tüchtige« Braut gefunden zu haben.[13]

In einigen Versionen von »Rumpelstilzchen« wird die Habsucht des Königs durch mehr als die Aussicht auf eine behende Arbeitskraft angestachelt. Die letzte Grimmsche Version von »Rumpelstilzchen« beispielsweise zeigt eine Heldin, die Stroh offensichtlich zu Gold spinnen kann, ein Talent, das dem Märchenkönig »wohl gefällt«. Dieses Märchen verbindet harte Arbeit nicht mit übernatürlicher Schönheit, sondern mit übernatürlichen Kräften, die die Anziehungskraft begründen sollen. Obwohl Reichtum das eindeutige Ziel der meisten Märchenhelden ist, ist ihnen eine glückliche Heirat mindestens genauso wichtig. Wenige Märchen der Grimmschen Sammlung sind in der Beschreibung rein ökonomischer Motive für die Heirat so kraß wie »Rumpelstilzchen«.

Rumpelstilzchen kursiert unter vielen Namen. Titeliture, Doppeltürk, Purzinigele, Batzibitzli, Panzimanzi und Whuppity Stoorie sind nur einige seiner Spitznamen. Ob es nun in einem französischen Märchen als Ricdin-Ricdon auftritt oder in einem englischen als Tom Tit Tot, seine Funktion bleibt die gleiche. Für die Heldin gilt das nicht. Obwohl sie fast immer ein junges Mädchen aus einfachen Verhältnissen ist, wechseln ihre anderen Eigenschaften von einem Märchen zum anderen. Auch die Herausforderungen, denen sie gerecht werden muß, ändern sich von Märchen zu Märchen. In einer Stichprobe von siebzehn nach dem Zufallsprinzip herausgegriffenen Versionen von Rumpelstilzchen beschreiben elf das Spinnen riesiger Mengen von Flachs in einer lächerlich kurzen Zeitspanne; sechs handeln von der Verwandlung von Stroh oder Flachs in Gold.[14]

Wir wollen mit einem Blick auf die Märchen beginnen, die die Erfüllung von quantitativ unerfüllbaren Aufgaben fordern. Die Heldinnen dieser Geschichten befinden sich in der Klemme, weil ein listiger Elternteil fest entschlossen ist, sich der Tochter im heiratsfähigen Alter zu entledigen. Was bietet sich mehr an, zeigen diese Märchen, um einen Ehemann zu finden, als für den Fleiß des Mädchens beim Spinnen Reklame zu machen. Tatsächlich scheint der Fleiß allein die Heldin nicht nur anziehend, sondern praktisch unwiderstehlich zu machen. Der ansässige König wird von den Eltern überredet, eine junge Frau zu heiraten, die in Wahrheit hoffnungslos faul und obendrein oft noch gefräßig ist. In Italien verschlingt sie sieben Töpfe Nudeln, in England sieben Schüsseln Pudding und in Rußland sieben Brotlaibe.

Einige der Märchenheldinnen, die Flachs spinnen müssen, sind am Anfang tüchtige Arbeiterinnen, deren Eltern, aus welchem Grund auch immer, sehr daran gelegen ist, sie loszuwerden. In diesen Fällen werden die Wesenszüge der Märchenfiguren so umgestaltet, daß wir eine fleißige Tochter, eine unnatürlich feindlich gesinnte Mutter und eine unermüdlich fordernde Schwiegermutter als Ersatz für eine faule Tochter, hinterlistige Eltern und einen leichtgläubigen König haben. Doch die Handlungsführung bleibt dabei intakt. Egal wie fähig der Ersatz für die faule Heldin ist, auch sie erschaudert vor den nichtendenwollenden Bündeln von Flachs, die von ihrer zukünftigen Schwiegermutter ins Schloß geschafft werden. Am Schluß ist auch sie gezwungen, die Dienste eines Rumpelstilzchens in Anspruch zu nehmen, um die Königin zu befriedigen. Ob faul oder fleißig, die Protagonistin befindet sich in einer gefährlichen Situation, die sie zu Listen und Betrügereien zwingt, um die Versprechungen eines Elternteils einzulösen und dem sicheren Tod zu entgehen, der sie erwartet, wenn sie die Versprechungen nicht erfüllen kann.

Eine zweite Gruppe von Märchen erzählt von den Anfechtungen eines jungen Mädchens (gewöhnlich einer Müllerstochter), deren Vater sich rühmt, seine Tochter könne Stroh zu Gold spinnen. Hier wird die Heldin mit einer Aufgabe konfrontiert, die mehr als herkulische Anstrengungen erfordert – nichts anderes als Zauber kann sie aus der heiklen Lage befreien. Nichtsdestotrotz ist die Konstellation der Charaktere dieselbe wie in der ersten Gruppe; nur daß hier die Eigenschaft der Tochter nicht mehr Faulheit, sondern Schönheit ist und die Lüge der Eltern auf eine neue Formel gebracht wurde: der Tochter wird nachgesagt, sie habe übernatürliche anstelle übermenschlicher Kräfte. Unter den verschiedenen Versionen von »Rumpelstilzchen«, die für die *Kinder- und Hausmärchen* ausgewählt wurden, weicht eine von dieser Norm ab, indem sie vom Schicksal eines jungen Mädchens erzählt, auf dem der »Fluch« liegt, Flachs zu Gold zu spinnen. Der Text ist kurz, mit wenigen einfachen Ausführungen, die dazu dienen sollen, die Voraussetzungen für einen Vertragsschluß zu schaffen:

> Es war einmal ein kleines Mädchen, dem war ein Flachs knoten gegeben, Flachs daraus zu spinnen, was es aber spann war immer Goldfaden und kein Flachs konnte herauskommen. Es ward sehr traurig und setzte sich auf das Dach und fing an zu spinnen, und spann drei Tage aber immer nichts als Gold. Da trat ein kleines Mänchen herzu, das sprach: ich will dir helfen aus all deiner Noth, dein junger Prinz wird vorbeikommen der wird dich heirathen und dich wegführen aber du mußt mir versprechen, daß dein erstes Kind mein seyn soll.[15]

Dieses Märchen ist im Gegensatz zu seinen zynischeren und psychologisch realistischeren Gegenstücken nicht auf logische Prämissen gegründet. Es zeigt uns nicht mehr als die Skizze der grundlegendsten Märchensituation: Hilflosigkeit/Befreiung. Sobald das Mädchen den Höhepunkt der Verzweiflung erreicht (drei Tage sind immer genug, um die Stärke der Märchenfigur zu prüfen), ist Hilfe zur Stelle. Die Details der Handlung sind inkonsequent und schmücken nur die Grundsituation aus.

Die Einleitung von »Rumpelstilzchen« kann zwei Grundformen annehmen. Wenn sie mit dem Gegensatz faul/fleißig operiert, wechselt sie in die komische Tonart der Volks-Märchen und führt respektlosen Humor (oft auf Kosten des Märchenkönigs) vor. Hier ist das Ziel der Geschichte, eine Heirat zwischen der Heldin und ihrem gesellschaftlich und wirtschaftlich Vorgesetzten einzufädeln, und dieses Ziel wird durch List und Betrug erreicht. Die Mutter, die sich rühmt, ihre Tochter könne fünf Docken pro Tag spinnen (während die Vertilgung von fünf Kuchen in Wirklichkeit ihr einziges Verdienst ist), hat etwas von der Gewitztheit des »tapferen Schneiderleins«, das sich brüstet, es habe »sieben auf einen Streich« erschlagen. Aber während die Mutter gezwungen ist, für ihre arbeitsame Tochter Reklame zu machen, um eine Zaubermärchenhochzeit für eine Volks-Märchenheldin arrangieren zu können, erreicht der Schneider den gesellschaftlichen Aufstieg, indem er mit seiner Kraft angibt und seinen Verstand benutzt. Die Heldin in »Rumpelstilzchen« kann nur aufsteigen, wenn ein Elternteil klug genug ist, einen König zu täuschen, und wenn ein Helfer zu ihrer Rettung herbeieilt.

Operiert die Einleitung von »Rumpelstilzchen« mit der Opposition natürlich/übernatürlich, so erhält es die melodramatischere Tonart der Zaubermärchen, indem Situationen beschrieben werden, in denen der Einsatz immer hoch und die Stimmung der Heldin immer schlecht ist. Auch hier ist das Ziel die Heirat, jedoch mit wenig zweckdienlichen Manövern auf seiten der Protagonistin. Der Vater gibt mit den übernatürlichen Kräften seiner Tochter an, ohne daß er einen wirklichen Grund dazu hat. Ein Mädchen kann Flachs zu Gold spinnen, doch strebt sie nach nichts Besonderem. Die schlauen Kniffe und findigen Listen, die die Handlung der Volks-Märchen vorantreiben, spielen in den Zaubermärchen kaum eine Rolle. Dennoch gilt für beide die Prämisse, daß eine Tochter, die Reichtum hervorbringt, ob nun durch eigene Arbeit oder Zauberkräfte, eine gute Partie machen kann.

In allen Versionen von »Rumpelstilzchen« gibt es einen

Vertrag zwischen einem unschuldigen Mädchen und einer teuflischen Kreatur. Um diesen Vertrag – den Kern des Märchens – zu ermöglichen, bedarf es nichts als einer Situation, die die Heldin in eine verzweifelte Lage versetzt. Ob ihre Not begründet ist, ist unwichtig. Psychologischer Realismus war nie die Stärke von Volkserzählungen, insbesondere derer, die sich in Richtung des Übernatürlichen bewegen. Was zählt, ist das wahrnehmbare Bedürfnis der Heldin nach Beistand; dieses Bedürfnis, wie auch immer es aussehen mag, lockt einen Helfer hervor. Die fleißigen und begabten Heldinnen in diesem Märchentyp brauchen nicht lange, um die Unmöglichkeit der ihnen auferlegten Aufgabe zu erkennen, und ringen verzweifelt ihre Hände oder brechen in Tränen aus. Die hoffnungslos selbstsüchtigen und weniger geduldigen Heldinnen zucken nur mit den Schultern und ergeben sich ihrem Schicksal. »Von mir aus soll der Teufel spinnen«, bemerkt eine junge Frau.[16] Kaum hat sie diese Worte gesprochen, nimmt Terrytop, das kornische Rumpelstilzchen, Gestalt an, um der Einladung, sich ans Spinnrad zu setzen, Folge zu leisten. Der Vertrag zwischen dem Mädchen und dem unterirdischen Wesen wird schnell besiegelt.

Gerade diejenige Arbeit, die als anziehend gefeiert wird, als die Tätigkeit, die dazu bestimmt ist, das Herz eines Königs zu gewinnen, wird von einer der am wenigsten attraktiven Märchenfiguren ausgeübt, einem mißgestalteten Zwerg fragwürdiger Herkunft. Trotz all seiner wenig betörenden körperlichen Eigenschaften ist es Rumpelstilzchen gelungen, den Lesern Sympathie zu entlocken. »Weder der Müller, der seine Tochter durch seine Angeberei in Gefahr bringt, noch der habsüchtige, grausame König, der sie heiratet, sondern der kleine Mann, der ihr hilft und nur ein Kind für sich will, wird bestraft«, beschwert sich ein Wissenschaftler. In einer Welt, wo Väter schamlose Lügen über ihre Töchter erzählen, um sie zu verheiraten, wo Hochzeiten voreheliche Vereinbarungen erfordern, die sich wie Arbeitsverträge anhören, und wo junge Mädchen sich einverstanden erklären, ihr erstgeborenes Kind gegen eine gute Heirat einzutauschen, macht Rumpelstilzchen keine schlechte Figur. Er bemüht sich sehr, seinen Teil der Vereinbarung zu erfüllen, zeigt aufrichtiges Mitgefühl, als die Königin die von ihr eingegangene Vereinbarung bedauert, und ist bereit, eine Rettungsklausel in den Vertrag einzubringen, obwohl er nichts dadurch gewinnen kann. Er hat zwar aus der Notlage der kurzsichtigen Königin seinen Vorteil gezogen, doch ist er trotzdem genauso Helfer wie Schurke.[17]

Die Reihe der männlichen Protagonisten in »Rumpelstilzchen« kann als Zusammenstellung verschiedener Figuren betrachtet werden: Vormunde, Beschützer und Wohltäter werden der Reihe nach die Gegenspieler der Heldin.[18] Der Vater gefährdet das Leben seiner Tochter, als er versucht, den König zu beeindrucken, der König zwingt die Heldin unter Androhung der Todesstrafe, Stroh zu Gold zu spinnen, und Rumpelstilzchen fordert ihr Kind für seine Bemühungen am Spinnrad. Jede Krise, die sich im Leben der Heldin entwickelt, ist dadurch gekennzeichnet, daß sich ein Helfer in einen Schurken verwandelt und ein neuer Helfer als Gegengewicht zum Abtrünnigen auftritt. Das Leben der Heldin wird zu einer Aneinanderreihung von Krisen, wo sie von der Figur, die ihr aus der vorhergehenden Krise geholfen hat, in eine neue Gefahr gebracht wird. Und fast in jedem Fall bringt Betrug sie in Schwierigkeiten oder er rettet sie. Am Ende greift die Königin selbst zu einer Art List, um die Bedingungen des Vertrags zu umgehen. Als sie den Namen Rumpelstilzchens herausgefunden hat, widersteht sie der Versuchung des grausamen Spiels nicht, sich dumm zu stellen und verschiedene Namen herzusagen.

Mit der Enthüllung von Rumpelstilzchens Namen wird die unmittelbare Bedrohung der Königin aufgehoben, aber es ist nicht eindeutig, ob sie für immer von der Verpflichtung zum Spinnen erlöst ist. Der Ehemann der Königin, der oft in ihr Geheimnis nicht eingeweiht ist, könnte sehr wohl geneigt sein, weitere Demonstrationen der Heldentaten am Spinnrad zu verlangen. Wer kann sagen, ob Rumpelstilzchens

Forderung nach Erfüllung der Vertragsbedingungen die letzte in der Reihe der Krisen, die das Leben der Königin kennzeichnen, gewesen ist? Einige Volkskundler haben vorgeschlagen, daß ein Märchen mit dem Titel »Die drei Spinnerinnen« die Fortsetzung von »Rumpelstilzchen« bildet, eine letzte Ausführung, die ein eindeutiges Ende der Anforderungen an die Königin bedeutet. Die nahe Verwandtschaft zwischen den beiden Märchen bemerkte man schon vor langem; in Aarne und Thompsons Märchenverzeichnis stehen sie nebeneinander.

Die Grimmsche Version von »Die drei Spinnerinnen« beginnt mit diesen Worten: »Es war ein Mädchen faul und wollte nicht spinnen.« Dieser Einleitungssatz deutet sofort die Verwandtschaft der Heldin mit der Protagonistin in »Rumpelstilzchen« und seinen Varianten an. Der ganze erste Teil von »Die drei Spinnerinnen« scheint der Handlungsführung einer Version von »Rumpelstilzchen« nachempfunden worden zu sein. Die junge, faule Protagonistin findet sich im Palast wieder, nachdem ihre Mutter gegenüber der Königin mit der nervtötenden Besessenheit ihrer Tochter, zu spinnen, geprahlt hatte. Die Lüge erweist sich bald als wirksam, denn die Königin ist entzückt von der Aussicht, eine Schwiegertochter zu bekommen, die das Arbeitsethos dermaßen hochhält. »Bist du gleich arm«, gesteht sie unverblümt, »so acht ich nicht darauf, dein unverdroßner Fleiß ist Ausstattung genug.« In Anbetracht der Aufgabe, Flachs zu spinnen, der in drei Kammern vom Boden bis zur Decke gestapelt ist, verzweifelt das junge Mädchen.

Hilfe erscheint in Gestalt dreier alter Frauen: eine mit einem vom Treten breiten Plattfuß, eine andere mit einer vom Lecken herunterhängenden Lippe und eine dritte mit einem vom Zwirbeln breiten Daumen. Die drei merkwürdigen Weiber führen die Aufgabe des Mädchens gegen eine Einladung zur Hochzeit und dem Versprechen, dort als Basen eingeführt und wie Vertraute behandelt zu werden, aus. Bei der Hochzeit ist der Bräutigam so entsetzt über die Unan-

sehnlichkeit der mißgestalteten Cousinen, daß er seiner Frau »das böse Flachsspinnen« verbietet.
Bis zu dem Moment, wo die drei Spinnerinnen zum Schloß ziehen, um ihre Dienste anzubieten, ähnelt dieses Märchen zum Verwechseln einer Version von »Rumpelstilzchen«. Aber ihr Erscheinen markiert den Punkt, an dem »Die drei Spinnerinnen« von »Rumpelstilzchen« abweichen. Diese Frauen können zwar spinnen und sind darauf vorbereitet, das Mädchen aus ihrer peinlichen Lage zu befreien, aber sonst haben sie mit der Figur des Rumpelstilzchen nichts gemein. Die Bedingungen ihres Vertrages sind äußerst günstig: für ihre Arbeit verlangen sie nichts als Freundlichkeit. Die Nutznießerin ihres Gefallens riskiert zwar, ihren zukünftigen Gatten durch ihre »garstige Freundschaft« (das sind seine Worte) zu verärgern, doch sind die Umstände erfolgversprechend. Anstatt »etwas Lebendes« zu verlangen (wie Rumpelstilzchen es tut) und einen Tausch vorzuschlagen, der etwas gefährdet, das der Königin wichtiger als ihr eigenes Leben ist, prüfen die Weiber schlicht und einfach den Charakter der Heldin und belohnen sie ohne Absicht zum zweiten Mal, nachdem sie die Prüfung bestanden hat. Diesmal bekommt eine Heldin, was sie will, durch den Beweis ihres guten Charakters.
Illustratoren von »Rumpelstilzchen« waren dem winzigen Wesen, nach dem das Märchen benannt ist, nie sehr wohlgesonnen. Immer in schwarz gekleidet, wird er mit einer Physiognomie gezeichnet, die der Welt teuflische Züge zeigt. Seine körperliche Erscheinung verleiht der Geschichte zusammen mit seinen strengen Geschäftsbedingungen einen bedrückenden Unterton. Im Gegensatz dazu sorgen die drei Spinnerinnen in der Geschichte von der mißlichen Lage des faulen Mädchens für eine unbeschwerte Atmosphäre. Sowie sie erscheinen, wird die Geschichte zu einer Burleske (fast) ohne tragische Anklänge. Mit ihren breiten Füßen, den herunterhängenden Lippen und den fetten Daumen (einige Versionen geben ihnen breite Hüften und hängende Hintern von ihrer sitzenden Tätigkeit) erleichtern sie auf komische

Art und Weise die bedrückenden Lebensbedingungen der Heldin. Als sie auf der Hochzeit erscheinen, um von der Heldin die Einlösung ihres Versprechens zu fordern, hinterlassen sie in ihrer eigenartigen Verkleidung einen komischen Eindruck. Es bedarf keiner Erwähnung, daß der Geschichte eine zusätzliche, humorvolle Wendung verliehen wird, als dem Bräutigam dämmert, daß es zwischen den Mißbildungen der drei und ihrer Rolle beim Spinnen eine direkte Verbindung gibt. Da er Aussehen höher bewertet als Arbeit, erklärt er stolz: »So soll mir nun und nimmermehr meine schöne Braut ein Spinnrad anrühren.« Als würde er einen Zauberstab schwingen, befreit er seine Frau für immer von der Tyrannei der Arbeit in ihrer entstellendsten Form.
Wie bereits erwähnt wurde, zeigt uns eine Version von »Die drei Spinnerinnen« eine Heldin, die ihren Ehemann überlistet, indem sie drei Frauen anheuert, die genau die Mißbildungen aufweisen, die auf viele Stunden am Spinnrad zurückgeführt werden können, in Wirklichkeit aber nicht daher rühren. Diese Variante ist noch deutlicher in der Subversion der Arbeitsmoral und in der Feier des Triumphes der Schlauheit über die Hausarbeiten. »Und wenn sie nicht gestorben ist, trödelt sie noch immer herum«, endet eine Version der Geschichte. Durch ihr humorvolles Tableau und ihre Zurschaustellung bestechender Klarsicht stehen beide Märchen in scharfem Kontrast zum Todernst der im Mittelpunkt stehenden Szene von »Rumpelstilzchen«.
Das Märchen »Die drei Spinnerinnen« hat mit dem zweiten Teil von »Rumpelstilzchen« weniger gemeinsam, als es auf den ersten Blick erscheint. Jenes hat einen komischen Unterton, dieses vielfach tragische Anklänge. Daß die beiden Geschichten einst Teil eines größeren Ganzen waren (wo Rumpelstilzchen auf die unmittelbaren Bedürfnisse der Königin antwortet und die drei Spinnerinnen eine langfristige Lösung ihrer Probleme verfolgen), scheint unwahrscheinlich, trotz der Existenz einiger zusammengestückelter Texte. Die eine Erzählung nützt die Möglichkeiten der Übertreibung, um ein Lügenmärchen zu schaffen, die andere mobili-

siert einen übernatürlichen Beistand, um ihre Handlung in Gang zu setzen. »Die drei Spinnerinnen« gehört zweifellos zur Gruppe der komischen Volks-Märchen, während »Rumpelstilzchen« zu den Zaubermärchen gehört, die eine melodramatische Linie verfolgen. Die Kombination beider Texte bringt ein eindeutig unharmonisches Ergebnis hervor.[19]

»Die drei Spinnerinnen« muß den Erzählern sehr am Herzen gelegen haben. Es ist ein Volks-Märchen, dessen Thema die Vermeidung genau der Art von Arbeit ist, die ausgeübt wurde, während es erzählt wurde. Es mag ja anfänglich harte Arbeit als Mittel empfehlen, um eine gute Partie zu machen, aber es berichtet äußerst realistisch über die Konsequenzen eines Lebens voller Arbeit. Dadurch, daß die Körper der drei Spinnerinnen die Kennzeichen der Plackerei tragen, macht das Märchen deutlich, daß Schönheit und Arbeit unvereinbar sind. In der Art der Volks-Märchen kann die Heldin in »Die drei Spinnerinnen« einen Ruf als fleißige Arbeiterin erwerben, obwohl sie durch die Vermeidung von Plackerei eine Schönheit bleibt. Ihre Geschichte verdeutlicht dennoch die Mehrdeutigkeit, die mit Hausarbeit verbunden wurde, und enthüllt, daß die Widersprüche des damaligen Lebens, wie stark sie auch empfunden wurden, mit respektlosem Humor behandelt werden konnten.

»Rumpelstilzchen« fehlt der schlichte Humor von »Die drei Spinnerinnen«. Im Mittelpunkt steht der Vertrag mit seinen strengen Bedingungen: Arbeit im Tausch gegen »etwas Lebendes«. Die Vertragsbedingungen zwischen der Heldin und Rumpelstilzchen spielen die Arbeit jedoch nicht immer gegen das Leben aus. Eine seiner vielen Varianten ist in der ersten Version der *Kinder- und Hausmärchen* aufgezeichnet. Die Ähnlichkeit zu »Rapunzel« ist selbst in diesem kurzen Abriß unverkennbar.

> Eine Frau geht vor einem Garten vorbei, worin schöne Kirschen hängen, bekommt ein Gelüsten, steigt ein und ißt davon; aber ein schwarzer Mann kommt aus der Erde, und sie muß ihm für den Raub ihr Kind versprechen. Als es geboren ist, dringt er durch alle

Wachen, die der Mann ausgestellt hat, und will der Frau nur dann das Kind lassen, wenn sie seinen Namen weiß. Nun geht der Mann nach, sieht wie er in eine Höhle steigt, die von allen Seiten mit Kochlöffeln behangen ist und hört wie er sich Flederflitz nennt.

Der Tausch ist in diesem Märchen, wie in »Rapunzel«, erstaunlich ungleich. »Der schwarze Mann« verlangt als Gegenleistung für etwas ganz Alltägliches, das, was dem Herzen der Königin am nächsten ist. Eine Laune zu befriedigen, kann teuer zu stehen kommen, und Märchen betonen diese Tatsache so oft, daß sie Motivcharakter angenommen hat. Die Bedingungen des Vertrags sind so ungleich, daß es für die meisten Leser schwierig wird, ihre Zweifel zu unterdrücken. Wieso hat der schwarze Mann Anspruch auf das Kind der Frau? Die Handlung hält die diesbezüglich notwendigen Informationen zurück, und berichtet stattdessen über Details – die Kochlöffel, die die Höhle säumen – die auf nichts hinauslaufen. Wissenschaftler werden uns schnell daran erinnern, daß der Mangel an Logik und kausalen Verknüpfungen auf die volkstümliche Authentizität dieses Märchens hinweist – es zeigt uns die Volksdichtung in ihrer reinen, unverfälschten Form. Diese Dichtung folgt weder den Naturgesetzen uneingeschränkt noch den menschlichen Konventionen. Erst als die Volksdichtung über verschiedene Wege in die geschriebene Literatur einging, begann sie, die Logik der realistischen Erzählungen anzunehmen. Motivierte Episoden vertrieben nach und nach schlecht motivierte oder gar nicht motivierte Vorfälle.[20]
Wollten wir das Schicksal von »Rumpelstilzchen« im Laufe der Jahrhunderte dokumentieren, würden wir wahrscheinlich herausfinden, daß ein Märchen über einen Pakt zwischen einer Sterblichen und einem Dämon eine Folge von Erzählungen hervorbrachte, von denen jede immer plausiblere Begründungen für die Entscheidung der Heldin, eine Vereinbarung mit einer solch unheilvollen Kreatur einzugehen, anbot. Allen voran diese: Ein Kind – das Ergebnis der Anstrengungen der Königin – soll für etwas eingetauscht

werden, das, wenn auch nur im lexikalischen Sinne, gleichwertig ist: das Ergebnis der Anstrengungen des Zwerges. Diese Anstrengungen wurden immer mehr mit Spinnen verbunden und machen »Rumpelstilzchen« damit zu einem Märchen, das genau die Arbeit thematisiert, die es hervorgebracht hat. Der Tausch zwischen Sterblichem und Dämon wird immer ausgewogener und immer weniger unwahrscheinlich.[21]
Es war vielleicht unvermeidlich, daß die Sprache und die Handlung vieler Zauber- und Volks-Märchen durch den Zusammenhang, in dem sie erzählt wurden, beeinflußt wurden. Josef Lukas' Anthologie europäischer Märchen über das Spinnen zeigt, daß fast jede klassische Volkserzählung so erzählt werden kann, daß Spinnen in der Handlung eine vorherrschende Rolle einnimmt.[22] Ein Tierbräutigam nimmt die Gestalt eines Seidenwurms an, eine unmögliche Aufgabe ist mit dem Spinnen verbunden oder ein Verbot wird übertreten, als ein Mädchen sonntags spinnt. Doch wenige Zaubermärchen haben die Kunst des Spinnens so durchgängig thematisiert wie »Rumpelstilzchen«. Sowie der Pakt zwischen dem Mädchen und dem Zwerg durch die Bedingung des Tausches von Spinnen gegen Leben geschlossen war, konnte der Rahmen der Geschichte leicht mit stereotypen Motiven aus Volks-Märchen aufgefüllt werden. Die Protagonistin befindet sich eher wegen des pragmatischen Wunsches eines Elternteils, sie zu verheiraten, in einer schrecklichen Lage, als wegen eines unvernünftigen Einfalls ihrerseits. Und das Ende von »Rumpelstilzchen« wird – anstatt uns im unklaren über die Zukunft der Königin zu lassen – durch eine amüsante Anekdote abgerundet, die ihre Taktik beschreibt, sich ein Leben ohne Schwierigkeiten zu sichern. Durch die Verwendung von Motiven aus Volks-Märchen konnte »Rumpelstilzchen« zu einem eigenartigen Zwitterwesen zwischen Volks-Märchen und Zaubermärchen werden, indem es den Zauber des einen beibehielt, als es in den Humor des anderen eintauchte.
Die Regeln der Zaubermärchen erinnern uns daran, daß

Arbeit an und für sich nie genug war, um sich einen König und die Hälfte seines Königreiches zu sichern. Wer hat schon einmal von einem Müller gehört, der sich den Weg zu Reichtum mit Mahlen verdient, oder einem Schneider, der vom Nähen reich wird?[23] Es ist Rumpelstilzchens Gabe, gewaltige Mengen von Flachs zu spinnen oder gewöhnliche Fasern in Goldfäden zu verwandeln, die den Pakt ermöglicht. Weil es übermenschliche Aufgaben oder übernatürliche Taten ausführt, steigt die Heldin in eine höhere Schicht auf. Schließlich ist Spinnen wenig ergiebig. Um seine Leistungsfähigkeit unter Beweis zu stellen, muß es magische Eigenschaften besitzen.

»Die drei Spinnerinnen« und »Rumpelstilzchen«, das sich im Laufe der Zeit die Einleitung von »Die drei Spinnerinnen« einverleibt zu haben scheint, treten am Anfang für die Tugenden Fleiß und harte Arbeit ein. Sie scheinen dabei eine Vorliebe für das Spinnen zu haben. Es ist die Geschicklichkeit am Spinnrad, die die Könige in beiden Märchen auf die bescheidene Heldin aufmerksam macht. Beide Geschichten untergraben allerdings auch die Botschaft, daß die Geschicklichkeit am Spinnrad die Heiratschancen verbessert, denn sie betonen, daß nie schnell genug oder mit dem richtigen Zauber gesponnen werden kann, um einen König zufriedenzustellen. Am Ende müssen drei gräßliche, durch ihr Handwerk entstellte Frauen oder ein mißgestalteter Zwerg die vom König oder der Königin geforderte Arbeit ausführen. Das Endprodukt des Spinnens bringt der Heldin zwar einen König ein, aber die Tätigkeit selbst führt zweifellos zu Entstellungen und Mißbildungen. Das ist die tiefere Botschaft und die höhere Erkenntnis, die ans Licht kamen, als die Märchen über die Jahre hinweg gesponnen wurden.

III

SCHURKEN

6

VON BÖSEN WEIBERN ZU HEXEN

Stiefmütter und andere Menschenfresser

> »Es war einmal eine Königstochter. Sie liebte ihren Vater sehr, denn sie hatte einen verdrängten Elektra-Komplex. Weil sie so schön war, befiel ihre mit einer starken sadistischen Triebkomponente versehene Stiefmutter Sexualneid und sie befahl einem Jäger, Schneewittchen in den Wald und damit einem letalen Ausgang zuzuführen.«
>
> WILLY PRIBIL, »Schneewittchen frei nach Sigmund Freud«

Zu den bekanntesten Tatsachen der Anthropologie, schrieb Sir James Frazer, gehören »die Angst und der Schrecken, mit denen der ungebildete Wilde seine Schwiegermutter betrachtet.«[1] Schwiegermütter mögen nie den Ruf warmherziger Güte genossen haben, aber Frazers Mischung aus »Angst« und »Schrecken« scheint übertrieben. Wenn wir uns vom wirklichen Leben den Märchen zuwenden (von denen viele ihren Ursprung in primitiven Kulturen haben), wird schnell deutlich, warum Schwiegermütter den »ungebildeten Wilden« Angst einflössen. Unter allen Scheusalen in den *Kinder- und Hausmärchen* kommen nur wenige der ungebändigten Blutrünstigkeit der Protagonistin in »Die Schwiegermutter« gleich. Diese Geschichte hat nie zu den bekannteren von Grimms Märchen gehört; sie ist eigentlich fast unbekannt, nicht zuletzt, weil sie nur in der ersten Auflage der Sammlung erschien und danach in den Band der wissenschaftlichen Anmerkungen verbannt wurde. Die schrecklichen Vorfälle in »Die Schwiegermutter« werden in einem trockenen und nüchternen Ton erzählt. Ein König reitet in den Krieg und vertraut seine Frau und seine Kinder der Obhut seiner Mutter an. Kaum haben sich die Pforten hinter ihm geschlossen, sperrt die Mutter (die im Titel genannte Schwiegermutter) die Ehefrau und ihre beiden Söhne in ein Verlies. Einige Tage später entwickelt sie einen unwiderstehlichen Hunger auf Menschenfleisch, läßt ihren Koch kommen und instruiert ihn, einen der beiden Jungen zu schlachten und zuzubereiten. »Mit was für einer Brühe?« fragt der Koch. »Mit einer braunen«, ist ihre Antwort. Die verzweifelte Mutter überzeugt den Koch jedoch, ein Schwein anstelle ihres Sohnes zu kochen; desgleichen beim zweiten Mal, als ihre Schwiegermutter von dem Drang, einen Enkel zu verzehren, überwältigt wird. Doch die ältere Frau findet die Gerichte des Kochs so schmackhaft, daß sie anordnet, die Königin selbst für das nächste Mahl zuzubereiten. Zum Glück steht eine Hirschkuh als Ersatz für das potentielle Opfer zur Verfügung. Die Königin kommt allerdings erneut in eine mißliche Lage, als das Schluchzen ihrer beiden Söhne ihre Anwesenheit im Schloß zu verraten droht. Hier bricht die Geschichte ab und läßt uns im Ungewissen über das Schicksal der Königin.[2]

Wir brauchen nicht lange zu suchen, um herauszufinden, wie es der Königin im Kampf mit der Schwiegermutter ergeht. Wenn wir Charles Perraults Version von »Dornröschen« (»Die schlafende Schöne«) lesen, entdecken wir, daß die Geschichte über die böse Schwiegermutter genau da beginnt, wo die meisten neueren Versionen des Märchens enden. Perraults Schwiegermutter (die Mutter des Prinzen, der die Schlafende Schöne mit seinem »zärtlichen Blick« weckt) stammt von »einer Familie von Menschenfressern ab«. Wenn Kinder in ihre Nähe kommen, hat sie »alle Mühe der Welt ..., sich nicht auf sie zu stürzen«. Ihre Ähnlichkeit mit der Grimmschen Schwiegermutter ist unverkennbar. Es mag da einzelne Unterschiede in den Details geben (sie schickt die Frau und die Kinder ihres Sohnes in ein Landhaus im Wald), doch ihr Charakter verändert sich im Grunde nicht. In der Art einer Menschenfresserin, »die Lust auf frisches Fleisch hat«, weist sie den Koch an, die Tochter der Königin in einer »guten Soße« zu servieren (wir befinden uns ja trotz allem in Frankreich). Nachdem sie ihren Appetit auf die Königin und ihre beiden Kinder gestillt hat, streift sie eines Tages im Schloß umher, in der Hoffnung, mehr Menschenfleisch aufzuspüren, hört aber nur ihre Enkelkinder weinen. Voll Wut über die Entdeckung des Betrugs läßt sie einen riesigen Trog mit Vipern, Kröten und Schlangen füllen und will gerade ihre Verwandten und deren Komplizen hineinwerfen, als der König angeritten kommt. Am Ende stürzt sie selbst in den Trog, wo sie sofort von den Reptilien gefressen wird. Der König bedauert zwar ihren Tod (»schließlich war sie ja seine Mutter«), findet aber genügend Trost bei seiner Frau und seinen Kindern.[3]

Auch Perraults Märchen hat literarische Vorfahren. Giambattista Basiles lebhafte neapolitanische Version des Märchens aus dem 17. Jahrhundert in *Das Pentameron* erzählt von einem König, der eine »schlafende Schöne« entdeckt, sie vergewaltigt und anschließend verläßt. Neun Monate später bringt die junge Frau Zwillinge zur Welt. Basiles König ist jedoch bereits verheiratet, und seine Frau kocht vor Wut, als sie von dem Seitensprung ihres Mannes erfährt. Ihre Eifersucht ist so groß, daß sie ihrem Koch befiehlt, die illegitimen Kinder des Königs zu töten und aus ihrem Fleisch ein Ragout zuzubereiten. Wie andere Köche in Märchen von schlafenden Schönen, bringt auch dieser es nicht übers Herz, die Kinder zu schlachten, und tötet stattdessen zwei junge Ziegen für das Ragout, das die Königin dem König vorsetzt.[4]

Es ist verständlich, daß die Brüder Grimm beschlossen, »Die Schwiegermutter« aus ihrer Sammlung zu entfernen. Das Thema dieses Märchens ist eindeutig geschmacklos – was für Wissenschaftler, auf die die erste Auflage der *Kinder- und Hausmärchen* abzielte, geeignet war, war nicht unbedingt für Kinder angemessen, die zur wichtigsten Zuhörerschaft der folgenden Auflagen wurden. Darüber hinaus ist das

Märchen ein Fragment, wie ein kurzer Blick auf »Die schlafende Schöne« von Perrault zeigt, noch dazu ein französisches. »Die Schwiegermutter« ereilte daher dasselbe Schicksal wie »Blaubart«, »Der gestiefelte Kater« und andere Märchen, die ihren französischen literarischen Quellen zu sehr ähnelten.

Es gibt drei Arten von Menschenfressern in den *Kinder- und Hausmärchen*. Die erste Gruppe umfaßt die wilden Tiere und Ungeheuer; dazu gehören Wölfe und Bären, aber auch menschenfressende Riesen, die den Helden auf seinem Weg durch die Welt zu verschlingen drohen. Die zweite Gruppe besteht aus gesellschaftlichen Außenseitern, zu denen Räuber und Wegelagerer gehören, die unschuldigen jungen Frauen auflauern, sie ermorden, ihre Körper zerhacken und aus den Stücken einen Eintopf kochen. Die dritte Gruppe (und diese ist den beiden anderen zahlenmäßig überlegen) besteht aus Frauen: aus verschiedenen Köchinnen, Stiefmüttern, Hexen und Schwiegermüttern, die alle einen unersättlichen Appetit auf menschliche Speisen, manchmal sogar auf das Fleisch und Blut ihrer eigenen Verwandten verspüren. Schneewittchens Stiefmutter, die Hexe in »Hänsel und Gretel« und die Köchin in »Fundevogel« gehören zu dieser Gattung menschenfressender Scheusale.

Wie kommt es, daß diese Figuren eine so herausragende Stellung in einer Sammlung von Kindermärchen einnehmen konnten? Zweifelsohne haben diese Geschichten von allen Märchen der Grimmschen Sammlung am wenigsten eine historische Grundlage, selbst in Anbetracht der Umstände vergangener Epochen oder wilder Bräuche, möchte man meinen. Doch ein weiterer Text aus der ersten Auflage der *Kinder- und Hausmärchen* (der auch nicht in die folgenden Auflagen einging) läßt darauf schließen, daß die Androhung von Kannibalismus in Zeiten von Hungersnöten nicht unbekannt war.[5] Das Märchen »Die Kinder in Hungersnot« der Brüder Grimm ist weder ein Zauber- noch ein Volks-Märchen, sondern die Zusammenfassung einer im 17. Jahrhundert verfaßten Erzählung über eine Mutter, die drohte, ihre Töchter zu töten und zu verzehren, um eine Hungersnot zu überleben. Am Ende verhungern die Mädchen, und die Mutter verschwindet schlicht und einfach. Es ist nicht klar, ob sie plante, ihre Drohung auszuführen; die Erzählung wurde vielleicht auch von der allzu lebendigen Vorstellungskraft des Verfassers ausgeschmückt. Es ist dennoch bezeichnend, daß die Brüder Grimm diese Art von Erzählung für ihre Sammlung auswählten. Es gab für sie eindeutig keine klare Trennlinie zwischen der Fiktion der Märchen und den Gegebenheiten des wirklichen Lebens oder wenigstens den schockierendsten Seiten der Realität.

Die vielen Erscheinungsformen mütterlicher Bosheiten in Märchen verkörpern genau das Gegenteil der positiven Eigenschaften, die mit Müttern assoziiert werden. Anstatt als Ernährer zu fungieren, verweigern diese menschenfressenden weiblichen Bösewichter den Kindern die Nahrung und drohen, sie in ihr eigenes Nahrungsmittel zu verwandeln und sie damit ihren eigenen Körpern, die sie einst geboren haben, wieder einzuverleiben. Wie die jungianische magna mater, treiben sie die grausame Besitzergreifung bis zum äußersten. »Nun sind die Kinder in meinem Leib«, erklärt eine Schwiegermutter triumphierend.[6] Diese Figuren sind sehr darum bemüht, das Vertrauen ihrer Opfer mit großherzigem, mütterlichem Verhalten zu erringen, und enthüllen dann ihr wahres Gesicht als menschenfressende Ungeheuer. Die alte Hexe in »Hänsel und Gretel« beispielsweise benutzt ihr schmackhaftes Haus, um Kinder anzulocken und setzt ihnen dann ein Festessen aus Milch, Pfannkuchen, Zucker, Äpfeln und Nüssen vor. »Die Alte hatte sich nur so freundlich angestellt«, erfahren wir, »sie war aber eine böse Hexe, die den Kindern auflauerte .... Wenn eines in ihre Gewalt kam, so machte sie es tot, kochte es und aß es, und das war ihr ein Festtag.«

Nicht alle weiblichen Bösewichter in Grimms Märchen haben eine Schwäche für Menschenfleisch. Viele sind Meister in der Kunst, sich Zauberformeln auszudenken: Sie sind Hexen und Zauberinnen, die – als mündliche Ausdrucksform – die Äußerung von Flüchen dem Verzehren von Kindern vorziehen. Fast alle Märchenfiguren, nicht nur die weiblichen Bösewichter, sind mit der Gabe gesegnet (oder verflucht), Verwünschungen aussprechen zu können. Als sich beispielsweise ein Märchenvater über das leichtfertige Verhalten seiner Söhne ärgert, und den verhängnisvollen Wunsch äußert, sie mögen sich in Raben verwandeln, findet er sich plötzlich mit Zauberkräften ausgestattet. Kaum ist der Wunsch über seine Lippen gegangen, hört er Flügelschlagen und sieht sieben Raben davonfliegen. Die Varianten des Märchens von den sieben Raben lassen darauf schließen, daß solche voreiligen Flüche, gleichgültig ob sie von Müttern oder Vätern ausgestoßen werden, sofort Wirklichkeit werden. In »Die zwölf Brüder« ist es die Schwester der zwölf Jungen, die schuld an ihrer Verwandlung in Raben ist, obwohl einige Versionen die Stiefmutter der Kinder dafür verantwortlich machen. In einem anderen Märchen über verzauberte Brüder (»Die sechs Schwäne«) verwandelt eine Frau ihre Stiefsöhne in geflügelte Geschöpfe, als sie ihnen sechs Zauberhemden überwirft. Obwohl die Flüche in diesen drei Märchen alle gleich wirkungsvoll sind, gibt es nur in einem den Vorsatz, Böses zu tun. Nur die Stiefmutter macht sich ihre magischen Fähigkeiten zunutze, um ihren sechs Stiefkindern zu schaden. Fast alle Märchenfiguren können übernatürliche Kräfte besitzen, doch bleibt dem erfahrenen Leser dieser Märchen nicht verborgen, daß die meisten Verzauberungen von Stiefmüttern ausgehen.

Stiefmütter gelten in unzähligen Märchen als beständiger Quell des Bösen, und es ist kein Zufall, daß sie in diesen Märchen zu den denkwürdigsten Bösewichtern gehören. Volkskundler kämen sehr unter Druck, wenn sie eine einzige gute Stiefmutter nennen müßten, da in Märchen schon allein die Bezeichnung »Stiefmutter« einer Figur das Etikett der Boshaftigkeit verleiht.[7] Man kann getrost behaupten, daß die Formulierung »böse Stiefmutter«, die sich fast wie eine feststehende Redewendung anhört, ein Pleonasmus ist.

Die überwältigende Mehrheit der Grimmschen Stiefmütter

verfolgt nicht ihre Stiefsöhne, sondern die Stieftöchter, die durchweg die Rolle der unschuldigen Märtyrerinnen und geduldig Leidenden annehmen. Auch wenn die Stiefmütter keine echten Hexen sind, besitzen sie Eigenschaften, durch die sie eindeutig in die Gruppe der Menschenfresserinnen und Scheusale eingeordnet werden können. Als fremde Eindringlinge stören sie die Harmonie zwischen Blutsverwandten. Sie haben zwar nicht immer die Macht, sich in wilde Tiere zu verwandeln, aber sie können das edelste und verführerischste Mädchen zum bescheidensten aller Küchenmädchen machen. Im Gegensatz zu den Zauberinnen, die in den Märchen über verzauberte Jungen im Hintergrund tätig sind, sind sie sichtbare, plastische Gestalten in den Märchen, die das wechselhafte Schicksal von Heldinnen beschreiben, die ihre leibliche Mutter verloren haben und sich Rettung von feurigen jungen Prinzen oder Königen erhoffen.

Leibliche Mütter spielen, wie bereits bemerkt wurde, in Grimms Märchen selten eine wichtige Rolle, nicht zuletzt deswegen, weil Wilhelm Grimm als Zensor kaum der Versuchung widerstehen konnte, die abscheulichen Menschenfresserinnen und Zauberinnen dieser Märchen in Stiefmütter, Köchinnen, Hexen oder Schwiegermütter zu verwandeln.[8] Als die Zuhörerschaft der Märchen sich veränderte, wurde die Notwendigkeit immer größer, die Verantwortung für die Bosheiten von der Mutter auf eine Stiefmutter zu verlagern. Doch diese Vorgehensweise konnte auch eine gegenteilige Wirkung haben. Im Vorwort zu seinem 1856 erschienen *Neuen Deutschen Märchenbuch* betont Ludwig Bechstein, daß er von der Vorgehensweise Wilhelm Grimms und anderer abweiche.

> Nichts lesen Kinder lieber als Märchen, und unter den vielen tausend Kindern, in deren Hände alljährlich Märchenbücher gelangen, sind gewiß sehr viele sogenannte Stiefkinder. Fühlt nun ein solches Kind, nachdem es eine Menge Märchen gelesen hat, darin böse Stiefmütter auftreten (die Stiefmütter der Märchen sind durchgängig alle böse), sich irgend von der eigenen Stiefmut-

ter – einerlei ob verdienter oder unverdienter Weise – verletzt und gekränkt, so setzt sich in der jungen Seele durch Vergleiche die Abneigung gegen seine Pflegerin fest, und diese Abneigung kann so mächtig wachsen, daß sie den Frieden und das Glück der Familie trübt, und die Herzen lebenslänglich einander entfremdet.[9]

Gleichgültig ob eine Figur nun als Stiefmutter oder als Hexe bezeichnet wird, so übt sie doch in Märchen eine einzige, genau festgelegte Funktion aus – nämlich eine, die auf den Bereich der Schurkerei beschränkt ist und alle wahrnehmbaren Bosheiten, die mit Müttern verbunden werden können, verstärkt und verzerrt. Böse Stiefmütter und Köchinnen kommen in das Haus der Märchenheldinnen; Hexen, die sich als großherzige Mütter maskieren, sind im Wald fast allgegenwärtig; und böse Schwiegermütter machen sich in Schlössern, die zum zweiten Heim der Märchenheldinnen wurden, unangenehm bemerkbar. Daß diese Figuren nicht nur eine gemeinsame Funktion, sondern auch eine einzige Identität haben, wird bei der näheren Betrachtung der Märchen, in denen sie unschuldige kleine Kinder in Gefahr bringen, deutlich.

Wir wollen damit beginnen, die Stiefmütter und Köchinnen genauer zu betrachten. Schneewittchens Stiefmutter ist vielleicht die niederträchtigste von allen. Aber ist sie tatsächlich eine Stiefmutter? In der ersten Auflage der *Kinder- und Hausmärchen* stirbt Schneewittchens Mutter nicht; ihre Eitelkeit und ihr Stolz machen sie zu einer Menschenfresserin, die befiehlt, ihre Tochter zu töten; dann verzehrt sie, was sie für die Lunge und Leber des Mädchens hält. Erst in der zweiten Auflage der Grimmschen Sammlung stirbt die leibliche Mutter und wird durch eine böse Stiefmutter ersetzt. Das Märchen »Frau Holle« wurde einer ähnlichen Wandlung unterzogen. Die erste Version zeigt eine Witwe mit zwei leiblichen Töchtern, während die zweite Version das Schicksal einer Witwe beschreibt, die eine bevorzugte, leibliche Tochter und eine mißhandelte Stieftochter hat.

Welch bessere Möglichkeit gibt es, um die Mißhandlung von Kindern durch die Mutter zu beschreiben und gleichzeitig die Unantastbarkeit der Mutter zu bewahren, als die böse Mutter in einen fremden Eindringling zu verwandlen, dessen Ziel es ist, die Harmonie des Familienlebens zu stören? Dasselbe gilt für die bösen Köchinnen in den *Kinder- und Hausmärchen*, die häufig Stellvertreterinnen der Stiefmütter sind. In »Fundevogel« plant eine Köchin den adoptierten Findling des Hauses in ein Faß voll kochendem Wasser zu werfen – wahrscheinlich soll er der Hauptgang des Abendessens werden. Fast alle anderen Versionen dieses Märchentyps setzen eine Stiefmutter an die Stelle der alten Köchin. Man denke bloß an »Von dem Machandelboom«, in dem eine Stiefmutter ihren Stiefsohn köpft. (Nebenbei sollte bemerkt werden, daß fast jede Variante des berühmten Refrains »Mein Mutter, der mich schlacht,/ mein Vater, der mich aß« der Mutter, und nicht der Stiefmutter den Mord anlastet, obwohl die eigentliche treibende Kraft in der Geschichte gewöhnlich eine Stiefmutter ist.)[10] Hier ist die folkloristische Einbildungskraft – nicht nur die der Brüder Grimm – für die Ersetzung der Mutter durch eine Stiefmutter verantwortlich. Vielleicht verkörpert die editorische Vorgehensweise Wilhelm Grimms in einem gewissen Grad nur eine allgemeine Tendenz, die Märchen für Kinder brauchbar zu machen. Bei der Untersuchung der Grimmschen Märchensammlung wird deutlich, daß sowohl Stiefmütter als auch Köchinnen fast immer ein schlecht maskierter Ersatz für leibliche Mütter sind.

Hexen und Schwiegermütter in Märchen weisen dieselben bösen Regungen und Fähigkeiten wie Köchinnen und Stiefmütter auf, das heißt sie üben eindeutig dieselbe Funktion aus. Die Heldinnen, die aus dem Wald kommen, um glücklich bis an ihr Lebensende mit den Königen, die sie dort entdeckten, zu leben, finden ihren häuslichen Segen oft durch eine Rivalin gestört. In »Die zwölf Brüder« wird diese Figur erst als Schwiegermutter, dann als Stiefmutter der Heldin bezeichnet.[11] In Märchen sind diese beiden Figuren

eindeutig austauschbar. In »Brüderchen und Schwesterchen« wird uns eine Hexe gezeigt, die sich als Stiefmutter ausgibt, damit sie sich in das Haus einschleichen kann. Sie setzt die Kinder jeden Tag neuen Mißhandlungen aus; im Wald tyrannisiert sie sie weiter, indem sie die Brunnen verzaubert. Wahrscheinlich ist es kein Zufall, daß in »Hänsel und Gretel« die beiden Geschwister nach Hause kommen und das Verschwinden ihrer Mutter feststellen, nachdem sie die böse Hexe im Wald besiegt haben.[12] Es wird schnell deutlich, daß die Stiefmutter, die böse Köchin und die Schwiegermutter verschiedene Namen für ein und dieselbe Schurkin sind, deren Ziel es ist, die Heldin von Heim und Herd zu verbannen und ihren Aufstieg von bescheidenen Verhältnissen in eine vornehme Stellung zu verhindern. Was zunächst wie die Verschwörung böser Weiber und Hexen aussieht, entpuppt sich bei genauerer Betrachtung als Werk einer einzigen Gegenspielerin.
In gewisser Hinsicht haben die Schurkinnen in Märchen eine doppelte Identität. Als Stiefmütter, böse Dienerinnen und feindlich gesinnte Schwiegermütter bleiben sie fest in der Welt des Familienlebens verankert und gehören zu den Tatsachen des wirklichen Lebens. Die Konflikte und Spannungen zwischen ihnen und den Protagonistinnen spiegeln nichts als die Realität des menschlichen Lebens wider. Diese Schurkinnen – ob sie nun die Rolle einer Köchin, Stiefmutter, Hexe oder Schwiegermutter spielen – wurden wiederholt als folkloristische Projektionen der »schlechten Mutter« bezeichnet. Bruno Bettelheim, Marthe Robert und andere psychoanalytisch ausgerichtete Wissenschaftler haben das Geschick bewundert, mit dem diese Geschichten das Mutterbild in zwei Bestandteile zerlegen: die gute (und gewöhnlich abwesende) Mutter und die böse Stiefmutter. »Die Phantasie von der bösen Stiefmutter läßt nicht nur das Bild von der guten Mutter unangetastet, sondern verhindert auch Schuldgefühle wegen zorniger Gedanken und Wünsche«, stellt Bettelheim fest.[13] Aber besonders bemerkenswert ist bei Märchen das Ausmaß, in dem sie mütterliche Bosheiten

steigern. Die fremden Störenfriede, die ihren Weg in die Heime finden und versuchen, die Heldin von ihrem Vater oder Ehemann zu trennen, sind in den schrecklichsten Farben gezeichnet. Als furchterregende Menschenfresserinnen und böse Zauberinnen nehmen sie fast mythische Dimensionen an.

Die Schurkinnen der Märchen operieren in drei unterschiedlichen Handlungsräumen, die in chronologischer Folge erscheinen. Die Umrisse der Einleitungssituation sind vorhersehbar. Das Kind oder die Kinder, deren leibliche Mutter gestorben ist, werden die Opfer einer grausamen, Ränke schmiedenden Stiefmutter. Ein Märchenbruder vertraut seiner Schwester an: »Seit die Mutter tot ist, haben wir keine gute Stunde mehr; die Stiefmutter schlägt uns alle Tage, und wenn wir kommen, stößt sie uns mit den Füßen fort. Die harten Brotkrusten, die übrig bleiben, sind unsere Speise, und dem Hündlein unter dem Tisch geht's besser.« Kein Wunder, daß diese mißhandelten Kinder aus der beklemmenden Atmosphäre zu Hause fliehen wollen, selbst wenn sie sich damit den Gefahren »der weiten Welt« aussetzen. Diejenigen, die es verpassen, freiwillig fortzugehen, werden, wie Hänsel und Gretel, von zu Hause dank der unermüdlichen Nörgeleien der Stiefmutter verbannt. Aber selbst die, die geduldig die Gemeinheiten zu Hause über sich ergehen lassen, müssen feststellen, daß sie aus der Familie ausgeschlossen werden und wie Küchendiener leben müssen. Ob sie sich nun zu Hause oder im Wald befinden, die einst konkurrenzlosen Prinzen und Prinzessinnen werden entthront und müssen eine ärmliche Existenz in der Verbannung fristen. Ganz gleich, ob sie einfacher oder königlicher Herkunft sind oder bloß majestätisch durch ihre Stellung als Kinder, die heranwachsenden Protagonisten der Märchen müssen zusehen, wie ihre legitimen Rechte außer Kraft gesetzt und ihre Stellungen von jenen penetranten Thronanwärtern übernommen werden, die man in Märchen als ältere Brüder oder Stiefschwestern kennt.[14]

Wenn das Heim die erste Station in den Leiden des Helden

bedeutet, steht die verzauberte Welt im Wald für die zweite Serie von Anfechtungen. Doch hier muß der Held sich nicht mehr gegenüber einem mächtigen menschlichen Gegner behaupten; stattdessen findet er sich in einen Kampf gegen einen übermenschlichen Widersacher mit übernatürlichen Kräften verstrickt. Die boshafte Stiefmutter tritt im Wald als Ungeheuer wieder auf und besitzt Mächte, die viel fürchterlicher sind als jene, die sie zu Hause ausübte. Wenn es ihr gelang, ihre Stiefkinder zu entthronen und aus dem Haus zu verbannen, indem sie entweder die Kinder oder den Gatten unablässig gequält und eingeschüchtert hat, erscheint sie nun im Wald vor allem als Meisterin in der Verwandlung von Menschen in Tiere. Ihre Macht, Kinder in wilde Tiere zu verzaubern, demonstriert sie im allgemeinen an den Stiefsöhnen; die Aufgabe, den Zauber zu brechen, fällt anschließend der Stieftochter zu. Es ist wahrscheinlicher, daß Brüderchen in einen Hirschen verwandelt wird, wenn er aus einer Quelle trinkt, die von seiner Stiefmutter verzaubert wurde; Hänsel, nicht Gretel, wird wie ein Tier in einen Käfig gesperrt und für das Festessen gemästet; die sechs Schwäne im gleichnamigen Märchen sind alle männlich; und von den dreizehn Kindern in »Die zwölf Brüder« werden nur die Jungen in Raben verwandelt, die davonfliegen. In diesem Zusammenhang sollte bemerkt werden, daß es relativ wenige weibliche Entsprechungen zu den vielen verzauberten männlichen Wesen in dem Zyklus von Geschichten gibt, die als Tierbräutigam-Märchen bekannt sind. Heldinnen sind zwar nicht gegen Zaubersprüche der Hexen oder Feen gefeit, doch bleiben sie, wie Schneewittchen und Dornröschen, für immer menschlich und schön, selbst in ihrem schlafenden, verzauberten Zustand.

Daß Brüder und zukünftige Gatten von älteren Frauen in Tiere verwandelt werden, kann als bezeichnender Kommentar zur Haltung der Frauen gegenüber der männlichen Sexualität gelesen werden, so wie die Wahl eines scheintoten Schneewittchens oder eines Dornröschens als die reinste und begehrenswerteste von allen einen ernüchternden Ein-

blick in folkloristische Vorstellungen von der idealen Braut bieten kann.[15]
Während die Flüche, die von Stiefmüttern ausgestoßen werden, fast sofort wirken, ist der Prozeß der Erlösung von dem Zauber lange und mühsam. In Märchen über verwandelte Männer werden die Schwestern oder zukünftigen Ehefrauen des verzauberten Helden mit der Aufgabe der Entzauberung betraut. Die Umstände dieser Aufgaben sind jedoch, wie viele Ratgeber diese Heldinnen warnen, so hart, daß sie fast unmöglich zu erfüllen sind. Nur Gretel, die einen klaren Kopf behält, gelingt die Befreiung ihres Bruders innerhalb eines angemessenen Zeitraums. Die Schwester der sechs Schwäne braucht wesentlich länger und verbringt einige Jahre damit, auf einem Ast zu sitzen und Hemden zu nähen. Sie befreit ihre Brüder von dem Fluch der Stiefmutter erst nach sechs Jahren. In Anbetracht der Dauer der Verhexung der Brüder überrascht es kaum, daß die Märchenheldin älter wird und bereits geheiratet und eine eigene Familie gegründet hat, als die vorgeschriebene Zeit ihrer Prüfung abläuft.
Während die Brüder in den Wäldern geduldig auf die Befreiung aus ihrem verzauberten Zustand warten, haben die Märchenheldinnen sich bereits in den dritten Handlungsraum begeben. Wenn sie gerettet oder sogar häufiger noch von der Jagdgesellschaft eines Königs entführt wurden, werden sie anschließend in ein Schloß gezaubert und irgendwann mit dem Landesherrscher vermählt. Doch viele dieser Heldinnen, die an das Gelübde des Schweigens oder des Ernstes gebunden sind, können nicht glücklich sein, solange ihre Brüder verzaubert sind. Darüber hinaus werden sie selbst noch einmal in dem Schloß, das zu ihrem zweiten Heim wurde, das Opfer einer intrigierenden Frau, sei es nun der hinterhältigen Schwiegermutter oder der feindlich gesinnten Stiefmutter, die von der Krönung ihrer Stieftochter erfahren hat. Da die jungen Königinnen regelmäßig selbst Mütter werden, bedeuten die mörderischen Pläne ihrer Stiefmütter eine zusätzliche Gefahr. Die Kinder des jungen

Königspaares scheinen prädestiniert dafür, das Schicksal ihrer Mütter teilen zu müssen und das Märchen noch einmal zu durchleben, dessen Handlung mit dem Tod der leiblichen Mutter endet. Sobald es der Stiefmutter gelingt, ihre Stieftochter zu töten (wie in »Brüderchen und Schwesterchen«) oder töten zu lassen (wie in »Die zwölf Brüder« und »Die sechs Schwäne«), arrangiert sie die Heirat ihrer eigenen leiblichen Tochter mit dem verwitweten König und schafft damit genau dieselben Umstände, die am Beginn des Märchens standen. Die neue Königsfamilie, analog der in den Einleitungsabschnitten der Märchen beschriebenen Familie, bestünde dann aus einem Vater, einer Stiefmutter und einem oder mehreren Kindern aus der ersten Ehe des Vaters. Es ist nur eine Frage der Zeit, bis das einzige fehlende Element, die Kinder der zweiten Verbindung, auf der Bildfläche erscheinen und helfen, das Schauspiel wieder aufzuführen, das schon im ersten Teil des Märchens inszeniert wurde.[16]

Bevor man für immer in Glückseligkeit leben kann, muß dieser Teufelskreis von Vorfällen durchbrochen werden. Um die Gefahr der endlosen Wiederholung der Handlung zu vermeiden, muß die Stiefmutter mit ihrem unheilvollen Nachwuchs verschwinden. Solange sie nicht besiegt und aus dem Weg geräumt ist, ist es unmöglich, den Zauber zu brechen, der die Stiefkinder in Märchen quält und droht, eine Generation ihres Nachwuchses nach der anderen zu verdammen. Der Prozeß der Entzauberung wird abgeschlossen, sobald eine Märchenheldin die Auswirkungen der Boshaftigkeit ihrer Stiefmutter verhindern kann, indem sie entweder die ihr gestellten Aufgaben löst oder von den Toten aufersteht, um das Unrecht, das ihr zugefügt wurde, anderen mitzuteilen. Zur besonderen Betonung des definitiven Endes der Schreckensherrschaft der Stiefmutter beschreibt das Märchen ihren Tod auf anschauliche und schreckliche Art und Weise. Ertrunken, zu Asche verbrannt, von wilden Tieren in Stücke gerissen oder in ein Gefäß mit kochendem Öl und Giftschlangen gestellt, sterben ihr Körper und ihr

Geist; sie bedeutet für die junge Königsfamilie keine Bedrohung mehr. Und sobald die leibliche Mutter dieser Familie herrscht, können der König und auch seine Kinder für immer in Glückseligkeit leben.
In Märchen, die mit der Hochzeit eines Königspaares enden, sind Stiefmütter immer wieder in das Böse verwickelt, das ihren Stiefkindern zustößt; sie versuchen immer wieder, deren Aufstieg in eine höhere gesellschaftliche Stellung zu verhindern. Diese herzlosen Wesen stehen in scharfem Kontrast zu ihren relativ harmlosen Ehegatten, deren einziger schwerwiegender Fehler der Mangel an Scharfsinn bei der Wahl der Ehepartnerin zu sein scheint. Sogar dieser Fehler kommt in einigen Märchen, die von bösen Stiefmüttern handeln, nicht vor: Gelegentlich ist es die Heldin, die, von einem freundlich aufgesetzten Gesicht einer Frau getäuscht, nichtsahnend ihren Vater überzeugt, sich wieder zu verheiraten. Die Väter von Märchenheldinnen mögen zwar sehr passiv sein, doch es gereicht ihnen in jedem Fall zur Ehre, daß sie selten eine führende Rolle übernehmen, wenn es darum geht, die Kinder auszusetzen oder wie Diener zu behandeln. Es ist die Mutter von Hänsel und Gretel, die den Plan ausheckt, die Kinder im Wald allein zu lassen; erst nachdem sie lange auf den Vater eingeredet hat, willigt er in ihre Pläne ein. Aschenputtels Vater hat nie vor, seine Tochter zu erniedrigen, obwohl seine Frau und seine Stieftöchter Experten auf diesem Gebiet sind. Und der Vater von Schneewittchen (der, um die Anwesenheit der Stiefmutter zu begründen, von den Brüdern Grimm nur im Zusammenhang seiner Wiederverheiratung erwähnt wird) mischt sich kein einziges Mal in den durchdachten, bösen Plan ein, den seine Frau ausheckt, um die »schönste von allen« zu bleiben. Obwohl die Väter dieser Märchenfiguren äußerst passiv oder vollkommen unaufmerksam in bezug auf das Wohl ihrer Kinder sind, bleiben sie vor allem deshalb wohlwollend, weil gutmütige Nachlässigkeit ein attraktiver Gegensatz zu den scheußlichen Taten ihrer Ehefrauen ist.[17]
In der Grimmschen Sammlung gibt es ein bemerkenswertes

Beispiel für einen Vater, dessen Perversität mit der Boshaftigkeit konkurriert, die die weiblichen Pendants zur Schau stellen. Stiefmütter mögen sündigen, indem sie ihren Stiefkindern Liebe und Zuneigung verweigern, aber dieser Vater vergeht sich in der übertriebenen Liebe und Hingabe, die er für seine leibliche Tochter verspürt. Der Vater der jungen Allerleirauh verspricht im gleichnamigen Märchen seiner Frau auf dem Totenbett, nur dann wieder zu heiraten, wenn die Schönheit seiner Braut der ihren gleichkäme. Als die Gesandten des Königs von einer weltweiten Suche nach einer zweiten Frau zurückkommen, um zu verkünden, daß sie in ihrer Aufgabe gescheitert seien, fällt der Blick des Königs auf seine Tochter, und er entbrennt in heftiger Liebe zu ihr. Die Räte des Königs mögen zwar über den Vorschlag des Königs verblüfft sein, seine eigene Tochter zu heiraten, aber sie sind nicht annähernd so schockiert und entrüstet wie Allerleirauh selbst, die nach einer Reihe von Verzögerungstaktiken schließlich aus dem Schloß flieht, um den Annäherungsversuchen ihres Vaters zu entkommen.
Oberflächlich betrachtet sieht es so aus, als gehörten die Geschichten über böse Stiefmütter zu einem anderen Märchentyp als die über Väter, die von inzestuösem Begehren getrieben werden. Tatsächlich laufen diese beiden Geschichten auf zwei verschiedenen Ebenen: die ungenügende Liebe der Stiefmutter und die übertriebene Liebe des Vaters für ein Kind scheinen unvereinbar. Doch was das Volk auf alle Fälle getrennt halten wollte, versuchten Volkskundler zu verbinden. Antti Aarnes maßgebliches Register von Märchentypen beispielsweise ordnet zwei in diesem Sinne exemplarische Handlungen unter ein und derselben Nummer ein (*Cinderella* ist 510A; *The Dress of Gold, of Silver, and of Stars,* wovon »Allerleirauh« eine Variante ist, 510B). Sicher hat Aarne intuitiv eine Verwandtschaft zwischen diesen beiden Märchentypen gesehen, obwohl er nie erklärt hat, was die beiden verbindet. Ein anderer Volkskundler fand heraus, daß zwei unterschiedliche Motive mit dem tragischen Verlust der Extremitäten der Heldin in »Das Mädchen ohne Hände«

verbunden werden. Das eine bezieht sich auf die Eifersucht einer der nachfolgend aufgeführten Figuren: der leiblichen Mutter, der Stiefmutter, der Schwiegermutter oder der Schwägerin; das andere betrifft die Liebe eines Vaters zu seiner Tochter oder (wie es in der Version der *Kinder- und Hausmärchen* der Fall ist) das Schmieden eines Paktes mit dem Teufel durch den Vater.[18]

In deutschen Märchen, die die Belästigung eines Mädchens durch seine Stiefmutter beschreiben, konzentriert sich die Erzählung auf die unerträgliche Familiensituation, die sich durch die Wiederverheiratung des Vaters ergeben hat. Während jedoch die Verantwortung des Vaters, der durch die Wahl einer schrecklichen Ehepartnerin die Schwierigkeiten erst herbeiführt, in den Hintergrund tritt oder als Motiv vollständig unterdrückt oder aber der Vater als Figur eliminiert wird, treten die abscheulichen Taten seiner Frau in den Vordergrund. Ihre widerwärtigen Eigenschaften und sadistischen Handlungen werden peinlich genau beschrieben. Wir erfahren, wie sie ihre Stieftochter in einen Fluß wirft, einen Jäger anweist, sie zu töten und ihre Leber und Lunge für das Essen zu retten, unabsichtlich ihre eigene Tochter köpft oder, wie es in »Die wahre Braut« formuliert wird, der Stieftochter »das Leben recht sauer« macht.

Auf der anderen Seite treten Mütter und Stieftöchter in den Märchen, die die inzestuöse Annäherung eines Vater an seine Tochter beschreiben, in den Hintergrund. Doch der Umstand, daß ein Vater seine Tochter im zweiten Märchentyp begehrt, liefert ein bedeutendes Motiv für die Eifersucht und die unnatürlichen Handlungen einer Stiefmutter im ersten Märchentyp. Die beiden Handlungen verschmelzen dabei vollständig und bringen eine Intrige hervor, die sich mit den ödipalen Phantasien junger Mädchen nahezu deckt. So können Märchen die Ödipustragödie selbst dann inszenieren, wenn sie sie durch die Eliminierung einer ihrer beiden wesentlichen Komponenten verbergen.

Wenn wir die noch vorhandenen Versionen der beiden Märchentypen untersuchen, zeigt sich, daß Andeutungen der Leidenschaft des Vaters für die Tochter im allgemeinen diskret auf ein Minimum beschränkt werden, während die bösen Taten der Stiefmutter durchgängig ausführlich geschildert werden. Ein Vergleich von Perraults »Eselshaut« (dem französischen Gegenstück von »Allerleirauh«) mit seiner Version von »Aschenputtel« liefert einen typischen Gegensatz. In »Eselshaut« wird die ungezügelte Leidenschaft des Vaters für seine Tochter einfach als vorübergehender Irrtum des Königs erklärt, der durch die maßlose Trauer über den Verlust seiner Frau verursacht wird. Der König ist so durcheinander, daß er sich vorstellt, er sei ein junger Mann, und davon ausgeht, daß seine Tochter das Mädchen sei, in das er »einstmals so verliebt ... gewesen war«.[19] Perrault hat es sichtlich schwer, Entschuldigungen für die Annäherungsversuche des Königs gegenüber seiner Tochter zu finden. Im Gegensatz dazu nutzt er in »Aschenputtel« seinen Wortschatz aus, um alle möglichen negativen Begriffe (»hochmütig«, »stolz«, »böse« usw.) zu versammeln, mit denen er Aschenputtels Stiefmutter beschreiben kann. Selbst wenn sie die grundlegenden Regeln der Moral und des Anstands verletzen, bleiben die Väter vortreffliche Figuren, die selten böse Taten planen. Die Stiefmütter indessen sind unverbesserliche, von Natur aus böse Scheusale.

Es mag schon stimmen, wie Bettelheim behauptet, daß in Märchen, die Ödipuskomplexe beschreiben, die Mutterfigur zweigeteilt wird: in eine Mutter, die zu ihrem Kind hält und eine andere (Stief-)Mutter, die den Versuchen der Tochter, sich die Liebe des Vaters zu bewahren, im Wege steht. Die meisten Märchen, die das Schicksal von Heldinnen beschreiben, die von Stiefmüttern verfolgt werden, führen wohlwollende weibliche Figuren in der Gestalt weiser Frauen vor oder aber stellen, falls diese fehlen, die unvergängliche Liebe einer verstorbenen Mutter zu ihrem Kind dar, indem die Mutter Natur der Heldin zu Hilfe eilt. Aschenputtel, die Gänsemagd, Allerleirauh und ein Heer anderer unterdrückter Protagonistinnen profitieren von der Großzügigkeit der Natur entweder in der Gestalt von tierischen Helfern oder in in der Form von Zufluchtsorten, die sie in hohlen Bäumen und im Wald finden.[20] Während die gute Mutter jedoch im allgemeinen inkognito als Taube, Kuh oder Baum (und dann nur sehr kurzfristig) erscheint, wird die böse Stiefmutter im Märchen zur übermächtigen Existenz. Sie ist die Verkörperung der Mutterschaft; es ist diese Figur des offenkundigen Bösen, die am unverhülltesten mit der Frau als Mutter assoziiert wird.

So wie die Grimmschen Märchen dazu neigen, alle Arten von ausdrücklicher Verfolgung durch eifersüchtige Stiefmütter (deren wahre Identität nur leicht mit dem Präfix *Stief-* verhüllt ist) zu erlauben, tendieren sie auch dazu, die direkte Beschreibung der Verfolgung durch Väter und amouröser Verwicklungen mit ihnen zu vermeiden. Einige Heldinnen bestehen darauf, zu ihrem Vater nach Hause zurückzukehren und ihren neuerworbenen Reichtum mit ihm – und zwar ausschließlich mit ihm – zu teilen. In einer Version von »Schneewittchen«, die von den Brüdern Grimm aufgezeichnet wurde, ist es der Vater und nicht der Prinz, der den Sarg seiner Tochter auf seinem Weg durch die Wälder entdeckt und der medizinische Hilfe herbeiholt, um sie wiederzubeleben. Aber im großen und ganzen gehen Väter in Grimms Märchen entweder von zu Hause fort oder sie sind so passiv, daß sie überflüssig sind. Wir haben schon gesehen, wie weit Wilhelm Grimm zu gehen bereit war, um inzestuöse Wünsche in »Das Mädchen ohne Hände« zu vertuschen. Nur in »Allerleirauh« ist es einem Vater vergönnt, als die aktive Ursache des Bösen zu stehen, mit der Folge, daß das Thema des Inzests angeschnitten und an seine Grenze getrieben wird. Selbst die zurückhaltendsten Interpreten von »Allerleirauh« denken über die Möglichkeit nach, daß die Heldin am Ende genau den König heiratet, der sie in die Verbannung geschickt hat. Die Brüder Grimm haben zwar versucht, die Heirat in mehrdeutigen Formulierungen zu beschreiben (»um nicht anstößig zu wirken«, insistiert ein Wissenschaftler), aber die Möglichkeit dieser Heirat kann nicht vollständig ausgeschlossen werden. Dieser Wissenschaftler versäumt auf etwas hinzuweisen, das vielleicht das Bemerkenswerteste an »Allerleirauh« ist. In seiner Originalversion stellt das Märchen das Problem der inzestuösen Wünsche auf eine vollkommen nüchterne Art und Weise dar und verweist gleichzeitig auf eine Lösung dieses Problems.[21] Es scheint manchmal, als ob die Erzähler dieser Märchen, oder diejenigen, die die Märchen schriftlich fixierten, dazu neigten, alle expliziten Verweise auf die Ursache für die Rivalität, die Mütter und Töchter in Kindheitsphantasien entzweit, zu entfernen. Wie Volkskundler uns erinnern, wird die Zensur des Materials einer mündlichen Tradition im allgemeinen von der Zuhörerschaft ausgeübt, die die weitere Tradierung bestimmter Handlungen bestimmt, indem sie ihre Zustimmung ausdrückt oder sie schlicht und einfach zum Wiedererzählen aussucht.[22] Dasselbe scheint für geschriebene Märchen zu gelten, wenngleich vielleicht weniger kontinuierlich. In unserer Kultur finden wir in den Auswahlprozessen eine eindeutige Vorliebe für Märchen, die den Weg eines Helden von Armut zu Reichtum beschreiben und von einer mächtigen, bösen, älteren Frau erzählen. »Aschenputtel«, »Schneewittchen« und »Die schlafende Schöne« sind die Märchen von Perrault und den Brüdern Grimm, die sogar in fremden Ländern Zuhörer fanden, während Geschichten wie »Allerleirauh« und »Eselshaut« fast unbekannt sind.[23] Von den beiden Komponenten, die weibliche ödipale Handlungsmuster bestimmen – die Vorstellung eines verliebten Vaters und das Motiv der Rivalität zur Mutter – wurde nur die letztere ein herausragendes, fast unverhülltes Thema in den Volksmärchen, die die Heirat von Protagonistinnen beschreiben. Während (Stief-)Mütter gewöhnlich als böse Frauen zu Hause und als Hexen im Wald verteufelt werden, neigen Väter dazu, als Väter in den Hintergrund zu treten oder ganz abwesend zu sein.

Es ist wichtig, sich zu vergegenwärtigen, daß der passive oder abwesende Vater in Märchen nicht immer die Regel war. Wie Marian Cox' Untersuchung von 345 Varianten von »Aschenputtel« aus dem 19. Jahrhundert verdeutlicht, führen mindestens zwei weitverbreitete, dominante Versionen dieses Märchens die Erniedrigung der Heldin entweder auf einen, wie Cox in der typischen viktorianischen Sprache sagt, »unnatürlichen Vater« zurück, oder auf einen Vater, der versucht, seiner Tochter ein Liebesbekenntnis zu entlocken. Von den 226 Märchen, die eindeutig zu einer der drei Kategorien gehören, die Cox als (1) mißhandelte Heldin (Täter sind die Mütter, Stiefmütter und ihr Nachwuchs) (2) unnatürlicher Vater und (3) König-Lear-Urteil bezeichnete, gehören 130 zur ersten Gruppe, 77 zur zweiten und 19 zur dritten. Daher übertreffen in den Märchen, die Cox untersucht hat, die Versionen, die eine (Stief-)Mutter in der Rolle des Bösewichts darstellen, zahlenmäßig nur leicht diejenigen, die Aschenputtels Unglück auf einen zudringlichen Vater zurückführen. Für Aschenputtel und ihre folkloristischen Schwestern liegt es daher fast genauso nahe, entweder aufgrund der perversen erotischen Zuneigung ihrer Väter oder des Insistierens auf eine verbale Liebeserklärung von zu Hause zu fliehen oder von einer bösartigen Stiefmutter an den Herd verbannt und zu einer Dienerin degradiert zu werden.[24]

Obwohl Volkskundler zu Recht darauf verwiesen haben, daß es unmöglich ist, das *Urmärchen* zu rekonstruieren (wenn es ein solches überhaupt je gab), von dem die zahlreichen, in der ganzen Welt von China bis Nordamerika verbreiteten Versionen von »Aschenputtel« ausgingen, ist es wichtig zu betonen, daß ein grundlegender Märchentyp mit zwei Komponenten versehen ist, die in der heutigen Forschung als konkurrierend und sich gegenseitig ausschließend betrachtet werden. Die eifersüchtige Mutter und der verliebte Vater sind, wie die klare Unterteilung von Cox deutlich macht, in einem Märchen selten gleichzeitig vorhanden. Im Grimmschen »Aschenputtel« tritt der Vater nur ganz kurz auf, um seiner Tochter einen Ast zu geben, der sich, kaum eingepflanzt, in einen Baum verwandelt und Aschenputtel mit einer königlichen Robe für den Ball ausstattet. Von einem Mittäter bei Aschenputtels Erniedrigung hat er sich ohne seine Absicht, wenngleich wohlwollend, in einen Helfer bei den Prüfungen, die sie erwarten, verwandelt. Im Gegensatz dazu stirbt in »Allerleirauh« die einzige Mutterfigur des Märchens in den Einleitungsabschnitten.

In Märchen, die die Grausamkeit der Mutter betonen, ist die Rolle des leiblichen Vaters nebensächlich. In der Tat erscheint der Vater in einer Reihe von Geschichten, die dem »Von Armut zu Reichtum«-Muster entsprechen, das wir in »Aschenputtel« finden, überhaupt nicht. »Schneewittchen« ist ein besonders gutes Beispiel für ein solches Märchen, obwohl sogar diese zurückhaltendste und argloseste aller Märchenheldinnen in einigen Versionen der Geschichte väterlichen Annäherungsversuchen ausgesetzt ist; in anderen Versionen wird sogar die offensichtliche Freude des Vaters an ihrer Schönheit als Ursache der ehelichen Unstimmigkeiten beschrieben.[25] In der Grimmschen Version des Märchens, in der der Vater nur einmal erwähnt wird, und da nur, um seine Heirat anzukündigen, haben scharfsinnige Beobachter dennoch Andeutungen der ursprünglichen Funktion des Vaters erkannt: »Zweifelsohne ist die Stimme des Spiegels die seinige, die patriarchalische Stimme des Urteils, das die Selbsteinschätzung der Königin – und jeder anderen Frau – beherrscht.«[26] Sobald die körperlose Stimme des Spiegels als die des Gatten der bösen Ehefrau erkannt ist, wird deutlich, daß der Kampf zwischen Schneewittchen und ihrer Mutter durchaus in den psychologischen Begriffen der Eifersucht auf die Liebe und Bewunderung eines abwesenden Ehegatten und Vaters begründet werden könnte.

Die Stimme im Spiegel ist nicht das einzige Mittel, durch das sich der Vater in dem Märchen bemerkbar macht. In seiner Untersuchung von siebenundfünfzig Varianten von »Schneewittchen« bemerkt Ernst Böklen (mit offensichtlichem Entsetzen), daß einige Versionen des Märchens offen den Vater als Mittäter der Intrigen seiner Frau beschreiben.[27] Es ist der Vater, der, in dem Versuch, seine streitsüchtige Gattin zu beschwichtigen, Schneewittchen in den Wald führt und sie dort zurückläßt. Böklens Untersuchung dieser

Varianten verleiht der Ansicht Bettelheims zusätzliches Gewicht, daß in Grimms Märchen der Jäger, der Schneewittchens Leben rettet, sie jedoch im Wald zurückläßt, eine verkleidete Vaterfigur verkörpern könne. Hin und her gerissen zwischen der Loyalität zu seiner Frau und der Zuneigung für seine Tochter, »versucht [er], sowohl die Mutter zu beschwichtigen, indem er ihren Befehl scheinbar ausführt, als auch dem Mädchen gerecht zu werden, indem er es nicht direkt umbringt«.[28] Kurzum: Trotz der vollständigen Aussparung der ausdrücklichen Verweise auf die Figur, um deren Zuneigung Mutter und Tochter in diesem Märchen wetteifern, bestimmt die Logik des zugrundeliegenden ödipalen Handlungsmusters die Erscheinung der männlichen Figuren, die zwischen ihrer Treuepflicht zur Mutter und zur Tochter gespalten sind.

Hier muß ein Wort der Warnung ausgesprochen werden. Bei »Schneewittchen« haben wir gesehen, wie leicht es ist, hinter jeder Stimme und jedem Körper eines Mannes eine Vaterfigur zu vermuten. Für einige Wissenschaftler ist der Vater in den Spiegel geschlüpft, für andere wird er in die Dienste der Königin genommen, und für eine weitere Gruppe hat er sich in einen jungen Prinzen verwandelt. In »Rotkäppchen« wird der Vater sowohl als verkleideter Wolf als auch als verkleideter Jäger identifiziert. Angesichts der Konzentration der meisten Märchen auf das Familienleben ist diese deutliche Verdoppelung, sogar Vervielfältigung der Vaterfigur nicht ganz von der Hand zu weisen. Dennoch ist es ratsam, sich zu vergegenwärtigen, daß ein gutaussehender junger Prinz im allgemeinen als Alternative zum Vater und weniger als sein Double fungiert.

Bei der Untersuchung von Märchen, die von unterdrückten Protagonistinnen handeln, wird deutlich, daß diese Geschichten weibliche Ödipuskomplexe auf einzigartige Weise dramatisieren. Mit der Ausnahme von »Allerleirauh« unterdrücken sie das Thema der erotischen Verfolgung durch den Vater und schwelgen offen in ausführlichen Variationen zum Thema der mütterlichen Tyrannei zu Hause. Auf eine

Geschichte in den *Kinder- und Hausmärchen*, die unverhüllt die Verfolgung der Tochter durch den Vater beschreibt, kommen zwölf, die das Elend eines Mädchens von seiten der Stiefmutter beschreiben. Die Fixierung der Stiefmutter als Schurkin bringt den weiteren Vorteil mit sich, die leiblichen Eltern von der Schande der schlechten Verhältnisse zu Hause zu befreien. Man könnte mit guten Gründen argumentieren, daß grausame Stiefmütter, abwesende Väter und Kindesaussetzung in Anbetracht der sozialen Verhältnisse des Zeitalters, in dem die Brüder Grimm deutsche Märchen aufzeichneten, wichtiger waren als der Inzest zwischen Vater und Tochter.[29] Doch Märchen wurden nie als Spiegel der Realität geschätzt; nur in ihren Einleitungsabschnitten und in ihren ausschmückenden Details zeigen sie eine Welt, die dem realen Familienleben ähnelt.[30] Sobald die Protagonisten dieser Märchen von zu Hause weggehen, durchschreiten sie den Spiegel und kommen in eine Welt der inneren Realität. Obwohl diese Kindheitsphantasien im Gegensatz zur gesellschaftlichen Wirklichkeit bemerkenswert stabil sind, werden sie dennoch durch die kulturellen Umstände, in denen sie immer wieder erzählt werden, neugeformt und verändert. Heute ist es leicht einzusehen, warum Märchen, die erst spät in ihrer Entwicklung zu Kindergeschichten wurden, das Thema der mütterlichen Boshaftigkeit dem tabuisierten und abschreckenden Thema des Inzests vorziehen.

7

DIE ZÄHMUNG DES TIERS

Blaubart und andere Ungeheuer

Neugier ist ein wertvoller Charakterzug. Sie wird dafür sorgen, daß die Affen viele Dinge lernen.
CLARENCE DAY, *This Simian World*

»Von allen irrationalen Ereignissen in Märchen«, murrt ein Anthropologe, »ist keines so irrational wie die Heirat zwischen einem Menschen und einem Tier«. Die erotische Verfolgung von Märchenheldinnen durch ihre Väter, fügt ein anderer Märchenforscher hinzu, mag zwar »dem Empfinden jeder europäischen Nation unnötig zuwiderlaufen«, aber sie scheint wenigstens ihre Wurzeln in einem Zivilisationsstadium zu haben, in dem die Heirat zwischen einem verwitweten Vater und seiner verwaisten Tochter nicht unbedingt ein Tabu war. Dieser Wissenschaftler referiert vielleicht nicht ganz tatsachengetreu, aber er hat das Wesentliche erfaßt. Wenige Leute wären in der Lage oder überhaupt bereit, den Hochzeiten zwischen Prinzessinnen und Schweinen, Mädchen und Bären oder Bäuerinnen und Igeln eine tatsächliche Grundlage einzuräumen. Doch diese Verbindungen sind in Märchen wohlbekannt. Daß die Eheversprechen in einigen Fällen erst ausgetauscht werden, wenn ein Tier entzaubert ist, tut der Ungewöhnlichkeit solcher Paare keinen Abbruch.[1]

So irrational diese Märchen (selbst einem Anthropologen) erscheinen mögen, so hatten die meisten Sammler und Interpreten der Folklore doch nie große Schwierigkeiten, ihre Anliegen und Botschaften zu bestimmen. So auch in bezug auf die Lehren, die von den beiden bekanntesten Märchen über Tierehen erteilt werden. In dem einen heiratet die

Heldin Blaubart, der ein wildes Tier in jedem außer dem wörtlichen Sinne ist; in dem anderen heiratet die Heldin das »Tier«, ein Tier in jedem außer dem bildlichen Sinne des Wortes. Es gibt, wie wir sehen werden, keinen Mangel an Übereinstimmung bei der Bestimmung der Moral, die beide Geschichten unterbreiten. Die eine warnt uns vor der Neugier und ihren Folgen; die andere macht uns auf die Gefahren des Ungehorsams aufmerksam. So wird es jedenfalls behauptet.

Wir wollen zunächst »Blaubart« in der von Perrault verfaßten Version näher betrachten. In Perraults Märchen, das in abgeänderter Form in die erste Auflage der Brüder Grimm aufgenommen, danach aber entfernt wurde, weil es zu viele Zeichen seiner französischen Herkunft aufwies, erfährt die frisch verheiratete Heldin von ihrem Ehemann, daß sie alles öffnen, überall hingehen und alles, was sie wolle, tun könne. Unter keinen Umständen solle sie jedoch das »Zimmer am Ende des Ganges im Erdgeschoß« öffnen (die Beschreibung könnte nicht ausführlicher sein). Es erübrigt sich zu sagen, daß die vielen Reize von Blaubarts Schloß die Aufmerksamkeit der Heldin von dem einen, »belanglosen« Zimmer nicht ablenken können und sie bald der Versuchung nachgibt, das verbotene Zimmer aufzuschließen. Zu ihrem Entsetzen sieht sie, als sie die Tür öffnet, eine Lache geronnenen Bluts, in der sich die Leichen von Blaubarts Ehefrauen spiegeln, alle mit durchschnittener Kehle. Überwältigt von ihrem Schrekken macht sie den verhängnisvollen Fehler, den Schlüssel in die Blutlache fallen zu lassen, ihn dabei mit Blut zu beflekken und ihrem Ehemann so einen unübersehbaren Beweis ihrer Übertretung zu liefern. In letzter Minute wird sie von ihren Brüdern vor dem Schicksal von Blaubarts früheren Opfern bewahrt.

Die Grimmsche Version dieses Märchens (»Fitchers Vogel«) ist genauso schrecklich.[2] Ihr Blaubart ist ein böser Zauberer, der sich als schwacher Bettler verkleidet, um nichtsahnende Mädchen zu entführen. Jedem übergibt er einen Schlüssel zu einem verbotenen Zimmer und ein Ei, das unter Androhung

der Todesstrafe nicht fallen gelassen werden darf. Nur der jüngsten von drei Töchtern gelingt es, den Hexenmeister zu überwältigen, indem sie das Ei an einen sicheren Platz legt, bevor sie das verbotene Zimmer erkundet. Ihre Schwestern lassen ihre Eier fallen, als sie das mit Blut und verstümmelten Leichen gefüllte Becken erblicken. Nachdem sie den Hexenmeister hinters Licht geführt hat, erweckt die Heldin ihre geschlachteten Schwestern zu neuem Leben, indem sie deren zerstückelte Gliedmaßen geschickt wieder zusammensetzt. Sie plant daraufhin den Untergang und Tod ihres Verlobten. Im Gegensatz zu ihrem französischen Gegenstück übernimmt sie die Rolle des Retters ihrer unglücklichen Vorgängerinnen und durch ihre eigene Gerissenheit entgeht sie dem Schicksal der Schwestern.
Perrault läßt uns nicht im Ungewissen über die Lektionen von »Blaubart«. Er bemüht sich, den Charakter seiner Heldin wenig anziehend erscheinen zu lassen: Sie wird von der Neugier so gepeinigt, daß sie ihre Gäste »ungehörig« sich selbst überläßt. Dann hastet sie in der unwürdigsten Art und Weise zu dem verbotenen Zimmer und bricht sich fast den Hals, als sie die Treppe hinunterrennt. Vor der Tür denkt sie einen kurzen Moment über die Konsequenzen des »Ungehorsams« nach, kann aber der »Versuchung«, die Tür zu öffnen, nicht widerstehen. Indem er die Holzhammermethode anwendet, derer sich viele Schreiber seiner Generation bedienten, formuliert Perrault die *moralité* des Märchens in einem Anhang zu seinem Text: »Neugier ... schafft ... häufig doch nur Kümmernis«[3]. Die Brüder Grimm zogen es vor, die Charakterbeurteilungen und moralisierenden Äußerungen in den Text zu integrieren, anstatt eine Moral an ihre Märchen anzuhängen und damit den Eindruck zu erwecken, befangene Erzieher hätten den Inhalt verfälscht. Die Heldin in »Fitchers Vogel« wird nicht beschuldigt, neugierig zu sein, aber von einer ihrer Schwestern wird gesagt, »die Neugierde ließ ihr keine Ruhe«, und von der anderen, sie »ließ sich von ihrer Neugierde verleiten«. Daß Wilhelm Grimm das Übel weiblicher Neugier nachträglich

herausstrich, wird deutlich, wenn wir die erste Auflage der *Kinder- und Hausmärchen* betrachten: in dieser Version fällt kein einziges Wort über Neugier. Auf dieselbe Art und Weise wurde das Märchen von »Marienkind« von Wilhelm Grimm in einen Denkzettel über die Gefahren der Neugier verwandelt. Die letzte Version verstärkt den Wunsch nach Überschreitung. Die Neugier »nagte und pickte« an dem jungen Mädchen und läßt ihm keine Ruhe.
Fast jede gedruckte Version von »Blaubart« aus dem 19. Jahrhundert stellt die Neugier der Heldin als besonders unerwünschten Zug heraus. Ludwig Bechstein, dessen *Deutsches Märchenbuch* sich für viele Jahrzehnte besser verkaufte als die *Kinder- und Hausmärchen*, sorgte dafür, daß Blaubarts Ehefrau sich schwer tat, für immer in Glückseligkeit zu leben. »Die Frau war erlöst, konnte aber die Folgen ihrer Neugier lange nicht verwinden.« Dennoch bleiben folkloristische und quasi-folkloristische Versionen im Vergleich mit literarischen Versionen bei der Verdammung der Unfähigkeit der Heldin, ihre Neugier zu unterdrücken, relativ zurückhaltend. Als beispielsweise ein romantischer Zeitgenosse der Brüder Grimm, Ludwig Tieck, das Märchen dramatisierte, formulierte er auch eine der schärfsten Anklagen des Charakters der Heldin. In seiner Version ist sogar Blaubarts Frau selbst über ihre Unfähigkeit, der Versuchung zu widerstehen, entsetzt: »– O Neugier«, schimpft sie, »verdammmte schändliche Neugier, ich glaube, es gibt keine größere Sünde als die Neugier!« Ihre Selbstanschuldigungen äußert sie beim Anblick der Szene des Blutgemetzels, für das ihr Mann die Verantwortung trägt. Blaubart bestätigt diese Bewertung ihrer Schwerverbrechen (im Gegensatz zu seinen eigenen Vergehen).

> Verfluchte Neugier! Durch dich kam die erste Sünde in die unschuldige Welt, und immer noch lenkst du den Menschen zum Verbrechen. Seit Eva neugierig war, sind es alle ihre nichtswürdigen Töchter, keine, keine ausgenommen. ... Das Weib, das neugierig ist, kann ihrem Mann nicht treu sein, der Mann, der ein neugieriges Weib hat, ist in keiner Stunde seines Lebens sicher.

... Die Neugier hat die entsetzlichsten Mordtaten hervorgebracht.

Hier haben wir zweifelsohne den Fall dessen, der im Glashaus sitzt und nicht mit Steinen werfen sollte. Ob absichtlich oder nicht – Tieck enthüllte das Ausmaß, in dem sowohl folkloristische als auch literarische Neugestaltungen von »Blaubart« das Opfer anstelle des Täters für die Verbrechen verantwortlich machen. Sam Weller, der treue Diener von Mr. Pickwick und Namensgeber des Wellerismus, macht dieselbe Feststellung in seiner typisch knappen Art: »›..., ich weiß, daß er ein Opfer seiner Heiratssucht geworden ist, wie Blaubarts Hauskaplan mit einer Träne des Mitleids im Auge sagte, als er ihn eingrub.‹«[4]
Perraults Märchen »Blaubart«, das die Neugier der Heldin hervorhob und gleichzeitig die barbarischen Verbrechen ihres Ehemanns abschwächte, muß die Federn vieler Erzähler gelenkt haben. Wie sonst könnte man die erstaunliche Wiederkehr der beurteilenden Kommentare erklären, die so viele Erzähler von »Blaubart« verfaßt haben? Selbst die Wissenschaftler scheinen sich in ihren Bemerkungen über das Märchen einig zu sein. »Der Versuchung zu erliegen«, erklärt eine repräsentative Interpretation, sei »der Sündenfall, die Sünde von Eva«. Es ist wenig überraschend, daß Perraults Illustratoren dieselbe Verbindung herstellten, indem sie die Darstellungen von Blaubarts Ehefrau mit den Vignetten der Genesis ausschmückten (Abb. 15). Zahlreiche Wissenschaftler vertraten die Meinung, daß »Blaubart« die Unfähigkeit der Frau darstelle, Versuchungen zu widerstehen und Warnungen vor den Gefahren der unbegründeten weiblichen Neugier zu beachten. Wir werden sehen, daß für Blaubarts Frau, wie für Eva, diese Neugier sowohl eine kognitive als auch eine sexuelle Dimension annimmt. Nur selten hat ein Erzähler oder Interpret des Märchens erkannt, daß Blaubart womöglich seine Frau in eine »Scharade aus Unschuld und Laster« verwickeln würde, oder daß der Gehorsam auf seinen Befehl nicht unbedingt eine Tugend

Abb. 15 *Als Blaubarts Frau sich heimlich in das verbotene Zimmer schleicht, läßt sie ihre neugierigen Gäste zurück, die Truhen, Schränke und Türen öffnen, und geht an einem Wandbehang vorbei, der die der Versuchung erliegende Eva zeigt.*

sei. Eine schottische Version aus dem 19. Jahrhundert faßt in ihrem Titel fast vollständig die Meinung der drei vergangenen Jahrhunderte in bezug auf dieses Märchen zusammen: »Die Geschichte von Blaubart oder die Auswirkungen der weiblichen Neugier«[5].

Jüngere Kommentatoren von »Blaubart« sind Perrault gefolgt und ebenso unbarmherzig mit der Braut gewesen. Kognitive Neugier, wie wir im Fall von Tiecks »Ritter Blaubart« sehen konnten, wird ohne weiteres in sexuelle Neugier verwandelt. Nimmt es da wunder, daß Anatole Frances Erzählung »Blaubarts sieben Frauen« versucht, Blaubart zu rehabilitieren und die halsbrecherische Geschwindigkeit der Heldin, als sie die Treppe zu dem verbotenen Zimmer hinunterläuft, zu erklären, indem er enthüllt, daß hinter der Tür nichts weiter sei als ein junger Mann? In »Blaubart« wie in »Fitchers Vogel« sah Bruno Bettelheim ein Warnmärchen, das mit der Botschaft ausgestattet ist: »Ihr Frauen, gebt eurer sexuellen Neugier nicht nach; ihr Männer, laßt euch nicht von eurem Zorn hinreißen, wenn ihr von eurer Frau betrogen werdet.« Für Bettelheim bestätigt der blutbefleckte Schlüssel, den Blaubarts Frau ihrem Ehemann zurückgeben muß, das Argument, daß sie »sexuelle Beziehungen« hatte und symbolisiert somit die »eheliche Untreue«. Dasselbe gilt für das blutige Ei. Für einen anderen Interpreten wird der Schlüssel zum Symbol der »Defloration«, der den sexuellen Betrug der Heldin während der Abwesenheit ihres Ehemanns enthüllt. Für einen dritten bedeutet das befleckte Ei den unwiederbringlichen Verlust ihrer Jungfräulichkeit.[6]

Bettelheim und andere Interpreten verwandeln ein Märchen, das die brutalste Art eines Serienmordes beschreibt, ohne Zögern, Einschränkungen und Nachdenken in eine Geschichte über unbegründete weibliche Neugier und Falschheit. Diese Wissenschaftler wollen, daß wir die berechtigte Neugier der Heldin als Perversion (oder zumindest als Sünde) betrachten, eine Perversion, die bei ihrem Entdecken »aufrichtiges Bedauern« hervorruft. Die offenkundige Mord-

Abb.16 *Gustave Dorés meisterhafte Illustration zu Perraults »Blaubart« ist mit eindeutigen sexuellen Andeutungen überladen.*

lust von Blaubart und seinen folkloristischen Verwandten wäre wahrscheinlich nie geweckt worden, wenn es nicht die (symbolische) Untreue seiner Frauen gegeben hätte. So grausam diese mehrfachen Verbrechen auch sein mögen, sie können die Aufmerksamkeit von der einzigen Übertretung der Heldin nicht ablenken. Diese Übertretung fungiert, wie die Büchse der Pandora, als die Hauptursache des Bösen.

Abb. 17 *Otto Brausewetter zeigt uns die Reaktion von Blaubarts Frau auf das Gemetzel hinter der verbotenen Tür.*

Merkwürdigerweise wird das Zimmer der Schrecken in Blaubarts Schloß – mit seinen verstümmelten Leichen und Blutlachen – geschickt vom Ort der Verbrechen Blaubarts in den Ort der Neugier und Untreue seiner Frau verwandelt. Wir brauchen uns nur die Illustrationen zur Geschichte Blaubarts anzusehen, um diese merkwürdige Tatsache bestätigt zu finden. Zahlreiche Ausgaben lenken unsere Aufmerksamkeit auf eine der beiden »Schlüssel«-Szenen des Märchens. Entweder wird uns das Erwecken der Neugier gezeigt (wie in Gustave Dorés Illustration zu Perraults »Blaubart« [Abb.16]), oder wir sehen die Befriedigung dieses Verlangens (wie in Otto Brausewetters Bebilderung [Abb.17]). Es überrascht nicht, daß nahezu jeder Illustrator die Übergabe des Schlüssels als die zentrale Szene der Geschichte ansah. Aber es ist doch bemerkenswert, daß so viele Illustratoren uns die Heldin zeigen, wie sie einen Blick hinter die verbotene Tür wirft oder aus dem verbotenen Zimmer flüchtet. Blaubarts Frau wirft einen Blick in ein Zimmer voller Leichen, aber den Lesern wird im allgemeinen der Blick auf das Gemetzel erspart. Illustratoren von »Kinderliteratur« mögen nicht besonders scharf darauf gewesen sein, eine Mord- oder Verstümmelungsszene zu bebildern, doch das Beharren, mit dem sie sich auf die Neugier und den Ungehorsam der Heldin konzentrieren, während sie die Darstellung der Verbrechen Blaubarts vermeiden, bleibt nichtsdestoweniger bemerkenswert.

Daß die folkloristische und literarische Einbildungskraft so weit gehen würde, ein Warnmärchen gegen Neugier (sexueller und anderer Art) zu kreieren, erschient merkwürdig. In »Blaubart« gibt es eine erstaunliche Asymmetrie zwischen dem tatsächlichen Verbrechen und seiner (bevorstehenden) Bestrafung. Sobald die Heldin begeht, was als kardinale Sünde bezeichnet wurde, wird sie in eine Reihe von Ereignissen verstrickt, die so schrecklich sind, daß sie in keinem Verhältnis zu ihrem ursprünglichen Vergehen stehen. Zwar muß betont werden, daß Märchen dazu neigen, in hyperbolischen Begriffen zu sprechen, Gefahren eines einzigen Schritts aufzubauschen und die Folgen verpaßter Gelegenheiten zu übertreiben, jedoch verdient die Heldin zweifelsohne das schreckliche Schicksal nicht, das sie nach dem Öffnen der verbotenen Tür erwartet. Das Blutbad ist einfach ein zu ungeheuerliches Schauspiel im Vergleich zu einer so geringfügigen Übertretung.

An dieser Stelle müssen wir innehalten und fragen, warum

Perrault, die Brüder Grimm und nahezu alle anderen Interpreten des Märchens es so falsch verstanden haben. Wie kommt es, daß die behaupteten Lehren von »Blaubart« so selten mit den Fakten der Geschichte übereinstimmen? Eine der Beobachtungen, die selbst der laienhafte Leser bald macht, betrifft die moralische Dimension des märchenhaften Lebens. Es gibt viele Fälle, in denen Tugend belohnt und Übel bestraft wird, und man ist versucht, Claude Brémond zuzustimmen, der das Märchen als »moralisch erbauliche Erzählung, die von der optimistischen Forderung eines glücklichen Endes geleitet wird«, definiert. Aber die Leser von fast jeder der wichtigen Märchensammlungen werden entdekken, daß diese Geschichten auch Diebstahl loben, Gefräßigkeit gutheißen, Listigkeit herausstreichen und Betrügerei empfehlen. Lügen und Stehlen sind vollkommen legitime Mittel, sozial aufzusteigen. Im Laufe der Jahrhunderte hörten die Schreiber nie auf, moralische Lehren in die Märchen einzubauen, und die Interpreten hörten nicht auf, die versteckten moralischen Botschaften zu enthüllen. In einigen Fällen, wie in »Blaubart«, gibt es klare Übereinstimmung darüber, was das Märchen mitteilen will. Doch oft betont jede neue Erzählung des Märchens eine andere Stelle, und jede neue Interpretation scheint bisher unentdeckte moralische Grundsätze aufzudecken.
Es kann amüsant sein, zu beobachten, wie Wissenschaftler versuchen, für Kinder angemessene Botschaften zu finden, besonders wenn ein Text gegen den Strich der konventionellen Werte geht. Der Held in »Der goldene Vogel« beispielsweise besitzt keine bewundernswerten Eigenschaften. Er entführt eine Prinzessin gegen ihren Willen, stiehlt sich zu Reichtum und hört grundsätzlich nicht auf weisen Rat. Dennoch erfahren wir von einem Wissenschaftler, daß »das große Lob der Gelassenheit« der Geschichte uns lehre, »ruhig aufzunehmen, was uns verwundern sollte«. Ein anderer Wissenschaftler vertritt die Auffassung, daß das Märchen die Tugend verbreite, »gutmütig« zu sein, »aber nur am richtigen Ort«, da diese Eigenschaften dem Helden

nicht überall nützten. Die Versuche, dem Märchen Bedeutungen zu entlocken, haben mehr als nur einen Hauch Sophisterei an sich.[7]

Aber wie verhält es sich mit »Blaubart«? Wie kommt es, daß fast jeder mit der falschen Botschaft dieses Märchentyps übereinzustimmen scheint? Die Verbote, die in »Blaubart« und »Fitchers Vogel« ausgesprochen werden, steuern die Aufmerksamkeit des Lesers. Beide Verbote setzen die Handlung in Bewegung, da sie sich als Versuchungen erweisen, die unmittelbar auf ihre Übertretung zuführen. Der Wunsch, die Verbote zu übertreten, wird noch dazu in beiden Fällen durch die Art und Weise ermuntert, wie sie formuliert werden. Alles was verboten ist, erweckt Neugier; alles andere ist der Aufmerksamkeit unwürdig. Die vielen großzügig ausgestatteten Räume in Blaubarts Schloß beispielsweise üben auf die junge Braut keine Anziehung aus. Sie werden von der Existenz des einzigen, abgelegenen, verbotenen Zimmers überschattet.

Verbot/Übertretung: diese gepaarten Funktionen gehören zu den grundlegendsten Handlungssequenzen der Märchen. Sobald wir von den schrecklichen Konsequenzen erfahren, die allein aus dem Berühren einer Spindel resultieren, wissen wir, daß Dornröschen die einzige Spindel, die im Königreich ihres Vaters noch übrig ist, suchen und finden wird. Wenn der sterbende Monarch in »Der treue Johannes« seinem Diener sagt, er solle seinem Sohn jeden Raum zeigen, außer »der letzen Kammer in dem langen Gange ..., worin das Bild der Königstochter vom goldenen Dache verborgen steht«, ist es relativ sicher, daß eben jener Raum der einzige sein wird, der die Neugier des jungen Prinzen weckt. Die Mutter der Gänsemagd hat für ihre Tochter auf der Reise zu einem fremden Königreich nur einen Ratschlag: sorgfältig ein weißes Läppchen mit drei Blutstropfen von ihr zu verwahren. Es erübrigt sich zu sagen, daß das erste Ereignis auf der Reise des Mädchens der Verlust dieses Läppchens ist. In Märchen sind Übertretungen von Verboten an der Tagesordnung.

Märchen stellen diverse Arten von Verboten dar. Die einfachste nimmt schlicht und einfach die Form einer expliziten Untersagung an, die an den Protagonisten gerichtet ist. Die Jungfrau Maria sagt der Heldin von »Marienkind«, daß sie alle zwölf Türen im himmlischen Königreich öffnen dürfe, aber die dreizehnte Tür verboten sei. Oft auch besteht das Verbot als allgemeines, ungeschriebenes Gesetz in einem Königreich. »Dat Erdmänneken« erzählt von dem Schicksal dreier Prinzessinnen, die von den verbotenen Früchten aus dem Garten ihres Vaters essen. Manchmal nehmen Verbote konkrete Formen an, wie in »Rapunzel«, wo der Befehl, nicht herumzustreunen, durch die Einschließung in einen Turm symbolisiert wird. Gelegentlich wird in Märchen die Bewegung von Verbot zu Übertretung umgekehrt, indem sie durch einen Befehl und seine Erfüllung ersetzt werden. Wie Vladimir Propp festgestellt hat: »Wird den Kindern aufgetragen, aufs Feld oder in den Wald zu gehen, so hat die Befolgung dieses Befehls dieselben Folgen wie die Verletzung des entsprechenden Verbots.« Wenn wir darüber nachdenken, wie gefährlich nahe ein Verbot (»Schau nicht in dieses Zimmer«) an einen verlockenden Vorschlag herankommt, wird schnell deutlich, warum die gepaarten Funktionen Verbot/Übertretung und Befehl/Erfüllung austauschbar sind.[8]

Es ist ein leichtes, Märchen, die auf der Verbot/Übertretung-Sequenz beruhen, in Warnmärchen zu verwandeln. Das Verbot wird einfach vom Besonderen ins Allgemeine überführt (»Schau nicht in dieses Zimmer!« wird zu »Sei nicht neugierig!«). Was ursprünglich als Antrieb für die Handlung und als Mittel, Schurkerei zu begründen, fungierte, wird zu einer allgemeinen Verhaltensmaßregel. Daß viele Verbote von Schurken ausgesprochen werden, hat Märchenforscher nicht davon abgehalten, sie zu allgemeinen Wahrheiten zu erklären. Blaubarts Befehl (er resultiert aus der Notwendigkeit des Mörders, den Beweis seiner Verbrechen zu verbergen) wird legitimiert; die Neugier der Ehefrau wird zum Zeichen der Schwäche im Angesicht der Versuchung. Es ist zweifelhaft, ob jemand, ohne genauer zu überlegen, für blinden Gehorsam bezüglich Blaubarts Befehl eintreten würde. Doch seine Anweisung, nicht in das verbotene Zimmer zu sehen, bleibt der bemerkenswerteste Teil der Geschichte und wird immer wieder in den Lehrsätzen über das Übel der Neugier bestätigt. Dieses Verbot nimmt unsere Phantasie noch mehr gefangen als die sichtbaren Schrecken hinter der Schwelle von Blaubarts Tür.

Das Vorherrschen der Verbot/Übertretung-Sequenz allein erklärt noch nicht ganz, warum die Neugier von Blaubarts Frau so heftig angegriffen wird. Der Held in »Der treue Johannes« beispielsweise ist mit den vielen »Reichtümern und prächtigen Kammern« des Palastes, den er geerbt hat, nicht zufrieden; er muß Zugang zu der einen Tür bekommen, die ihm verboten ist. Und er sagt seinem Diener: »... wenn ich nicht hineinkomme, so ist's mein sicheres Verderben: ich würde Tag und Nacht keine Ruhe haben, bis ich's mit meinen Augen gesehen hätte.« Das hört sich verdächtig nach Neugier an, obwohl es nie als solche bezeichnet wird. Prinz Iwan in dem russischen Märchen »Marya Morévna« sieht sich auch nicht in der Lage, seine Neugier in bezug auf die verbotenen Zimmer zu bändigen. »Du darfst nicht in das Zimmer schauen, das fest verschlossen und mit Teer versiegelt ist«, wird er gewarnt. »Wenn du mir nicht gehorchst, wird über uns alle ein Unglück hereinbrechen.«[9] Aber bei Prinz Iwan, wie bei dem Prinzen in »Der treue Johannes«, führt die Übertretung des Verbots nicht zu Bestrafung, sie begründet vielmehr den Weg zu Reichtum und Heirat. Es gibt eindeutig zwei verschiedene Maßstäbe in der moralischen Bewertung der Märchenwelt.

Es gibt Leute, die behaupten würden, daß »Blaubart« sich mit solchen klassischen Märchen wie »Der treue Johannes« und »Marya Morévna« nicht vergleichen läßt. Aber Versuche, Blaubarts Ahnen auf blutrünstige Figuren wie Gilles de Rais (einen Massenmörder von Kindern aus dem 15. Jahrhundert) zurückzuführen oder die Erfindung der Figur durch Perrault zu verteidigen, sind immer wieder fehlgeschlagen.[10] Eine Quelle, oder womöglich auch nicht mehr als eine Parallele zu »Blaubart«, können wir finden, wenn wir uns auf fiktionaler Ebene nach Osten wenden. Wenn wir uns vergegenwärtigen, daß Blaubart immer wieder als säbelschwingender Tyrann, der orientalische Kleidung und einen Turban trägt, abgebildet wird, müssen wir nicht lange suchen, um einen Verwandten zu finden. König Schahriyar, wie jeder sich erinnern wird, der eine unzensierte Version von *Tausendundeine Nacht* gelesen hat, entledigt sich einer Frau nach der anderen, weil die sexuelle Neugier seiner ersten Frau zutage getreten ist. Nachdem er diese in flagranti erwischt hat, entschließt er sich, jede folgende Frau nach einer Freudennacht zu köpfen. Die sexuelle Neugier von Frauen führt zu Todesstrafen. Im Gegensatz dazu lebt die Frau, die (wie Scheherazade) in der Lage ist, männliche Neugier zu wecken, anstatt von ihrer eigenen Neugier überwältigt zu werden, für immer in Glückseligkeit. Scheherazade befriedigt ihren Ehemann und zügelt seine mörderischen Grundsätze, weil sie es vermag, seine Neugier zu wecken, indem sie ihm jede Nacht Geschichten erzählt. Kognitive Neugier ist in diesem Märchen schwer von sexueller Neugier zu unterschieden: Die Existenz der gedruckten Texte in *Tausendundeine Nacht* beweist zusammen mit dem Dasein von drei Söhnen die beständige Erzeugung und Befriedigung beider Arten von Neugier.

Ob die Rahmenhandlung von *Tausendundeine Nacht* »Blaubart« inspirierte oder kontaminierte oder ob es einfach ein orientalisches Gegenstück ist, ist nicht mit Klarheit zu entscheiden. Aber die Geschichte von König Schahriyar und Scheherazade ist ein eindeutiges Beispiel für die Verbindung von kognitiver mit sexueller Neugier. Wichtiger noch, die Geschichte begründet eine Tradition, in der weibliche Neugier als das Todesprinzip bezichtigt wird, während männliche Neugier als befreiende und lebensspendende Kraft gefeiert wird. Im Licht dieses orientalischen Erbes ist es umso weniger bemerkenswert, daß die Fälle weiblicher Neugier im Märchen immer wieder von moralischen Anmerkungen begleitet werden, während die Fälle männlicher Neugier in die Welt der großen Abenteuer führen.

Das Beispiel von Bruno Bettelheim hat gezeigt, daß viele Interpreten bereitwillig Blaubarts Frau der sexuellen Neugier und Untreue anklagen. Doch sie öffnet nur eine Tür und entdeckt dadurch die Opfer der Verbrechen ihres Mannes. Doch was entdeckt sie hinter der Tür? Sind wir berechtigt, diesem Schauspiel einen symbolischen Wert zuzuordnen, oder sollen wir auf der wörtlichen Ebene bleiben? Es ist nützlich, zunächst einen anderen Text näher zu betrachten, der von neugierigen Heldinnen und einem verbotenen Zimmer erzählt. Am Anfang der rumänischen Geschichte »Das verzauberte Schwein« steht das Verbot eines Königs, das er an seine drei Töchter richtet. Seine Formulierung ist der Blaubarts verblüffend ähnlich: »Ihr könnt im Garten spazieren gehen, und ihr könnt alle Räume im Palast betreten, bis auf das eine Zimmer hinten in der rechten Ecke.«[11] Mit jedem weiteren Tag werden die Töchter unruhiger, bis sie sich nicht länger zurückhalten können. »Warum sollten wir nicht in das Zimmer gehen, das unser Vater zu betreten uns verbot?« protestieren sie im Chor. Mit einigem Zittern überschreiten sie die Schwelle und entdecken ein Buch, das die Geheimnisse ihrer zukünftigen Vermählungen enthüllt. Immer wieder ist das Wissen, das sich hinter den verschlossenen Türen der Märchen verbirgt, fleischlich im eigentlichen und übertragenen Sinne des Wortes. Im Lichte dieser Assoziationen scheint Perraults Warnung an Kinder, die Neugier zu unterdrücken, nicht ganz so unberechtigt zu sein.[12]

In »Blaubart« wird die Heldin mit Fleischlichkeit in ihrer wörtlichsten Form konfrontiert. Die sichtbaren Schrecken hinter der Türschwelle sind so furchterregend, daß sie sich einer bildlichen Beschreibung entziehen. Die Entdeckung von Blaubarts schrecklichem Geheimnis durch die Heldin kann, wie vorgeschlagen wurde, etwas mit dem Verdacht von Kindern zu tun haben, daß Erwachsene »schreckliche sexuelle Geheimnisse« haben.[13] Wir müssen nicht lange über die Schlüsselelemente der Geschichte Perraults und der Überarbeitung der Brüder Grimm nachdenken, um zu erkennen, daß intensive Neugier, verschlossene Türen und die Wahrnehmung von sadistischer Brutalität eine interessante Assoziationskette bilden – Assoziationen, die mit der Hauptszene verbunden werden. Blaubarts Zimmer mit seinem furchterregenden Schauspiel der Fleischlichkeit könnte als Verkörperung der alptraumhaften Aspekte der menschlichen Sexualität in der Vorstellung von Kindern betrachtet werden. Doch das Gemetzel, das die Heldin zu Gesicht bekommt, könnte mit der gleichen Berechtigung als schreckliches Zeichen der menschlichen Sterblichkeit und die Geschichte somit als Darstellung der Erkenntnis des Todes durch die Heldin gedeutet werden.[14] Dennoch haben psychosexuelle Lesarten von »Blaubart« den besonderen Vorteil, die schwerwiegenden Konsequenzen der Neugier der Heldin zu motivieren: Die Bestrafung durch Enthauptung entspricht vollkommen der Psycho-Logik des Textes. Ob wir »Blaubart« nun auf der wörtlichen Ebene als Zusammentreffen mit dem Tod lesen oder auf symbolischer Ebene als Geschichte, die die Entdeckung der Sexualität beschreibt, weist dieses Märchen eine besondere Fähigkeit auf, die beunruhigendsten Fakten und Phantasien der geistigen Welt eines Kindes zu verstärken und zu dramatisieren.

Die Assoziationskette, die Gemetzel mit Sinnlichkeit und sexuellen Erfahrungen verbindet, ist in den Grimmschen Variationen von Märchen, in denen Zimmer gezeigt werden, die sowohl abschreckende als auch verbotene Orte sind, weit weniger deutlich. Nur »Blaubart«, den die Brüder Grimm als dem Perraultschen Märchen zu ähnlich erachteten, um es in die zweite Auflage der *Kinder- und Hausmärchen* aufnehmen zu können, und (in einem geringeren Ausmaß) »Fitchers Vogel« rufen dieselben Assoziationen hervor. »Marienkind« wird, wenn man die Jungfrau Maria durch Blaubart ersetzt und die Dreifaltigkeit durch das Blutbad hinter der Tür, zu einem Warnmärchen über die Gefahren der übertriebenen Neugier. Daß die Jungfrau Maria leicht die

Funktion von Blaubart übernehmen könnte, ist bezeichnend und erklärt, warum es den Schreibern und Interpreten dieses Märchentyps so leichtfiel, Blaubart zu vernachlässigen. In »Marienkind« schadet die Heldin sich selbst durch ihre Neugier, und sie entkommt dem Tod nur, weil sie ihre »Sünde« zugibt und damit Gewissensbisse dokumentiert. Die anderen Geschichten der Brüder Grimm über verbotene Räume und geheime Verstecke zeigen uns Heldinnen, deren Neugier sie zu der Einsicht befähigt, daß sie die schurkenhaften Bräutigame überlisten müssen, die sie zur Ehe verführen wollen. »Das Mordschloß«, das nur in der ersten Auflage der *Kinder- und Hausmärchen* erschien, zeigt eine unerschrokkene Heldin, die am Ende ihren wohlhabenden, adligen Ehemann besiegt. Die Heldin aus »Der Räuberbräutigam« beweist ebensolchen Mut, ist aber auch schlau genug, ihrem zukünftigen Ehemann gegenüber mißtrauisch zu sein. Was dieses Märchen empfiehlt, läßt sich vielleicht am besten in dem Rat zusammenfassen, der der Heldin des englischen Märchens »Mr. Fox« gegeben wird: »Sei kühn, sei kühn, aber nicht zu kühn, sonst gerinnt dein Blut vor Schreck.«[15] Alle Mehrdeutigkeiten, die die Neugier von Blaubarts Frau in Perraults Märchen begleiten, wurden von den Brüdern Grimm sortiert und in zwei verschiedene Märchentypen eingeordnet. In dem einen besiegt sich die Neugier selbst; in dem anderen ist sie mit Intelligenz gepaart, die sich als lebensrettend herausstellt.

Der französische Blaubart ist ein blutrünstiger Aristokrat; seine deutschen Gegenstücke sind in einem Märchen ein Bandit, in einem anderen ein Zauberer und in einem dritten ein reicher Herr. Russische und skandinavische Varianten eben dieses Märchens zeigen ein Tier in der Rolle des Schurken.[16] Wie Andrew Lang erklärt hat, »ist die Verwandlung von Männern in Tiere und von Tieren in Männer in Märchen so häufig wie ein verstauchter Knöchel in modernen Romanen«[17]. Doch trotz des Überflusses an Verwandlungen und der Leichtigkeit, mit der Männer in die Rolle von wilden Tieren schlüpfen, liegt zweifelsohne in diesen Ver-

wandlungen, in der scheinbaren Austauschbarkeit von Mann und Tier, eine tiefere Bedeutung. Zunächst muß festgestellt werden, daß solche Männer wie Blaubart und Ungeheuer wie das Tier dieselbe paradigmatische Funktion erfüllen und allesamt Bräutigame sind. Die weiblichen Hauptfiguren der Märchen, in denen sie erscheinen, sind daher entweder jung verheiratet oder Mädchen, die gerade an der Schwelle einer (in diesem Fall) heillosen Ehe stehen. Oft wurden sie von einem Vater zur Heirat gezwungen, der leichtfertig die Übergabe des ersten Lebewesens, das ihm zu Hause begegnet, versprochen hat oder der sich finanziellen Gewinn durch eine gute Heirat seiner Tochter erhofft.[18] Ist es daher verwunderlich, daß die Heldinnen ihre Bräutigame und Ehemänner als wilde Tiere und Ungeheuer betrachten? Märchen sind, trotz allem, eindeutig »heldenzentriert«: Die Figuren und Ereignisse in den Märchen werden alle aus der Perspektive der Hauptfigur beschrieben, in diesem Fall der Heldin, die in ihrem zukünftigen Ehemann nichts als die Verkörperung bestialischer Triebe sieht, eine Kreatur, die zu Verstümmelung und Mord fähig ist. Bemerkenswert ist, daß es im allgemeinen die menschlichen Bräutigame sind, die in das erschreckend unzivilisierte Verhalten verfallen und bis zum bitteren Ende reuelos bleiben. Ihre tierischen Gegenstücke sind im Gegensatz zu ihnen Vorbilder an Anstand und Würde. Ein wildes oder abstoßendes Äußeres kann in Märchen vollkommen irreführend sein. Entgegen der gängigen Beurteilung der äußeren Erscheinung in Märchen ist körperliche Häßlichkeit nicht unbedingt Zeichen moralischer Verderbtheit; es kann moralische Schönheit oder andere Verdienste und Qualitäten in scharfen Kontrast setzen.
Während Blaubart und seine internationalen Familienangehörigen uns beweisen, daß Männer wie wilde Tiere sein können, zeigen uns Märchen wie »Der Froschkönig«, »Das singende springende Löweneckerchen«, »Hans mein Igel« und »Die Alte im Wald« Männer als echte Tiere. Was in dem einen Märchentyp auf der metaphorischen Ebene bleibt, nimmt in einem anderen konkrete Gestalt an. »Blaubart«

wurde, wie wir sehen konnten, wiederholt als Märchen über die Neugier und ihre Folgen gedeutet. Aber mit seiner Vorliebe für verbotene Zimmer, mit seinem Umschwung von Neugier zu Ekel, mit seiner Konzentration auf das »spektakuläre« Moment und weniger auf den tatsächlichen Gewalt- und Übertretungsakt, spricht es wahrscheinlich eher die Angst vor Gewalt, Tod und Sexualität an. Die Entdeckung der Heldin, daß selbst die angesehenste und edelste Persönlichkeit zu tierischem Verhalten fähig sein kann, ist die schrecklichste Botschaft des Märchens.

So wie »Blaubart« wurden auch Märchen über Tierbräutigame mit vielen moralischen Anmerkungen versehen. Ein Mädchen macht den Fehler, einem Frosch alles, was er will, für einen kleinen Gefallen zu versprechen, und ihre Geschichte verwandelt sich in einen Denkzettel über die Wichtigkeit, Versprechen zu halten. »Was du versprochen hast, das mußt du auch halten«, erklärt ihr Vater, als sie sich scheut, die Kreatur ins Haus zu lassen. »Wer dir geholfen hat, als du in der Not warst, den sollst du hernach nicht verachten«, fügt er hinzu, als sie ob der Vorstellung, den Frosch in ihr Bett zu lassen, stutzt. Als ein Mann sich überreden läßt, einem Löwen das erste zu geben, was er bei seiner Rückkehr zu Hause antrifft, erinnert seine Tochter (die herbeieilt, ihn bei seiner Rückkehr zu begrüßen) *ihn*: »... was Ihr versprochen habt, muß auch gehalten werden.« In »Hans mein Igel« folgen auf die Weigerung eines Mädchens, das Versprechen ihres Vaters zu halten und den im Titel genannten Helden zu heiraten, tiefe Demütigung und Schande. Die Bräute in Geschichten über Tierbräutigame werden oft noch zusätzlich durch das Verbot geprüft, unter bestimmten Umständen ihre Ehemänner nicht anzusehen. Wie die Heldin in »Amor und Psyche«, können sie selten der Versuchung widerstehen, Licht auf das Verbotene zu werfen. Das Versagen, den Rat eines Tierbräutigams zu beachten, wird zum Stein, auf dem die Interpreten des Märchens ihre moralischen Schwerter schleifen. Wieder einmal hatten sowohl diejenigen, die die Märchen aufzeichneten, als auch die, die sie deuteten, keine Schwierigkeiten, sich auf bestimmte Botschaften zu einigen, so wie sie alle verschwört zu sein scheinen, die Bedeutung dessen zu übersehen, was die Heldin zu Gesicht bekommt.[19] Märchen wie »Der Froschkönig«, in denen der zukünftige Ehepartner die Gestalt eines Tiers annimmt, nehmen eher auf die Sorgen und heftigen Reaktionen, die ein Kind in der Aussicht auf Reife und Sexualität empfindet, Bezug, als daß sie Überlegungen über die Gefahren des Ungehorsams anstellten.

Märchen des Tierbräutigam-Zyklus existieren oft nur in verstümmelten Versionen, doch in Mme Leprince de Beaumonts »Die Schöne und das Tier« und in dessen deutschem Gegenstück »Das singende springende Löweneckerchen« erscheint die vollständige Struktur des Märchentyps intakt. Beiden Vätern gelingt es, auf der Heimreise das erwünschte Objekt zu bekommen, aber erst, nachdem sie unabsichtlich das Grundstück eines Prinzen, der in einem Tierkörper gefangen ist, betreten. Die beiden Väter entkommen um Haaresbreite dem Tod und jeder liefert schließlich dem Tier die jüngste Tochter aus.

Bis zu dieser Stelle konzentriert sich in beiden Geschichten die Handlung auf das Zusammentreffen zwischen Vater und Tier, zwischen einer Figur, die die väterliche Autorität in ihrer gütigsten Form verkörpert und einer Figur, die trotz fehlender Beinamen als die Verkörperung von zügelloser Raserei und Gewalt schlechthin betrachtet werden muß. (In Varianten dieser einführenden Episode dient der Teufel selbst als funktionales Äquivalent des Tiers). Sowohl das Tier der französischen als auch der Löwe in der deutschen Version sind wenig verständnisvoll, als sie von den väterlichen Übergriffen erfahren. »Undankbarer!«, brüllt das Tier, als es den Vater der Schönen beim Pflücken einer Rose erwischt. »Ihr müßt sterben, um diese Schuld zu sühnen: Ihr habt eine Viertelstunde, um Gottes Erbarmen zu erflehen!«[20] Der Löwe im Grimmschen Märchen vergeht vor Wut, als er sich den vermeintlichen Dieb seiner Lerche vorknöpft. »Dich kann nichts retten«, schreit er aufgebracht. Der Gegensatz zwischen der zivilisierten Gestalt väterlicher Gutwilligkeit und der wilden Gestalt tierischer Böswilligkeit könnte in dieser dramatischen Begegnung nicht deutlicher gezeichnet sein. In Märchen mit Tierbräutigamen personifizieren Vaterfiguren durchweg die Stimme der Vernunft, Weisheit und Vorsicht. Väterliche Autorität wird so vorteilhaft wie möglich dargestellt.

Aber die Dinge verhalten sich in Märchen nicht immer so, wie sie erscheinen, da ihre Vielschichtigkeit an der Oberfläche der Dinge versteckt wird. Die »zivilisierten« Väter der Märchen aus dem Tierbräutigam-Zyklus überlassen ihre Töchter schrecklichen Tieren, um ihr eigenes Leben zu retten. Die Tiere wiederum sind nicht immer so, wie es zunächst den Anschein hat. Mme de Beaumonts Schöne, deren Ansichten zugegebenermaßen mehr vom Zynismus über den Adel des 18. Jahrhundert gefärbt sind als von der Weisheit des Volkes, sagt dem Tier: »Es gibt viele Menschen, die schlimmere Ungeheuer sind als Ihr, und ich habe Euch lieber mit Eurer Gestalt als jene, die hinter einem menschlichen Antlitz ein falsches, verlogenes, undankbares Herz verbergen.«[21] Der »wilde« Löwe in »Das singende springende Löweneckerchen« entpuppt sich als der wohlerzogenste König unter den Tieren. Selbst der abstoßend aussehende Froschkönig benimmt sich auf eine Art und Weise, die seiner Erscheinung zuwiderläuft. Abgesehen von seinem ungeduldigen Beharren, der Prinzessin im Bett Gesellschaft zu leisten, bleibt er ein perfekter Gentleman.

Wenn der erste Abschnitt der Tierbräutigam-Märchen von der Opposition zivilisiert/wild und ihrem Umkehrungsprozeß bestimmt wird, stellt der zweite Abschnitt der Handlung die Reaktion der Heldin auf die Doppelnatur der Prinz/Tier-Figur dar. In vielen Märchen erkennt die Protagonistin schnell die menschlichen Eigenschaften ihres Überwältigers und schätzt sie bald höher ein als seine äußere Erscheinung.[22] Die Kraft der Liebe, die potentiell selbst das barbarischste Ungeheuer zu zähmen vermag, entzaubert den Prinzen und stellt seine menschliche Gestalt wieder her. Wie uns die Volksweisheit schon sagt, besiegt Liebe alles. Doch nicht alle Märchen über verzauberte Tierbräutigame entwickeln sich so harmonisch und beweisen, daß Liebe stärker als Flüche und andere Arten der Verhexung ist. Küsse und Tränen (als Symbole von Leidenschaft und Mitgefühl) befreien ein Tier oft aus seinem verzauberten Zustand, aber Enthauptungen und andere Gewaltakte können sich als ebenso wirkungsvoll erweisen. In »De drei Vügelkens« treffen die junge Heldin und ihre beiden Brüder einen großen schwarzen Hund: »Se ging tosammen, bis wo de swarte Hund an den Weg lag, den schlog se in't Gesicht, da word et 'n schönen Prinz.« Die Märchenheldin, die mit Aversion, Ekel oder Zorn auf die tierische Gestalt ihres zukünftigen Gatten reagiert, kann genauso eine zauberhafte Verwandlung erwirken wie ihre zärtlich zugeneigten oder mitfühlenden Verwandten.

Daß die beiden möglichen Reaktionen (Zärtlichkeit/Aggression) auf einen Tierbräutigam der Doppelnatur von Märchentieren (zivilisiert/wild) entsprechen, erklärt noch nicht, warum Zärtlichkeit und Aggression genau dasselbe erreichen. Welches Kind oder welcher Erwachsene hat sich nicht darüber gewundert, daß die treulose Prinzessin in »Der Froschkönig« für immer in Glückseligkeit mit dem jungen Mann lebt, den sie in seinem verzauberten Zustand gegen die Wand geworfen hatte? »Nun wirst du Ruhe haben, du garstiger Frosch«, brüllt sie ihn mit scheinbar unbezähmbarer Wut an. Obwohl einige Varianten dieses Märchens eine Prinzessin zeigen, die den Frosch trotz seiner abstoßenden Erscheinung offenherzig in ihre Zimmer läßt, und ihn damit befreit, erzählen andere Versionen (und das sind die bekannteren) von einer Prinzessin, die durchaus zu einer Handlung in der Lage ist, die eine Kaltblütigkeit erfordert, die noch abschreckender ist als die von den Brüdern Grimm beschriebene. In schottischen und gallischen Versionen von »Der Froschkönig« köpft die Prinzessin ihren Verfolger. Eine polnische Variante ersetzt die Figur des Froschs durch eine Schlange und beschreibt bis ins kleinste Detail, wie die

Prinzessin das Tier zweiteilt. In einem zahmeren litauischen Text muß zuerst die Haut der Schlange verbrannt werden, bevor der Prinz aus seinem Zustand als Reptil befreit wird.
Andere folkloristische Quellen machen deutlich, daß die Umkehrung der Metamorphose – die Rückkehr von einer Gestalt als Tier, Gemüse oder Mineral in menschliche Gestalt – im allgemeinen ein Opfer erfordert. In einigen Fällen, wie in dem Märchen »Der treue Johannes«, muß der Held zur Opferung seines Sohnes bereit sein, um seinen Diener aus dem Zustand der Versteinerung befreien zu können. In anderen, wie in »Der goldene Vogel«, muß der Held den Mut aufbringen, einen gütigen Tierhelfer zu erschießen und seinen Kopf und seine Klauen abzuschneiden. Auch die Gewaltakte, die in verschiedene Versionen von »Der Froschkönig« eingebaut sind, mögen ursprünglich eher durch das Mitgefühl als die Feindseligkeit motiviert gewesen sein. Das Opfer oder besser der Nutznießer eines Aktes der Verstümmelung ist für immer in der Schuld dessen, der den eisernen Mut besitzt, die abscheuliche Tat auszuführen. Die Stärke der Leidenschaft oder des Mitgefühls des Helfers verleiht ihm die Unerschütterlichkeit, die Tat zu begehen, so grausam sie auch erscheinen mag. Zärtlichkeit und Gewalt sind in diesen Märchen praktisch unzertrennlich. Die Prinzessin der Grimmschen Version von »Der Froschkönig« reagiert zwar nur spontan auf die nichtendenwollenden Zudringlichkeiten des »garstigen Froschs«, als sie ihn gegen die Wand wirft, aber hinter ihrer Tat kann auch der Einfluß der folkloristischen Tradition stehen, die einen Akt der körperlichen Gewalt verlangt, damit die Liebe in ihrer menschlichsten und gütigsten Form entsteht.[23]
In vielen Märchen über Tierbräutigame reicht weder ein Akt der Liebe noch der Gewalt aus, den Fluch, mit dem ein Prinz von einer bösen Hexe oder Fee verzaubert wurde, zu brechen. Die Heldin des Märchens lebt sogar manchmal mit ihrem Tierehemann zusammen – obwohl (vielleicht aus Anstand) gesagt wird, daß er sich bei Nacht in seine menschliche

Gestalt verwandele –, bevor sie gezwungen ist, eine Reise zu unternehmen, um ihren Ehemann zu erlösen. Die Reise wird mit der Übertretung eines Verbots durch die Braut begründet. Dieses Verbot, ganz gleich, wie es aussieht, konstituiert dann den didaktischen Kern des Märchens. Wenn der Heldin verboten ist, ihren Ehemann anzusehen oder Licht auf ihn zu werfen, wird ihre Geschichte als Mahnung gedeutet, Neugier zu unterdrücken und übertriebene Intimität mit dem Ehemann zu vermeiden. Wenn es der Heldin nicht gelingt, nach einer festgesetzten Zeitspanne von zu Hause zu ihrem Ehemann zurückzukehren, wird ihre Geschichte als Lektion über die Gefahren einer ungewöhnlich starken Bindung an die Eltern gelesen. Es mag ein Körnchen psychologischer Wahrheit in diesen Deutungen geben, aber sie neigen dazu, nur ein Glied aus der ganzen Kette der Ereignisse zu betrachten. Gebrochene Versprechen und übertretene Verbote haben darüber hinaus in der Logik der Märchenerzählung eine positive Funktion. Selbst wenn es offensichtlich war, daß ein gebrochenes Wort oder die Mißachtung eines Verbots die Heldin in dem Prozeß, ihren Geliebten zu entzaubern, einen Schritt weiter gebracht hat, sah Wilhelm Grimm dennoch nicht davon ab, Lehrsätze über die Wichtigkeit, Versprechen zu halten, anzufügen. Anstatt sich mit dem Fehlen einer moralischen Ordnung und dem Vorhandensein rekurrierender narrativer Segmente (beispielsweise Verbot/Übertretung, Befehl/Erfüllung) abzufinden, fuhr er fort, moralische Erklärungen selbst da hinzuzufügen, wo es keine Moral gab.
Die interessanteste Frage, die von den Tierbräutigam-Märchen aufgeworfen wird, bleibt noch zu beantworten. Was führt zur Verzauberung schneidiger, junger Prinzen in Tiere? Ein kurzer Blick auf die verzauberten Ehemänner in der Grimmschen Sammlung zeigt, daß sie meist wilde Tiere sind. Löwen und Bären sind keine ungewöhnlichen Gemahle für Märchenheldinnen. Verzauberte Prinzen nehmen auch oft die Gestalt von Reptilien an, und bei vielen Märchenpaaren beginnt die Werbung, wenn ein Frosch oder eine Schlange ein unbekümmertes junges Mädchen anspricht. Andere

ebenso abstoßende Gestalten der Tierwelt erscheinen in der internationalen Gruppe der Tierbräutigame: Schweine, Igel und Esel – sie alle drängen sich jungen, unschuldigen Mädchen auf. Zusammengenommen stellt die Menagerie der Tierbräutigame eine beeindruckende Vielfalt zur Schau, selbst wenn sie eher von wilden als von zahmen Tieren dominiert wird. Nur selten verwandelt der Prinz sich in etwas anderes als ein Tier. Geschichten, die die Verwandlung eines jungen Mannes in Köpfe von umfangreichem Ausmaß, in Bäume und sogar in Öfen beschreiben, stellen nur Ausnahmen einer weitverbreiteten und beherrschenden Regel dar.[24]

Märchen erzählen uns äußerst wenig über die Umstände, die zur Verwandlung des Mannes in ein Tier führen. Eine »böse Fee« unbekannter Herkunft und ohne ersichtliche Motivation verwünscht Perraults Tier. In dem Grimmschen »Das singende springende Löweneckerchen« ist der Prinz von Beginn an verzaubert. Das Märchen von Schneeweißchen und Rosenrot benennt einen »bösen Zwerg« als Missetäter, der für die Verwandlung des Prinzen in einen Bären verantwortlich ist. In fast jedem Märchen, das von der Heirat einer Frau und einem verzauberten Prinzen erzählt, veranlaßt eine »alte Hexe«, eine »böse Hexe« oder eine ganz gewöhnliche »Hexe« die Metamorphose. Eigenartigerweise bleiben ihre Beweggründe unbekannt. Die Feen, Hexen und Zwerge, die die Handlungen dieser Märchen in Gang setzen, fungieren als Handlanger des Bösen, die unschuldige Männer als Zielscheibe ihrer magischen Flüche aussuchen.

Es kann durchaus sein, daß die Zauberinnen die metaphorische Erkenntnis alter Weiber über Sexualität (»Männer sind Tiere«) wörtlich nehmen. Jan Öjvind Swahn hat darauf hingewiesen, daß »Die Schöne und das Tier« zu einem Märchentyp gehört, der sich »fast ausschließlich in einer weiblichen Umgebung« entwickelte. Diese Geschichte und ähnliche mögen von Frauen für Frauen im Zusammenhang heimlicher Überlegungen zu Reife, Heirat und Sexualität erzählt worden sein.[25] Aber es ist auch möglich, in diesen

Geschichten über Tierehen populäre Versionen klassischer Mythen zu sehen (was Hans Naumann »gesunkenes Kulturgut« nannte), in denen Götter die Gestalt von Tieren annehmen, bevor sie ihre amourösen Interessen verfolgen. Diese Mythen wiederum erinnern daran, daß viele primitive Kulturen ihre Herkunft auf die Verbindung zwischen einer Frau und einem Totemtier zurückgeführt haben. Sowohl in Volksmärchen als auch in Mythen verdreht die aus einfachen Verhältnissen stammende Partnerin der maskierten Gottheit oder dem König durch ihre körperliche Attraktivität den Kopf.

Märchen wie »Die Schöne und das Tier« mögen von klassischen Mythen und primitiven Vorstellungen abstammen, sie stellen aber zweifellos eine gemäßigte Version davon dar. Der Kreativität des Volkes gelang es, das Thema der Sodomie zu vermeiden, indem sie das mythische Tier in einen verzauberten Menschen verwandelte. Dieser Zivilisationsprozeß war bis zur der Zeit, in der Perrault die Geschichte für seine Sammlung übernahm, schon so weit fortgeschritten, daß er bei der Verwandlung des Tiers in einen Mann auf Zauberei verzichten konnte. Physische Mißbildungen mögen Riquet mit dem Schopf (in der gleichnamigen Geschichte) wie ein Tier aussehen lassen, aber seine anderen Eigenschaften sind so einnehmend, daß sie die Liebe erwecken, die ihn von einem Buckligen in einen der bestaussehenden Männer verwandelt. Hier sind wir nicht länger im Reich des »Zaubers der Fee«, wie Perrault klarzumachen versucht, sondern im Bereich der psychologischen Allegorie.

Wenn es in Märchen eine geheime Botschaft gibt, liegt sie mitten im Blickfeld, an der Oberfläche der Ereignisse. Bei der Lektüre von Märchen müssen wir unsere vorgefaßten Meinungen über die »Lehren«, die bestimmte Märchen vermitteln, beiseite lassen. Diese ausdrücklichen Lektionen stammen oft aus der Feder von Meistern in der Kunst, Märchen von anstößigen Stellen zu säubern. Perrault hielt Blaubarts Morde, wie wir sahen, für weniger wichtig als die Neugier seiner Frau in bezug auf das verbotene Zimmer. Er war nur allzu bereit, »Blaubart« als Warnmärchen zu deuten, das Frauen von übertriebener Neugier abriet. Diejenigen, die sich mehr auf das Märchen verlassen als auf seinen Erzähler, werden schnell verstehen, warum Perrault und andere so begierig darauf waren, Neugier zum Hauptthema von »Blaubart« zu erklären. Auf die Art und Weise gelang es Perrault, die Verbindung zwischen dem verbotenen Zimmer und den Verbrechen aus Raserei zu kaschieren. Es überrascht kaum, daß »Blaubart« sich bereits zu der Zeit, als die *Kinder- und Hausmärchen* erschienen, in zwei verschiedene Erzählungen aufgespalten hatte: in ein Warnmärchen über die Gefahren der Neugier, und in ein Volks-Märchen, das den Sieg einer jungen, klugen Frau über eine blutrünstige Bestie beschreibt.

»Blaubart« ließ sich leicht von einem Märchen über große Abenteuer, die mit sexuellen Bedeutungen aufgeladen sind, in eine didaktische Geschichte verwandeln, die die Gefahren der Neugier darstellt oder die Macht der Geschicklichkeit feiert. »Die Schöne und das Tier« ist zwar von seinen vielen Erzählern, Protokollanten und Überarbeitern nicht in ein Warnmärchen verwandelt worden, wurde jedoch auch im Laufe der Jahrhunderte gezähmt. Es entwickelte sich nicht in eine didaktische Richtung, sondern wurde stattdessen immer sentimentaler. Das Thema der humanisierenden Kraft der Liebe hat die Verbindung zwischen Sexualität und Bestialität so sehr überlagert, daß wenige Leser beim Auftreten des Tierbräutigams entsetzt sind. Dennoch kann das ängstliche Beharren verschiedener Erzähler darauf, gezierte Ausdrucksweisen einzubauen und banale Botschaften auszusprechen, nicht die tieferen und tiefgreifenderen Saiten übertönen, die aus den Ereignissen des Märchens klingen. Sie tönen durch die ganze Handlung hindurch und können nur durch eine völlige Umgestaltung der Melodie der Geschichte zum Verstummen gebracht werden. Perrault, die Brüder Grimm und viele andere haben zwar an den Märchen, die sie hörten, herumgebastelt und waren nicht in der Lage, die authentische Stimme des Volkes einzufangen, aber sie haben nur gelegentlich die Handlung der Märchen so verzerrt, daß sie ihrer ursprünglichen Bedeutung vollständig beraubt waren. Sie haben, vielleicht ohne es zu wollen, den tieferen Sinn der von ihnen aufgezeichneten Märchen bewahrt, während sie sie zu einer geeigneten Bettlektüre für Kinder machten.

NACHWORT

Die Abrechnung

Eines der bemerkenswertesten Märchen aller Zeiten wird von einer Großmutter in Georg Büchners kraftvollem Drama *Woyzeck* erzählt:

> Es war eimal ein arm Kind und hat kei Vater und kei Mutter war Alles tot und war Niemand mehr auf der Welt. Alles tot, und es ist hingangen und hat greint Tag und Nacht. Und weil auf der Erd Niemand mehr war, wollt's in Himmel gehn, und der Mond guckt es so freundlich an und wie's endlich zum Mond kam, war's ein Stück faul Holz und da ist es zur Sonn gangen und wie's zur Sonn kam, war's ein verreckt Sonneblum und wie's zu den Sterne kam, warens klei golde Mück, die waren angesteckt wie der Neuntöter sie auf die Schlehe steckt und wie's wieder auf die Erd wollt, war die Erd ein umgestürzter Hafen und war ganz allein und da hat sich's hingesetzt und geweint und da sitzt es noch und ist ganz allein.[1]

Die meisten Märchenfiguren machen in ihren (Lebens-) Geschichten harte Zeiten durch, aber sie können sich wenigstens mit der Aussicht trösten, »in Glückseligkeit bis an ihr Ende« zu leben. In diesem klassischen Anti-Märchen jedoch (um einen von André Jolles geprägten Begriff zu verwenden), wird die Grundregel des glücklichen Endes mißachtet: Hilflosigkeit und Isolation werden im Laufe der Geschichte so sehr gesteigert, daß der kindliche Held für immer im Unglück lebt. Dadurch, daß Büchner sein Märchen mit einer Situation beendete, die gewöhnlich am Anfang eines Märchens steht, gelang es ihm, die Grundregeln dieser Gattung zu untergraben.
Es bedurfte allerdings nicht der Fähigkeiten Georg Büchners, um eine dem Märchen diametral entgegengesetzte Form zu schaffen. In den *Kinder- und Hausmärchen* finden sich zahlreiche Beispiele dafür. »Der Ranzen, das Hütlein und das Hörnlein« endet damit, daß der Held ganze Städte und

Dörfer vernichtet. Als er in sein Horn bläst, zerstört er alles, was in Sicht ist, bis nur er selbst noch übrig ist, um die Verwüstung zu besichtigen. »Da war er König allein und blies, bis er gestorben ist.«[2] Hier wird allerdings nicht die Hilflosigkeit des Helden bis an ihre Grenze getrieben, sondern vielmehr seine Macht. Die beiden Märchen von Büchner und den Brüdern Grimm illustrieren das Ausmaß, in dem Märchen die Extreme von Hilflosigkeit und Allmacht darstellen können. Der in seiner Hilflosigkeit schwelgende Held kommt genauso häufig vor wie der Held, der seine Macht genießt und Vergeltungsmaßnahmen gegen seine Feinde ergreift.

Wenn wir uns von den klassischen Zaubermärchen nun den Fabeln und anderen Arten von Märchen in der Grimmschen Sammlung zuwenden, zeigt sich, daß die Darstellung genauso trübselig sein kann. Das Märchen »Von dem Tode des Hühnchens« berichtet nicht nur eingehend über die Details der im Titel angedeuteten Episode, sondern schließt auch, nachdem beschrieben wurde, wie die Beerdigungsgesellschaft der Henne ertrinkt, mit dem Tod des Ehemannes der Henne: »Da war das Hähnchen noch allein mit dem toten Hühnchen und grub ihm ein Grab und legte es hinein und machte einen Hügel darüber, auf den setzte es sich und grämte sich so lang, bis es auch starb; und da war alles tot.« »Von dem Mäuschen, dem Vögelchen und der Bratwurst« beginnt mit der Beschreibung einer harmonischen Arbeits- und Lebensgemeinschaft, in der die drei Titelfiguren ihre Kräfte vereinen und ein angenehmes Leben bei verteilten Haushaltsarbeiten führen. Jeder tut das, was seinen Fähigkeiten entspricht. »Wem zu wohl ist, dem gelüstet immer nach neuen Dingen!« Als der Vogel darauf besteht, die Haushaltspflichten so umzuordnen, daß er zu Hause bleiben kann, fällt die Wurst einem hungrigen Hund zum Opfer, kommt die Maus in einem Suppentopf um, und der Vogel fällt in eine Quelle und ertrinkt.

»Wie Kinder Schlachtens miteinander gespielt haben«, das schrecklichste Märchen der Grimmschen Sammlung, ist glücklicherweise nie in die zweite Auflage der *Kinder- und Hausmärchen* aufgenommen worden. In der ersten Auflage gingen die Brüder Grimm sogar soweit, zwei verschiedene Versionen abzudrucken. Die erste beschreibt die tödlichen Folgen eines Kinderspiels, das eine tragische Wendung nimmt, als ein Junge den Metzger »spielt« und einen anderen schlachtet, der das Schwein »spielt«. Die zweite Version zeigt eine noch grausigere Kette von Vorkommnissen. Ein Junge, der die Rolle des Metzgers spielt, ermordet seinen Bruder; seine Mutter, die das Ganze vom Fenster aus beobachtet, ist so wütend und bestürzt, daß sie ein Messer in das Herz ihres Sohnes stößt; als sie ins Haus zurückkehrt, muß sie feststellen, daß das Kind, das sie gerade badete, in ihrer Abwesenheit ertrunken ist; am Ende erhängt sie sich, und ihr betrübter Ehemann stirbt kurz darauf. Nach der Lektüre dieser Erzählung wird deutlich, daß vieles von dem Material, das in die Hände der Brüder Grimm gelangte, für Kinder kaum geeignet war.[3] Die Brüder entfernten Gewalt allerdings nur unter Protest. »Wie Kinder Schlachtens miteinander gespielt haben« war für Wilhelm Grimm eine vollkommen akzeptable Kindergeschichte; er hatte sie in seiner Jugend gehört und war der Ansicht, daß sie ihm eine wichtige Lehre über Vorsicht und Zurückhaltung erteilt habe.[4]

Wenn es um die Zusammenstellung von Szenen über Rache und Vergeltung ging, setzte Wilhelm Grimm seiner Phantasie keine Grenzen. Es ist ihm nie in den Sinn gekommen, Enthauptungen, Erstechen, Aufschlitzen und andere Formen des Blutvergießens zu entfernen. »Der Liebste Roland« beispielsweise erzählt nicht nur, wie eine Frau ihre Tochter köpft, sondern beschreibt ganz genau das Bild des Opfers, »das in seinem Blute schwamm«. Wichtiger ist, daß die Bestrafung der Schurkin ausführlich beschrieben wird. Genau in dem Moment, in dem die Mutter und Hexe eine Blume pflücken will, spielt ein Geiger eine Melodie: »Und sie mochte wollen oder nicht, sie mußte tanzen, denn es war ein Zaubertanz. Je schneller er spielte, desto gewaltigere Sprünge mußte sie machen, und die Dornen rissen ihr die Kleider vom Leibe, stachen sie blutig und wund, und da er nicht aufhörte, mußte sie so lange tanzen, bis sie tot liegenblieb.« Wie bereits erwähnt wurde, fand Wilhelm Grimm Anspielungen auf die Schwangerschaft anstößig, hatte aber bei Gewalt keine derartigen Bedenken. Er ließ sich selten die Gelegenheit entgehen, in seinen Märchen jemanden auf dem Scheiterhaufen zu verbrennen, zu ertränken, in glühenden Schuhen tanzen zu lassen, in Stücke zu reißen oder nackt in ein mit Nägeln ausgekleidetes Faß zu legen und an ein Pferd zu schirren. Selbst in den zehn Kinderlegenden der *Kinder- und Hausmärchen* schließt eine Geschichte wie folgt, als eine böse Mutter und ihre launische Tochter sich auf den Weg zum Wald machen: »Auf dem Weg kamen so viel Eidechsen und Schlangen auf sie beide los, daß sie sich nicht zu retten wußten; sie stachen auch endlich das böse Kind tot, und die Mutter stachen sie in den Fuß, weil sie es nicht besser erzogen hatte.« Die Bestrafung der Schurken wird durchweg detaillierter beschrieben als das Glück der Helden. Daß die Schurken auf die schmerzhafteste Art und Weise sterben, die überhaupt nur möglich ist, scheint eine Vorbedingung für das Glück der Helden zu sein und macht in einigen Märchen sogar das glückliche Ende überhaupt erst aus. Die Darstellung von Aschenputtels Hochzeit ist fast ausschließlich der ausführlichen Beschreibung der Szene gewidmet, in der die Tauben ihren Stiefschwestern die Augen auspicken. Schneewittchens Hochzeit besteht eigentlich nur aus einem zentralen Ereignis: dem Tod der Stiefmutter, die in glühenden Schuhen tanzen mußte. Der König, die Königin und ihre sechs Brüder mögen in »Die sechs Schwäne« für immer glücklich leben, aber erst, nachdem die böse Schwiegermutter der Königin auf dem Scheiterhaufen verbrannt wurde. Belohnung-und-Bestrafung-Märchen, mit den beiden sich gegenüberstehenden Figuren, enden durchgängig mit der Darstellung von Erniedrigung und Folter. In »Frau Holle« beispielsweise wird das Glück der sittsamen Heldin gleich zu Beginn dargestellt, der Rest des Textes wird den Prüfungen ihrer faulen Gegenspielerin

gewidmet, die am Ende in Pech gebadet wird, das bis zu ihrem Lebensende an ihr haften bleibt. Wie ein Märchensammler es formulierte, ist im Schlußteil seiner Version von »Schneewittchen« die »Rache ... süß wie die Liebe«[5].
Deutsche Märchen zeigen, wie wir sehen konnten, ununterbrochen Helden in der Rolle des Opfers. Hans Dumm ist der Prügelknabe aller, der jüngste dreier Söhne wird immer benachteiligt und als Narr angesehen. Die vielen weiblichen Aschenputtel in den *Kinder- und Hausmärchen* werden allen Arten von Mißhandlung und Erniedrigung unterworfen, und die stolzen Prinzessinnen werden von ihren Freiern überlistet, wonach sie sich in Küchen bei der Verrichtung schmutziger Arbeiten schinden müssen. Die Darstellung größter Hilflosigkeit im Angesicht des Elends beendet den ersten Akt vieler Märchen. Im Gegensatz zu den Helden besitzen die Schurken in den Märchen der Brüder Grimm Macht, Stärke und Geschicklichkeit, von mörderischer Beharrlichkeit ganz zu schweigen. Ganz gleich, ob sie die Gestalt feuerspeiender Drachen oder kaltblütiger Hexen annehmen, sie sind so erbarmungslos, daß sie kein Mitleid erregen, wenn sich der Spieß einmal umkehrt. Wir konnten sehen, wie Stiefmütter, Menschenfresser, Bestien und andere Märchenungeheuer so bösartig sind, daß sie keine ausgleichenden Eigenschaften mehr besitzen. Es ist unmöglich, ihnen zu vergeben und alles zu vergessen; daher der Mangel an Märchen, die mit Szenen der Versöhnung enden. Stattdessen wird die anfängliche Erniedrigung und Hilflosigkeit des Helden am Ende durch Vergeltung und Rache ausgeglichen.
Die Entwicklung im Märchen, von Leiden zu Vergeltung, besitzt klassische Ausgewogenheit und Symmetrie. Am Ende werden alte Rechnungen beglichen und Unrecht wiedergutgemacht. Die Leiden, die dem Opfer auferlegt wurden oder ihm zugedacht waren, werden schließlich auf den Gegner übertragen. Eine Frau, die ihre Schwiegertochter in einen Fluß wirft, ertrinkt selbst. Die Stiefmutter, die ihre Stieftochter im Wald aussetzen will, wird von wilden Tieren in Stücke gerissen.

Die Auswahl der angemessenen Bestrafung oder Mittel, die angewendet werden, um Gerechtigkeit widerfahren zu lassen, ist nie willkürlich. Das ist die alttestamentarische Logik des Auge um Auge, Zahn um Zahn. In Märchen ist die Abrechnung die beste Rache.[6]

Trotz der ernsthaftesten Vorsätze Wilhelm Grimms gibt es in den *Kinder- und Hausmärchen* mehrere Märchen, die keine deutliche Rechtfertigung (Bestrafung) oder Begründung (Rache) für Szenen der Gewalt liefern. In diesen Märchen dient die Gewalt nicht dazu, die Ordnung wieder herzustellen und eine stabile Ordnung zu schaffen; stattdessen wird sie eingesetzt, um Szenen der Verwüstung und Anarchie zu inszenieren. Wir sind damit wieder eher im Bereich der komischen Volks-Märchen als der klassischen Zaubermärchen. »Herr Korbes«, eines der weniger bekannten Märchen der *Kinder- und Hausmärchen*, zeigt, wie leicht die Beschreibung ungehemmter Gewalt und Brutalität komische Effekte hervorbringen kann. In dieser Geschichte reisen eine Henne, ein Hahn, eine Katze, ein Mühlstein, ein Ei, eine Ente, eine Stecknadel und eine Nähnadel stilvoll zum Haus des Pechvogels Herrn Korbes´. Sie dringen in sein Haus ein und warten auf seine Rückkehr.

> Da kam der Herr Korbes nach Haus, ging ans Kamin und wollte Feuer anmachen, da warf ihm die Katze das Gesicht voll Asche. Er lief geschwind in die Küche und wollte sich abwaschen, da sprützte ihm die Ente Wasser ins Gesicht. Er wollte sich an dem Handtuch abtrocknen, aber das Ei rollte ihm entgegen, zerbrach und klebte ihm die Augen zu. Er wollte sich ruhen und setzte sich auf den Stuhl, da stach ihn die Stecknadel. Er geriet in Zorn und warf sich aufs Bett, wie er aber den Kopf aufs Kissen niederlegte, stach ihn die Nähnadel, so daß er aufschrie und ganz wütend in die weite Welt laufen wollte. Wie er aber an die Haustür kam, sprang der Mühlstein herunter und schlug ihn tot.

Kein sehr fröhliches Märchen, aber eines, das durchweg Gelächter hervorruft. Hier sind wir von der Welt eines Märchens wie »Von dem Machandelboom« weit entfernt, wo ein herabstürzender Mühlstein eine ganze Familie von der Tyrannei einer Frau befreit. Als die Sequenz von »Witzen« in »Herr Korbes« am Ende fatale Konsequenzen hat, wechselt das Märchen nicht in die melodramatische oder tragische Tonart. Das ahnungslose Opfer der verschiedenen Streiche hat sich nichts zuschulden kommen lassen, was solche Gemeinheiten rechtfertigen würde – dies ist kein Märchen von Opfer und Vergeltung. Was wir hier haben, ist ein Schwank, eine Folge von Unglücksfällen und Erniedrigungen, die keine Ordnung oder Logik aufweist. Wilhelm Grimm muß diese Erzählung unmotivierter Grausamkeit etwas verwirrend gefunden haben, da die letzte Auflage der *Kinder- und Hausmärchen* folgenden Schlußsatz enthält: »Der Herr Korbes muß ein recht böser Mann gewesen sein.« Während Zaubermärchen uns oft vorführen, wie unschuldige Kinder über böse Erwachsene siegen, setzen Volks-Märchen dasselbe Opfer/Vergeltung-Schema mit Privilegierten und Unterprivilegierten in Szene. Man könnte durchaus versucht sein, »Herr Korbes« als Märchen zu lesen, in dem die Diener gegen ihre Herren rebellieren und Rache an ihnen nehmen. Viele Geschichten in den *Kinder- und Hausmärchen* zeigen Gewalt nur um der Gewalt willen (und das ist eine Tatsache, der Wilhelm Grimm eindeutig nicht ins Auge sehen wollte). Daß Szenen zügelloser Gewalt den Charakter einer surrealen Komödie annehmen können, ist eine unangenehme Tatsache, die es zu erkennen gilt. Nehmen wir den Fall von »Das junggeglühte Männlein«, ein Märchen, das zu den gräßlichsten und gleichzeitig lustigsten in der Grimmschen Sammlung gehört. Der heilige Petrus und der Herrgott kehren eines Abends bei einem Schmied ein, wo sie einen gebrechlichen Bettler treffen, den sie verjüngen wollen. Mit den Werkzeugen des Schmieds verwandeln sie den Bettler in einen kraftvollen, gesunden, jungen Mann. Nachdem der heilige Petrus und der Herrgott abgereist sind, schlägt der Schmied seiner Schwiegermutter vor, den Vorgang zu wiederholen. Begierig, ihre Jugend wiederherzustellen, willigt sie ein.

Machte also der Schmied große Glut und stieß die Alte hinein, die sich hin und wieder bog und grausames Mordgeschrei anstimmte. »Sitz still, was schreist und hüpfst du, ich will erst weidlich zublasen.« Zog damit die Bälge von neuem, bis ihr alle Haderlumpen brannten. Das alte Weib schrie ohne Ruhe, und der Schmied dachte: »Kunst geht nicht recht zu«, nahm sie heraus und warf sie in den Löschtrog. Da schrie sie ganz überlaut, daß es droben im Haus die Schmiedin und ihre Schnur hörten; die liefen beide die Stiegen herab und sahen die Alte heulend und maulend ganz zusammengeschnurrt im Trog liegen, das Angesicht gerunzelt, gefaltet und ungeschaffen. Darob sich die zwei, die beide mit Kindern gingen, so entsetzten, daß sie noch dieselbe Nacht zwei Jungen gebaren, die waren nicht wie Menschen geschaffen, sondern wie Affen, liefen zum Wald hinein; und von ihnen stammt das Geschlecht der Affen her.

Auch hier fehlt das Opfer/Vergeltung-Schema der Zaubermärchen. Der Schmied will nicht abrechnen, er haut seine Schwiegermutter nur übers Ohr. Die tolpatschige Nachahmung der Himmlischen durch den Schmied und die Zurschaustellung des Leidens der Schwiegermutter sorgen für die (wenngleich grausame) Komik dieser Szene.
Im Laufe der Zeit sind die Grimmschen *Kinder- und Hausmärchen* von Erziehern scharf angegriffen worden, denn die Märchen werden im allgemeinen für wesentlich schauerlicher und furchterregender gehalten als die meisten anderen Geschichten dieser Art. Nach dem Zweiten Weltkrieg gingen die alliierten Besatzungsmächte in manchen Städten sogar soweit, die *Kinder- und Hausmärchen* aus den Klassenzimmern zu verbannen und den Befehl zu erteilen, die Sammlung aus dem Umlauf zu ziehen.[7] Die Grimmschen Geschichten wurden als Nährboden und Spiegel einer grausamen, perversen Mentalität betrachtet. Die Frage, die allerdings offenblieb, war, ob man sie als zufälligen Beitrag zu den Grausamkeiten des Hitlerregimes oder einfach als frühe Anzeichen einer zukünftigen Entwicklung betrachten sollte. In der Einleitung zu seinem Band italienischer Märchen erklärt Italo Calvino stolz, daß »ständiges ungestaltes Blut-

vergießen wie in den grausamen Grimmschen Märchen« in ihren italienischen Gegenstücken nicht zu finden sei. »... nur selten kommt es im italienischen Märchen zu scheußlichem Gemetzel«, fügt er hinzu, »... die Erzählung hält sich nicht unnötig oder gar mit falschem Mitleid beim Opfer auf, sondern eilt der ausgleichenden Lösung entgegen«. Calvino räumt ein, daß wir sogar in italienischen Märchen in einem gewissen Grade das Elend der Opfer beschrieben fänden. Das ist mit Sicherheit eine Untertreibung, wenn wir »Olive« betrachten, in der die Heldin »ohne Hände mitten im Wald steht und verhungert und verdurstet, mit ... zwei Babys im Arm«. Calvino gibt zu, daß die Beschreibungen von Rache in italienischen Märchen keineswegs fehlen: Hexen werden regelmäßig mit Teer bestrichen und auf einen Scheiterhaufen geworfen oder aus Fenstern gestoßen und zu Tode verbrannt. Ohne Szenen des Opfers und der Vergeltung wäre es schwierig, ein Märchen zu erzählen; sie liefern genau den Stoff der Erzählung. Italienische Märchen sind in der Beschreibung von Gewalt vielleicht knapp, aber sie klammern die Leiden des Opfers und die Bestrafung des Schurken keinesfalls aus.[8]

Calvino stellt auch fest, daß diese »blutrünstige Wildheit niemals ohne Hoffnung auf einen Ausgleich« in italienischen Märchen sei, und tatsächlich sucht man in der Sammlung vergebens nach einem Märchen in der Art des Grimmschen »Herr Korbes«. Diese Geschichte scheint die deutschsprachige Grenze nicht überschritten zu haben. Doch »Das junggeglühte Männlein« hat unzählige Verwandte, die auf der ganzen eurasischen Landkarte verstreut sind; eine seiner Varianten ging in Calvinos Sammlung unter dem Titel »Die drei Weiber« ein. In dieser Geschichte verwandeln drei Feen eine vierundneunzigjährige Frau in ein junges schönes Mädchen, das die Braut eines gutaussehenden jungen Königs wird. Als eine der beiden Schwestern der Königin Rat sucht, wie sie sich verjüngen könne, wird ihr gesagt, sie solle sich auch bei einem Tischler hobeln lassen.

Die alte Frau lief so schnell sie konnte zur Werkstatt des Tischlers. »Tischler, wirst du mich auch gut hobeln?« »O meine Güte!« rief der Tischler aus. »Du bist bereits trockenes Brennholz, und wenn ich dich hobele, gehst du in das Himmelreich ein.« ... »Mach dir darüber keine Sorgen, sag ich dir. Hier ist ein Taler.« Als er »Taler« hörte, änderte der Tischler seine Meinung. Er nahm das Geld und sagte, »leg dich hier auf meine Werkbank, und ich hobele dich, so viel du willst«, und er begann damit, eine Wange zu hobeln. Dem alten Weib entfuhr ein Schrei. »Na, na! Wenn du schreist, werden wir mit der Arbeit nie fertig.« Sie drehte sich auf die andere Seite, und der Tischler hobelte ihre andere Wange. Das alte Weib schrie nicht mehr: sie war so tot, wie einer nur tot sein kann. Von dem anderen alten Weib hat man nie wieder etwas gehört. Ob sie ertrank, ihre Kehle durchschnitten wurde, in ihrem Bett oder woanders starb, das weiß keiner.[9]

Wieder einmal geht der »Witz« auf Kosten eines unschuldigen Opfers. Die alte Frau, die von einem Tischler getötet wird, hat sich nie anders als helfend gegenüber ihrer Schwester verhalten.

Die Brüder Grimm belegen eindeutig kein Monopol auf Gewalt in Zauber- und Volks-Märchen. Die Schrecken der Geschichten kommen, um einen Satz von Poe zu zitieren, nicht wirklich aus Deutschland, sondern aus der Seele. Wenn die Brüder Grimm ein Märchen von Perrault übernahmen (manchmal unwissentlich), wählten sie durchweg eine gemäßigtere Version aus. Ihr Rotkäppchen wird von einem Jäger gerettet und aus dem Magen des Wolfes befreit. Ihr Dornröschen gerät nie mit einer Frau aneinander, die ihre Enkel zum Abendessen verzehren will. Ihr Daumesdick mag ein Possenreißer sein, aber er geht nie so weit, einen Riesen zu verleiten, seine sieben Töchter zu köpfen. Wenn es um die Darstellung von Gewalt in Märchen geht, macht der Illustration Gustave Dorés zu Perraults »Petit Poucet« (»Der kleine Däumling«) so schnell nichts Konkurrenz (Abb. 18).

Auch die britischen Jack-Märchen sind selten so harmlos und komisch, wie es oft von ihnen behauptet wird. Die kannibalistischen Neigungen der Riesen dieser Geschichten

Abb. 18 *Gustave Dorés Illustration zu Perraults »Der kleine Däumling« zeigt einen Menschenfresser, der gerade dabei ist, die Kehlen seiner sieben Töchter durchzuschneiden.*

werden so sachlich beschrieben, daß es durchaus witzig sein kann: »›Mein Mann ist ein Menschenfresser‹, erzählt die Frau eines Riesen Jack, ›und nichts mag er lieber als geschmorte Jungen auf Toast.‹« Als der Riese seinen berühmten »Fee-fi-fo-fum«-Vers singt, beruhigt seine Frau ihn, indem sie ihm sagt, daß er wohl den Geruch »der Reste des kleinen Jungen, der dir gestern beim Abendessen so gut geschmeckt hat«, wahrgenommen habe. Die Worte des Riesen sind im Gegensatz dazu wesentlich abschreckender: »Bist du der Schurke, der meine Verwandten getötet hat? Dann werde ich dich mit meinen Zähnen in Stücke reißen, dein Blut aussaugen und deine Knochen zu Pulver mahlen.«[10] Das Töten des Riesen durch Jack, der sich damit an seinem Widersacher rächt, wird immer so ausführlich beschrieben, daß für die Vorstellungskraft nichts mehr bleibt.

Wer der Ansicht ist, daß deutsche Märchen einzigartig in dem Ausmaß sind, in dem sie in morbiden Beschreibungen von Grausamkeit und Gewalt schwelgen, täte gut daran, einen kurzen Blick auf die russischen Märchen von Baba-Jaga zu werfen. Die Hütte dieser listigen alten Hexe liegt in der dunkelsten Ecke des Waldes. Auf die Füße von Hennen gestellt, ist sie von einem Zaun aus Menschenknochen umgeben, der mit Schädeln gekrönt ist. Die Torpfosten sind Menschenbeine, die Riegel sind Arme und das Schloß ist aus Zähnen gemacht. Jeder Märchenheld weiß, daß diese Hexe gerne das Fleisch kleiner Kinder ißt und ihr Blut trinkt. Die Unholde und Schurken der russischen Folklore sind nicht weniger blutrünstig als französische Ungeheuer, britische Riesen und deutsche Hexen. Als Baba-Jaga kichert: »Pfui, pfui! Hier riecht es nach Russen!« erschreckt sie die Märchenheldin zu Tode. Auch hier tritt die Hilflosigkeit der Heldin in scharfen Gegensatz zur überwältigenden Kaltblütigkeit ihrer Gegnerin. Doch wie immer werden Hilflosigkeit und Opfer durch Rache und Vergeltung ausgeglichen. Die wunderschöne Wassilissa erhält die Gelegenheit zu sehen, wie ihre Stiefmutter (die mit Baba-Jaga verbündet ist) und ihre beiden Stiefschwestern zu Asche verbrennen, als ein glühender Schädel seinen Blick auf sie richtet. In einem anderen Märchen wird eine böse Hexe an einen Pferdeschweif gebunden, und das Pferd wird auf freier Fläche losgelassen. Die Darstellungen am Ende der Märchen sind nicht sehr unterschiedlich, wenn wir uns vom Osten nach Westen oder Norden nach Süden wenden.

Verallgemeinerungen über nationale oder kulturelle Unterschiede dadurch zu treffen, daß man Episoden aus verschiedenen Versionen eines Märchentyps vergleicht, ist gewagt. Es ist beispielsweise einfach, aus der Gegenüberstellung des Endes von Perraults »Cendrillon« und dem Grimmschen »Aschenputtel« falsche Schlußfolgerungen zu ziehen. Perraults Aschenputtel vergibt ihren Stiefschwestern, als sie sich ihr zu Füßen werfen und um Verzeihung bitten. Die Brüder Grimm gestalten es anders: »Als die Hochzeit mit dem Königssohn sollte gehalten werden, kamen die falschen Schwestern, wollten sich einschmeicheln und teil an seinem Glück nehmen.« Sie nehmen an der Hochzeitsprozession teil, aber auf dem Weg von und zur Kirche picken Tauben ihre Augen aus. Der Kontrast zwischen Mitgefühl und Vergeltung könnte nicht deutlicher sein, und man ist versucht, für die französische Nächstenliebe und die deutsche Grausamkeit zu argumentieren. Aber ist es wirklich zulässig, ein Märchen aus Perraults Geschichtensammlung des 17. Jahrhunderts, die der einundzwanzigjährigen Elisabeth Charlotte d'Orléans gewidmet ist, mit einem Märchen aus der Grimmschen Sammlung des 19. Jahrhunderts, die für das Volk gedacht war, zu vergleichen? Perrault war bemüht, eine aristokratische Zuhörerschaft zufriedenzustellen; die Brüder Grimm wollten die authentische Stimme des Volkes festhalten. Das Publikum des Buchs und das Ziel der Sammler beeinflußte unvermeidlich die Sache. Perraults Charaktere sind beispielsweise sehr modebewußt (der Prinz in »Die schlafende Schöne im Walde« findet das hundert Jahre alte Gewand der Prinzessin hoffnungslos altmodisch); die Figuren der Brüder Grimm sind eher mit den Grundbedürfnissen beschäftigt (ihr Prinz konzentriert sich mehr auf den Hof und die Küche als auf die Kleidung seiner Geliebten). Der anmutige Stil und die elegante Darstellung von Perraults *Contes* steht in scharfem Kontrast zum grobschlächtigen Stil und der oft einfach strukturierten Handlungsführung der *Kinder- und Hausmärchen.*

»Cendrillon« mit »Aschenputtel« zu vergleichen, ist auch aus anderen Gründen problematisch, die mit den Unterschieden zwischen Perrault und den Brüdern Grimm nichts zu tun haben. Obwohl die Brüder Grimm in der einen Version eine unbarmherzige Heldin beschreiben, zeigen sie uns in einer anderen eine mitfühlende Heldin. Zweiäuglein in »Einäuglein, Zweiäuglein und Dreiäuglein« wird auch von ihren Schwestern und ihrer Mutter gequält, aber am Schluß läßt sie die Vergangenheit ruhen. Als zwei arme Frauen zum Schloß kommen und um Almosen bitten, erkennt sie in ihnen ihre Schwestern: »Zweiäuglein aber hieß sie willkommen und tat ihnen Gutes und pflegte sie, also daß die beiden von Herzen bereuten, was sie ihrer Schwester in der Jugend Böses angetan hatten.« Die meisten der Grimmschen Aschenputtel sind nicht so großherzig, aber das Beispiel von »Einäuglein, Zweiäuglein und Dreiäuglein« macht deutlich, wie unzuverlässig es ist, vergleichende Schlußfolgerungen auf der Grundlage einer einzigen französischen und deutschen Variante zu ziehen. Eine zuverlässige Aussage über die unverhüllte Grausamkeit und Brutalität der *Kinder- und Hausmärchen* zu machen, würde eine vollständige vergleichende Analyse der vergleichbaren Sammlungen erfordern.

Der Vergleich zwischen »Aschenputtel« und »Einäuglein, Zweiäuglein und Dreiäuglein« der Brüder Grimm ist auch deswegen aufschlußreich, weil er zeigt, wie einige wenige Veränderungen die Werte, die in einem Märchen niedergelegt sind, vollkommen verwandeln können. Mit wenigen raschen Federstrichen läßt sich Grausamkeit in Mitgefühl oder Naivität in Schlauheit verkehren. Aus diesem Grund ist es gewagt, nebensächlichen Details einer nationalen Version eines einzigen Märchentyps eine zu tiefe Bedeutung beizumessen. Zwar läßt der starke Widerhall, den die *Kinder- und Hausmärchen* in Deutschland über die Jahre gefunden haben, darauf schließen, daß die Brüder die Mentalität des Volkes zum Teil wiedergegeben haben, selbst wenn es ihnen nicht vollständig gelang, die Stimme des Volkes einzufangen; doch muß jedes Märchen ihrer letzten Auflage immer mit früheren Auflagen und nationalen und internationalen Varianten verglichen werden.

Nationale Ranglisten über den Grad der Gewalt und Grausamkeit in Märchen zu erstellen, ist eine der kaum zu erledigenden Aufgaben, die in Märchen beschrieben werden. Dennoch ist eindeutig, daß Gewalt und Grausamkeit zu den nackten Tatsachen aller Märchen gehören. Das Opfer/Vergeltung-Schema, das in vielen Märchentypen auftaucht, lädt zur Darstellung herzlosen Verhaltens und gnadenloser Bestrafung ein. Mitleiderweckende Hilflosigkeit und Verletzlichkeit bahnen den Weg für Macht und unbegrenzten Reichtum. In Anbetracht der Machtbeziehungen in Märchen versteht sich von selbst, warum diese Geschichten für Kinder so anziehend sind. Das Gefühl hoffnungsloser Schwäche gegenüber allmächtigen Vormunden und Widersachern entspricht vollkommen dem Empfinden kleiner Kinder gegenüber Erwachsenen. Die Entwicklung des Märchens von Opfer zu Vergeltung verleiht den Rachephantasien, die sich unvermeidlich in die Gedanken eines jeden Kindes, das von Machtlosigkeit bedrängt ist, einschleichen, lebendige, wenn auch verborgene Gestalt. Daß der ursprüngliche Zustand des Elends des Helden übertrieben und nur noch bedingt realistisch ist, macht die Vorstellung umso befriedigender. Sowohl die Belohnung des Helden als auch die Bestrafung des Unterdrückers sind wohlverdient.

Die Frage des Werts der Märchen als Kinderliteratur wurde im Laufe der Jahre unablässig diskutiert.[11] Ein Wissenschaftler formulierte die Frage so: »Brauchen Kinder Schrecken in Geschichten? Wenn ja, wieviel und wie oft?«[12] Eine Gruppe von Erziehern und Psychologen plädiert für Zensur und ist durchaus bereit, die *Kinder- und Hausmärchen* – selbst in ihren revidierten Versionen – aus den Regalen der Büchereien und Kinderzimmer zu verbannen. Das andere Lager, dessen eloquentester Vertreter Bruno Bettelheim war, betont die bildende Kraft von Grimms Märchen und sieht sie als Instrumente der Aufklärung. *Kinder brauchen Märchen*, der deutsche Titel seines Buches, formuliert seine These. Noch bevor die Brüder Grimm ihre Märchen zu sammeln begannen, verkündete Samuel Johnson, daß »Kleinkinder nichts von Kleinkindern hören wollen; sie bekommen gerne von Riesen und Schlössern erzählt und von etwas, das ihre kleinen Gehirne fordern und anregen kann.« Ob wir menschenfressende Riesen und Hexen billigen, ist eine andere Frage. Auf alle Fälle bekam er die Reaktion auf seine Erklärung schnell in Richard Edgeworths herausfordernder Frage: »Vorausgesetzt, sie ziehen solche Märchen vor, ist das ein

Grund dafür, daß ihnen erlaubt werden sollte, sie zu lesen?«[13]

Es ist nicht leicht, sich in dieser Debatte für eine Seite zu entscheiden. Märchen sind vielleicht die Kindheit der Fiktion, aber sie sind nicht unbedingt die Fiktion der Kindheit. Obwohl die Geschichten auf der Seite des kindlichen Helden in seinem Kampf gegen mächtige Gegner stehen und in dem Sieg der Jungen und Schwachen gipfeln, zeigen sie ziemlich viel Schmerz und Leiden auf dem Weg dahin. Der Grad, in dem dieser Schmerz und dieses Leiden das Märchen beherrscht, variiert je nach kultureller Norm, pädagogischem Interesse und individueller Vorliebe. Kein Märchen war je dafür gedacht, in Granit geschrieben zu werden. Wie alle mündlichen Erzählungen hat das Märchen keine »richtige«, endgültige Form. Stattdessen wird es von jeder neuen Kultur, in die es eintritt, beständig reguliert. Ohne Regeln, die den Grad an Gewalt diktieren, der den Märchen angemessen ist, setzen jede Zeit und jeder Ort ihre eigenen Parameter.

In der Grimmschen Sammlung sind die wirklich schrecklichen Märchen nicht so sehr jene, die auf dem Opfer/Vergeltung-Schema basieren, sondern die Warnmärchen – Texte, die auf dem Schema Übertretung/Bestrafung als Modell für ihre Handlung beruhen. Diese Geschichten enden mit dem Sieg der erwachsenen Weisheit über kindlichen Ungehorsam, Neugierde und Frechheit. Oft gehen sie sogar so weit, mit dem Tod der jungen Protagonisten zu schließen. In »Frau Trude« gehorcht das »eigensinnige und vorwitzige« Mädchen seinen Eltern nicht und geht von zu Hause fort, um die im Titel benannte Hexe zu treffen. Frau Trude heißt ihren jungen Gast willkommen, verwandelt ihn in einen Holzblock, wirft ihn ins Feuer und wärmt sich an der Glut. Hier gewinnen sowohl die Hexe als auch die Eltern den Wettbewerb zwischen Kind und Erwachsenen.

Es gibt nur eine Geschichte in den *Kinder- und Hausmärchen,* die »Frau Trude« in ihrer krassen Darstellung der Bestrafung von Kindern noch übertrifft. »Das eigensinnige

Kind« erzählt von einem Kind, das sich weigert, gehorsam zu sein. »Darum hatte der liebe Gott keinen Wohlgefallen an ihm und ließ es krank werden.« Das Kind stirbt, aber beweist einen starken Willen selbst dann noch, als es beerdigt ist, denn es streckt einen Arm in die Luft. Erst als die Mutter zum Grab geht und mit einer Rute auf den Arm schlägt, findet das Kind seine Ruhe.

Beide Geschichten erteilen einfache Lehren über die Tugenden, die Wahrheit zu sagen, die Neugierde zu unterdrücken und gehorsam zu sein. Sie scheinen bewußt darauf abgestellt, bestimmte, von Erwachsenen für Kinder entworfene Lektionen zu vermitteln. In ihrer Eigenschaft als Warnmärchen zeigen sie, wie Kinder mit unerwünschten Verhaltensweisen – Unaufrichtigkeit, Neugier, Frechheit – zugrunde gehen. Mit Macht werden nur die Erwachsenen ausgestattet, die ihre überlegene Stärke und Intelligenz nutzen, um den Kindern eine Lehre zu erteilen. Diese Geschichten mit ihrer zielstrebigen Konzentration auf das Übertretung/Bestrafung-Muster, ihren einzigartigen Machtbeziehungen, ihrer deutlichen Moral und ihrem versteckten Hang zur Konformität sind die furchterregendsten Geschichten der Grimmschen Sammlung. Indem sie die Machtstruktur und das zugrundeliegende Muster der klassischen Märchen verkehren, wekken sie in den Kindern, die sie hören und lesen, wahrscheinlich viel eher Angst als Vertrauen.

Ob Grausamkeit und Gewalt eine tragische Wendung nehmen oder zu komischen Possen führen, die Beschreibung ihrer Wirkungen übt auf die Phantasie der Kinder eine starke Anziehungskraft aus. Erwachsene sind gegen den Charme der Schrecken der Zaubermärchen und Grausamkeiten der Volks-Märchen ebensowenig gefeit. Wenige Menschen erwarten von Märchen Modelle für humanes, zivilisiertes Verhalten. Die Geschichten sind aus einem viel wichtigeren Grund ergreifend: die harten Fakten des Märchenlebens bieten übertriebene Bilder der grausameren Tatsachen und Phantasien, die das Leben jedes Kindes und Erwachsenen berühren und beeinflussen.

NACHWORT
ZUR DEUTSCHEN AUSGABE

Seit 1823, als die erste englische Übersetzung von Grimms Märchen veröffentlicht wurde, erfreuen sich deutsche Märchen in den anglo-amerikanischen Ländern allgemeiner Beliebtheit. Es hat nach 1823 nie Zeiten gegeben, in denen diese Märchen nicht in englischer Sprache erhältlich gewesen wären, und heute können Eltern und Kinder sie in fast jeder Ausführung lesen: illustriert oder kommentiert, vereinfacht oder verschönert, originalgetreu und vollständig oder ›gesäubert‹ und verfälscht. Amerikanischen Leser steht inzwischen eine Übersetzung zur Verfügung, die die Grimmsche Ausgabe von 1857 vollständig wiedergibt und darüber hinaus Märchen enthält, die im Laufe der Jahre aus der Sammlung entfernt worden waren; aber sie werden gleichzeitig in regelmäßigen Abständen mit Dutzenden von weniger vollständigen und genauen Übersetzungen der Sammlung sowie überarbeiteten Versionen einzelner Märchen überschüttet.

Für deutsche Leser sind die amerikanischen Adaptionen untrennbar mit Walt Disney und seinem Hang zu Sentimentalität verbunden, während den amerikanischen Lesern die uneingeschränkte Gewalttätigkeit der Disney-Version eines Grimmschen Märchens oft überzogen erscheint. Man braucht sich nur die Wut über die Darstellung der bösen Königin und des Jägers zu vergegenwärtigen, die sich jedes Mal Luft macht, wenn Disneys »Snow White« im Kino gezeigt wird. Neuere Versionen der Märchen für Kinder verzichten durchgängig auf Sexualität und Gewalt. »The Princess and the Frog«, eine zeitgenössische Adaption von »Der Froschkönig«, zeigt keine verdrießliche Prinzessin, die einen widerlichen Frosch an die Wand wirft. Stattdessen legt sie den Frosch »auf ihr Kissen, wo er die ganze Nacht schläft«. Als der Frosch nach drei Nächten von seinem Zauber erlöst ist, erfährt die Prinzessin, daß der Prinz seine

»normale Gestalt nur zurückgewinnen konnte, weil eine Prinzessin ihn drei Nächte hintereinander in ihrem Bett schlafen ließ«. Man beachte, wie behutsam vorgegangen wird, um den Frosch auf das Kissen zu legen und den Ekel und Zorn der Prinzessin durch Toleranz gegenüber ihrem amphibischen Freier zu ersetzen.[1] In den einleitenden Bemerkungen zu »Princess Furball« gibt die amerikanische Verfasserin ausdrücklich zu, sie habe das Grimmsche »Allerleirauh« umgeschrieben und dabei das Motiv des Inzests weggelassen, doch behauptet sie gleichzeitig, sie sei der »psychologischen Wahrheit« älterer Versionen treu geblieben.[2]

Diese Bearbeitungen von Märchen aus der Grimmschen Sammlung sind den Versionen der Brüder nicht unbedingt über- oder unterlegen. Sie geben uns allerdings Aufschluß über den Grad, in dem Märchen von jeder Kultur überarbeitet werden, um ihre eigenen Werte wiederzugeben, und sie dokumentieren, daß Märchen eher zeitgebundene kulturelle Konstrukte als Fundgruben zeitloser, ewiger Wahrheiten sind. Verallgemeinerungen über eine Kultur auf der Grundlage ihrer Folklore anzustellen, ist dennoch ein gewagtes Unterfangen. Zahlreiche Volkskundler haben, wie Donald Ward bemerkt hat, auf die Szene im Grimmschen »Aschenputtel« hingewiesen, in der die Stiefschwestern ihre Fersen und Zehen abschneiden, um den Pantoffel passend zu machen, und sie bezeichneten diese barbarische Grausamkeit als durch und durch deutsch.[3] Marian Roalfe Cox hat jedoch nachgewiesen, daß dieses Motiv weltweit in Versionen von »Aschenputtel« zu finden ist.[4] Nach dem Zweiten Weltkrieg waren Amerikaner oft schnell dabei, Zusammenhänge zwischen der Gewalt in deutschen Märchen und den Schrecken des Holocaust herzustellen. Der Ofen in »Hänsel und Gretel« wurde einfach in ein Symbol für Auschwitz und die Todeslager verwandelt, ohne daß untersucht worden wäre, was der Ofen in dem Märchen bedeutet. Daß die Grimmschen Märchen nicht blutiger und barbarischer (in vielen Fällen sogar weniger grausam) als russische, armenische

oder französische Märchen sind, wurde nie thematisiert. Da die Märchen in der Kindheit der meisten Deutschen eine so vorherrschende Rolle spielen, kann ihre Bedeutung im Prozeß der Sozialisation und Akkulturation kaum überbewertet werden, doch es ist eine grobe Vereinfachung, einen unmittelbaren Zusammenhang zwischen folkloristischer Ursache und historischer Wirkung zu behaupten.
Heinz Rölleke hat zum einen durch die Herausgabe wichtiger Auflagen der Sammlungen, zum anderen, was ebenso wichtig ist, durch die verbindlichen Maßstäbe, die er in seinen Interpretationen setzte, der Forschung den Weg gebahnt. Leider basiert eines der ersten der vielen neueren amerikanischen Bücher zu den Grimmschen *Kinder- und Hausmärchen* auf den Forschungsergebnissen Röllekes, denn es ist in seiner Argumentationsführung so extrem, daß Rölleke selbst sich genötigt sah, gegen die polemischen Verzerrungen Einspruch zu erheben. John Ellis behauptet in seinem, im Stil eines Exposés geschriebenen Buch *One Fairy Story Too Many*, die Brüder Grimm hätten sich bei der Veröffentlichung ihrer Sammlung des vorsätzlichen Betrugs schuldig gemacht.[5] Entgegen ihrer Beteuerungen, ihre Quellen mit Ehrfurcht behandelt und dadurch die Stimme der Deutschen in den Märchen eingefangen zu haben, hätten die Brüder, so Ellis, in Wirklichkeit die Geschichten grundlegend verändert, die, ganz abgesehen davon, sowieso nie deutsch oder vom Volke gewesen seien.
Wolfgang Mieder verdanken wir eine Dokumentation von Rezeption und Interpretationen der Märchen.[6]
Zu den unermüdlichsten amerikanischen Wissenschaftlern in der Märchenforschung gehört Jack Zipes. Seine großartige Übersetzung der *Kinder- und Hausmärchen* wird auch in Zukunft die maßgebliche Ausgabe bleiben, und seine Märchenanthologien, zu denen *Rotkäppchens Lust und Leiden* gehört, liefern wichtiges Quellenmaterial für die Wissenschaftler und die breite Öffentlichkeit gleichermaßen.[7]
Zipes´ Untersuchungen, die auf psychoanalytische, soziologische und feministische Analysemodelle zurückgreifen,

dienten sowohl diesem Buch als auch Ruth B. Bottigheimers *Grimms' Bad Girls & Bold Boys* als Grundlage.[8] Während Bottigheimer eine feministische Analyse der Werte, die Märchen vermitteln, anstellt, bevorzuge ich in meiner eigenen Arbeit eine psychoanalytische Annäherungsweise, um die Dynamik des Familienlebens in den Märchen zu untersuchen. Wie bereits im Vorwort angedeutet, war die Arbeit von Bruno Bettelheim so etwas wie ein Ausgangspunkt für mich. An dieser Stelle möchte ich gerne einige Gedanken über die Wirkung und den Einfluß von Bettelheim anfügen. Keiner hat in den letzten Jahren mehr für die Rehabilitierung der Märchen und Anerkennung ihres therapeutischen Nutzens getan, als Bruno Bettelheim. Für Bettelheim bereichern Märchen das Leben eines Kindes und helfen ihm, »dem Chaos seiner Gefühle einen Sinn abzugewinnen«. Sie sind darüber hinaus Vehikel »eine[r] moralische[n] Erziehung«, das dem Kind »unterschwellig die Vorteile eines moralischen Verhaltens nahebringt, nicht aufgrund abstrakter ethischer Vorstellungen, sondern dadurch, daß ihm das Richtige greifbar vor Augen tritt und deshalb sinnvoll erscheint«[9]. Fast unbemerkt geht Bettelheim in seinem Vorwort von einer therapeutischen zu einer pädagogischen Fragestellung über. Wenn wir die Märchen, die Bettelheim für seine Interpretationen auswählte, näher betrachten, stellen wir tatsächlich fest, daß er Geschichten ausgesucht hat, die mit der Ideologie einer freudianischen Welt vereinbar sind, in der der calvinistische Begriff der Erbsünde durch Freuds Theorie der kindlichen Sexualität ersetzt wurde. Geschichten, die der freudianischen Doktrin zuwiderlaufen, wurden weitgehend aus dem folkloristischen Kanon der westlichen Gesellschaften ausgeschlossen. »Rotkäppchen« ist das beste Beispiel für ein Märchen, das von Bettelheim einer freudianischen Überarbeitung unterzogen wurde. Die Geschichte erzählt von einem Kind, das seine »verdiente Strafe«[10] erhält, weil es sich »der Möglichkeit ... verführt zu werden«[11] ausgesetzt hat, »in die Ecken [geguckt hat], um die Geheimnisse der Erwachsenen zu erkunden«, und sich »zum nach Lust strebenden ödipalen Kind«[12] zurückentwickelt hat. Bettelheims Märchenhelden und -heldinnen werden, wie die Initiatoren der ödipalen Handlung, vor Schande und Bestrafung nicht verschont, selbst wenn sie am Ende triumphierend aus den Prüfungen hervorgehen, die ihnen von ihren Eltern auferlegt wurden.

Da er seine Texte sorgfältig auswählte, fand Bettelheim überall die Bestätigung für seine Ansicht, daß das Leben ein Kampf ist, in dem ungebärdige Empfindungen gemeistert werden müssen.

> Genau diese Botschaft vermittelt das Märchen dem Kind in vielfältiger Weise: Der Kampf gegen die heftigen Schwierigkeiten des Lebens ist unvermeidlich und gehört untrennbar zur menschlichen Existenz, wenn man aber nicht davor zurückschreckt, sondern den unerwarteten und oft ungerechten Bedrängnissen standhaft gegenübertritt, überwindet man alle Hindernisse und geht schließlich als Sieger aus dem Kampf hervor.[13]

Für Bettelheim entpuppte sich dieser Kampf unvermeidlich als ödipaler Konflikt. »Solche Märchenphantasien,« behauptete er, »die die meisten Kinder wohl kaum von sich aus so vollständig und so zufriedenstellend ersinnen könnten, vermögen einem Kind bei der Überwindung seiner ödipalen Ängste sehr viel zu helfen.«[14]

Am Ende jedoch schien Bettelheim, nach eigenen Aussagen selbst ein Vater, den Drang zu verspüren, vor dem uralten »Generationenkonflikt« zu fliehen, der in Märchen inszeniert wird, und Schutz bei einer Geschichte zu suchen, die die »zärtliche Zuneigung«, wie er formulierte, »des Vaters zu seinem Kind«[15], tatsächlich jedoch die zwischen Vater und Tochter rühmt. Bei der Analyse von »Die Schöne und das Tier«, dem letzten der in dem Buch untersuchten Märchen, stellt er fest, die Schöne schenke »ihrem Vater eine Art der Zuneigung, die diesem äußerst wohltut« – sie »macht ihn wieder gesund und beschert ihm ein glückliches Leben in der Nähe der geliebten Tochter.«[16] Die Ergebenheit der Schönen gegenüber Ehemann und Vater bildet das glückli-

che Ende für ihre eigene Geschichte und Bettelheims Betrachtungen zu Märchen gleichermaßen. Mit dieser sehnsuchtsvollen Feststellung der Wunscherfüllung, die mehr als nur einen Hauch von ungelösten, elterlichen ödipalen Verwicklungen an sich hat, endet Bettelheims Buch. Aber Spuren des Anliegens, das kulturelle Konstrukt der pflichtbewußten Tochter zu schaffen, die sich um die Bedürfnisse eines jeden kümmert, finden sich in der ganzen Analyse. So war Bettelheim etwa über das Angebot der Zwerge an Schneewittchen hocherfreut. »Willst du unsern Haushalt versehen, kochen, betten, waschen, nähen und stricken, und willst du alles ordentlich und reinlich halten, so kannst du bei uns bleiben, und es soll dir an nichts fehlen.« Dies ist der Kommentar Bettelheims, den er ohne einen Hauch von Ironie formuliert hat: »Schneewittchen wird eine gute Haushälterin, was für manches junge Mädchen gilt, das – wenn die Mutter nicht im Haus ist – den Vater, das Haus und sogar die Geschwister gut zu versorgen weiß.«[17]
Als ich Bettelheim von neuem las, wurde mir klar, daß interpretieren bedeutet, etwas neu zu schreiben. Wie Stanley Fish uns gezeigt hat, ist Interpretation ein aktiver Prozeß, der einen Text kreiert, indem er seine Bedeutung konstruiert. In einem bestimmten Maße gehören wir alle zu einer Gemeinschaft von Interpreten, die Strategien »nicht für die Lektüre, sondern für das Schreiben von Texten, für die Bestimmung ihrer Eigenschaften« teilen.[18] In gewisser Hinsicht hat der Sieg des literarischen Zaubermärchens über das bei Gemeindetreffen rezitierte und interpretierte mündliche Volksmärchen überlieferte Geschichten nicht wirklich in Reliquien aus der Vergangenheit verwandelt. Meine eigene Erfahrung hat gezeigt, daß wir die Märchen immer wieder neu schreiben, wenn wir sie von neuem lesen, selbst wenn die Worte auf dem Papier dieselben bleiben. Obwohl ich nicht mehr alle Ansichten teile, die ich in diesem Buch vertreten habe, bin ich zuversichtlich, daß Leser darin nicht so sehr einen Schlüssel zur Interpretation von Märchen und zur Festlegung ihrer Bedeutung finden werden, als vielmehr

einen Leitfaden zur Neubestimmung der Möglichkeiten, durch die Märchen unser eigenes Leben und das unserer Kinder gestalten.

ANMERKUNGEN

Vorwort

1 Shaws Bemerkungen über »Grimm« erschienen in einem Aufsatz von 1910 mit dem Titel »What I owe to German Culture«, der zum ersten Mal in seiner englischen Fassung in *Adam* 35 (1970), S. 5-16 veröffentlicht wurde. Zu C. S. Lewis´ Bericht über seine Märchenlektüre siehe »On Three Ways of Writing for Children«, in *Of Other Worlds. Essays and Stories.* Hrsg. v. Walter Hooper. London: Geoffrey Bles 1966, S. 25. Jack Zipes behauptet, daß die Grimmsche Sammlung als »das zweitpopulärste und weitverbreitetste Buch in Deutschland [gilt] ..., als zweites nach der Bibel«. In *Fairy Tales and the Art of Subversion. The Classical Genre for Children and the Process of Civilization.* New York: Wildman Press 1983, S. 53-54.

2 Anonyme Rezension von *Fairy Tales, or the Lilliputian Cabinet containing Twenty-four choice pieces of Fancy and Fiction.* Gesammelt von Benjamin Tabart, *The Quarterly Review* 21 (1819), S. 95. Thomas Mann: »Bernard Shaw«, in *Gesammelte Werke.* Frankfurt/M.: Fischer 1974, Bd. 9, S. 796.

3 Reinhold Steig: *Achim von Arnim und die ihm nahe standen.* Bd. 3. Stuttgart und Berlin: Cotta 1904, S. 251-252. Zu näheren Details der Rezeption des Buches siehe T. F. Crane: »The External History of the *Kinder- und Hausmärchen* of the Brothers Grimm«, *Modern Philology* 14 (1917): S. 557-610.

4 Zu den wechselnden Vorstellungen von Kindheit im Laufe der Zeit siehe Philippe Ariès: *Geschichte der Kindheit.* München: Hanser 1976. In diesen Zusammenhang gehören auch die Beobachtungen eines Wissenschaftlers, der sich über die Konsequenzen einer Kindheit ohne Märchen für die Kinder in Dickens' Werk Gedanken gemacht hat: »In vielen Romanen sind Kinder, denen Märchen vorenthalten werden, moralisch, emotional und manchmal sogar körperlich zurückgeblieben, während jene, die mit ihnen aufgewachsen sind, tugendhaft und voller Leben sind – oder zumindest so erscheinen sollen.« Siehe Michael Kotzkin: *Dickens and the Fairy Tale.* Bowling Green, Ohio: Bowling Green University Popular Press 1972, S. 41.

5 Charles Dickens: »A Christmas Tree«, in *Christmas Stories.* London: Chapman and Hall 1898, S. 8.

6 Die Anekdote wird von Lutz Röhrich: »Argumente für und gegen das Märchen«, in *Sage und Märchen. Erzählforschung heute.* Freiburg: Herder 1976, S. 23, erzählt.

7 Bruno Bettelheim: *Kinder brauchen Märchen.* München: dtv 1980, S. 33.

8 In seinem Aufsatz »Der Erzähler. Betrachtungen zum Werk Nikolai Lesskows«, bemerkt Walter Benjamin, daß das Märchen »noch heute der erste Ratgeber der Kinder ist, weil es einst der erste der Menschheit gewesen ist«. In *Illuminationen. Ausgewählte Schriften.* Hrsg. v. Siegfried Unseld. Frankfurt/M.: Suhrkamp 1961, S. 429.

9 Roger Sale: *Fairy Tales and After. From Snow White to E. B. White.* Cambridge, Mass.: Harvard University Press 1978, S. 29.

10 Vladimir Propp: *Morphologie des Märchens.* Frankfurt/M.: Suhrkamp 1975. Propps Untersuchung wurde 1928 fertiggestellt, wurde jedoch erst 1958 ins Englische und 1972 ins Deutsche übersetzt.

11 Propp weist selbst darauf hin, daß die Analyse der kompositionellen Elemente von Märchen bloß die erste Stufe eines größeren Vorhabens darstelle, das schließlich historische, soziologische und religiöse Fragen umgreifen sollte. Siehe »The Structural and Historical Study of the Wondertale«, in Propps *Theory and History of Folklore.* Hrsg. v. Anatoly Liberman. Minneapolis: University of Minnesota Press 1984, S. 67-81.

12 Propp: *Morphologie des Märchens,* S. 24.

13 Robert Darnton: »Peasants Tell Tales. The Meaning of Mother Goose« in *The Great Cat Massacre and Other Episodes in French Cultural History.* New York: Basic Books 1984, S. 13. Andere Wissenschaftler, deren Arbeiten ich im 2. Kapitel diskutieren werde, haben ähnlich argumentiert, keiner jedoch überzeugender oder eloquenter als Darnton.

14 Die siebte und letzte Auflage der Grimmschen *Kinder- und Hausmärchen* enthält 200 Märchen und 10 Kinderlegenden. Da es unter dem 151. Märchen zwei Einträge gibt (Varianten eines Märchentyps), umfaßt die Sammlung genaugenommen 211 Texte.

15 Die wichtigsten von Rölleke herausgegebenen Ausgaben sind: *Die älteste Märchensammlung der Brüder Grimm. Synopse der handschriftlichen Urfassung von 1810 und der Erstdrucke von 1812.* Cologny-Geneve: Fondation Bodmer 1975 (Manuskriptversion der Märchen); *Kinder- und Hausmärchen. Gesammelt durch die Brüder Grimm.* 2 Bde. Göttingen: Vandenhoeck & Ruprecht 1986 (1. Auflage); *Brüder Grimm. Kinder- und Hausmärchen.* 2 Bde. Köln: Diederichs 1982 (2. Auflage); *Kinder- und Hausmärchen gesammelt durch die Brüder Grimm.* Frankfurt/M.: Deutscher Klassiker Verlag 1985 (3. Auflage); *Brüder Grimm. Kinder- und Hausmärchen.* 3 Bde. Stuttgart: Reclam 1982 (7. Auflage). Alle Zitate sind, wenn nicht anders ausgewiesen, aus diesen Bänden. Falls ich mich nicht auf eine bestimmte Auflage in meinem Text beziehe, zitiere ich aus der 7. und letzten Auflage der *Kinder- und Hausmärchen.*

Kapitel 1

1 Zur Gewalt in Märchen siehe Lutz Röhrich: »Die Grausamkeit im deutschen Märchen«, *Rheinisches Jahrbuch für Volkskunde* 6 (1955), S. 176-224, und Christa Federspiel: *Vom Volksmärchen zum Kindermärchen.* Wien: Notring 1968, S. 304-313.

2 Jost Hermand behauptet zu Unrecht, daß die Brüder Grimm gewalttätige Episoden aus den Märchen entfernt hätten (»Biedermeier Kids. Eine Mini-Polemik«, *Monatshefte* 67 [1975], S. 59-66). John Ellis findet im Gegensatz dazu, daß die Grimms sogar »das Niveau an Gewalt und Brutalität *angehoben* hätten, wenn beispielsweise diejenigen, die Gewalt in den Märchen erdulden müßten, sie ihrer moralischen Anschauung nach auch verdienten.« Siehe *One Fairy Story Too Many. The Brothers Grimm and Their Tales.* Chicago: University of Chicago Press 1983, S.79.

3 *Die Kinder- und Hausmärchen der Brüder Grimm: Vollständige*

Ausgabe in der Urfassung. Hrsg. v. Friedrich Panzer. Wiesbaden: Emil Vollmer 1953, S. 155.

4 Dorothea Viehmanns Märchen ist in Bd. 3 von Heinz Röllekes Ausgabe der 1857 veröffentlichten Version der Grimmschen Sammlung abgedruckt: *Brüder Grimm. Kinder- und Hausmärchen.* Stuttgart: Reclam 1980, S. 192-193.

5 Zur Manuskriptversion von »Der Froschkönig oder der eiserne Heinrich« siehe *Die älteste Märchensammlung der Brüder Grimm. Synopse der handschriftlichen Urfassung von 1810 und der Erstdrucke von 1812.* Hrsg. v. Heinz Rölleke. Cologny-Genève: Fondation Martin Bodmer 1975, S. 144-146.

6 Eine Zusammenfassung über die Herausgabe dieses Märchens durch die Brüder Grimm findet sich in den *Anmerkungen zu den einzelnen Märchen,* in Rölleke (Hrsg.): *Brüder Grimm. Kinder- und Hausmärchen.* Bd. 3, S. 69-72. John Ellis diskutiert die Änderungen in *One Fairy Story Too Many,* S. 77-78.

7 Die Erklärung der Brüder Grimm zu den Grundsätzen, die ihr Vorhaben leiteten, erschien in »Aufforderung an die gesammten Freunde deutscher Poesie und Geschichte erlassen«, in Heinz Rölleke: *Die Märchen der Brüder Grimm.* München: Artemis 1985, S. 63-69. Zu Jacobs Bemerkungen über das Hauptanliegen der Sammlung siehe *Achim von Arnim und Jacob und Wilhelm Grimm.* Hrsg. v. Reinhold Steig. Stuttgart: Cotta 1904, S. 206.

8 Ferdinand Grimm, der für Reimer, den Verleger der Brüder, arbeitete, berichtete seinem Bruder Wilhelm über den Absatz. Siehe Wilhelms Brief vom 4.5.1815 in *Der Briefwechsel zwischen Jacob und Wilhelm Grimm aus der Jugendzeit.* Hrsg. v. Herman Grimm und Gustav Hinrichs. Weimar: Hermann Böhlaus Nachfolger 1963, S. 435. Zu den Zahlen über *Struwwelpeter* siehe Rolf Engelsing: *Analphabetentum und Lektüre. Zur Sozialgeschichte des Lesens in Deutschland zwischen feudaler und industrieller Gesellschaft.* Stuttgart: Metzler 1973, S. 92. Wilhelms Berechnungen sind in einem Brief an Jacob vom 13.6.1816 verzeichnet, in *Unbekannte Briefe der Brüder Grimm.* Hrsg. v. Wilhelm Schoof. Bonn: Athenäum 1960, S. 143-144.

9 Zu Jacobs und Wilhelms Beschwerden über ihre finanziellen Verhältnisse siehe *Der Briefwechsel zwischen Jacob und Wilhelm Grimm aus der Jugendzeit,* S. 388, 396. Wilhelms Hoffnungen in bezug auf die Honorare spiegeln sich in einem Brief vom 2.6.1815 wieder, der in der o.g. Ausgabe auf S. 440 abgedruckt ist. Zu näheren Details über die Finanzen der Brüder siehe Jürgen Weishaupt: *Die Märchenbrüder. Jacob und Wilhelm Grimm – ihr Leben und Wirken.* Kassel: Thiele & Schwarze 1985.

10 Jacobs Brief an Wilhelm erschien in *Der Briefwechsel zwischen Jacob und Wilhelm Grimm aus der Jugendzeit,* S. 438.

11 Die zur Vefügung stehende Korrespondenz zwischen Reimer und den Brüdern Grimm stellt ein interessantes Kapitel in der Geschichte der *Kinder- und Hausmärchen* dar. Die neunzehn Briefe in der Staatsbibliothek Preußischer Kulturbesitz (worauf diese Beschreibung basiert) wurden von Wilhelm Schoof in »Neue Beiträge zur Entstehungsgeschichte der Grimmschen Märchen«, *Zeitschrift für Volkskunde* 52 (1955), S. 112-143 veröffentlicht. Zwei weitere Briefe im Brüder Grimm-Museum in Kassel erschie-

nen in Jutta Rissmann: »Zum Briefwechsel der Brüder Grimm mit dem Verleger Reimer«, *Brüder Grimm Gedenken.* Hrsg. v. Ludwig Denecke. Marburg: N. G. Elwert 1984, S. 114-119.

12 Verweise auf die Rezensionen Büschings und Rühs' finden sich in Wilhelm Grimms Exemplar der ersten Auflage der *Kinder- und Hausmärchen* im Brüder Grimm-Museum in Kassel. Beide Rezensionen sind in Wilhelm Schoof »150 Jahre ›Kinder- und Hausmärchen‹. Die Grimmschen Märchen im Urteil der Zeitgenossen«, *Wirkendes Wort* 12 (1962), S. 331-335 wieder abgedruckt. Der die Brüder Grimm denunzierende Aufsatz von Rühs erschien unter dem Titel »Ankündigung« in *Die Musen* 1 (1812), S. 200-203. Zu Wilhelm Grimms Kommentar über Büschings Rezension siehe *Achim von Arnim und Jacob und Wilhelm Grimm,* S. 297. Zu Jacob Grimms Ansicht über Büschings Inkompetenz als Kritiker siehe *Der Briefwechsel der Brüder Jacob und Wilhelm Grimm mit Karl Lachmann.* Hrsg. v. Albert Leitzmann. Jena: Frommann 1927, S. 81.

13 *Der Briefwechsel der Brüder Jacob und Wilhelm Grimm mit Karl Lachmann,* S. 144

14 Die Kommentare von Schlegel und Brentano sind nachzulesen in August Wilhelm Schlegel: *Sämtliche Werke.* Hrsg. v. Eduard Böcking. Leipzig: Weidmann 1847, Bd. 12, S. 391, und *Achim von Arnim und Clemens Brentano.* Hrsg. v. Reinhold Steig. Stuttgart: Cotta 1894, Bd. 1, S. 309. Arnims Rat erschien in *Achim von Arnim und Jacob und Wilhelm Grimm,* S. 263. Zu Voß' Brief siehe Briefe von Heinrich Voß an Christian von Truchseß, in *Briefe von Heinrich Voß.* Hrsg. v. Abraham Voß. Heidelberg: C. F. Winter 1834, Bd. 2, S. 37.

15 Zu A. L. Grimms Kritik siehe sein Vorwort zu *Linas Märchenbuch: Weynachtsgabe.* Frankfurt: Wilmans 1816.

16 A. L. Grimm: »Das Märchen von Brunnenhold und Brunnenstark«, *Linas Märchenbuch,* S. 191-216.

17 Zur Diskussion von A. L. Grimms Kritik siehe Heinz Röllekes Aufsatz in Bd. 3 der Brüder Grimm. *Kinder- und Hausmärchen,* S. 605. Der Streit zwischen A. L. Grimm und den Brüdern Grimm wird auch von Gabriele Seitz: *Die Brüder Grimm. Leben - Werk - Zeit.* München: Winkler 1984, S. 58 besprochen. An Achim von Arnim schrieb Jacob Grimm, daß die *Kinder- und Hausmärchen* »nicht für Kinder geschrieben« worden seien. Siehe *Achim von Arnim und Jacob und Wilhelm Grimm,* S. 271. Ferdinand Grimms Rat erschien in einem Brief vom 4.3.1816 an Wilhelm, zitiert von Heinz Rölleke (Hrsg.): *Kinder- und Hausmärchen. Brüder Grimm.* Köln: Diederichs 1982, Bd. 2, S. 573.

18 *Die Kinder- und Hausmärchen der Brüder Grimm.* Hrsg. v. Friedrich Panzer, S. 85.

19 Herman Grimms Bemerkung erschien in *Beiträge zur deutschen Culturgeschichte.* Berlin: Wilhelm Hertz, 1897, S. 244. In einem Brief vom 10.2.1815 gratulierte Achim von Arnim Wilhelm Grimm zu der Sammlung und lobte seine editorischen Praktiken, ermunterte ihn allerdings, weiter so zu verfahren. (*Achim von Arnim und Jacob und Wilhelm Grimm,* S. 319). Gunhild Ginschel behauptet im Gegensatz dazu, daß Arnim die editorischen Meinungsverschiedenheiten zwischen Jacob und Wilhelm überbetont

habe. Ihrer Ansicht nach waren die Brüder in diesem Punkt mehr oder weniger einer Meinung. Siehe *Der junge Jacob Grimm. 1805-1819.* Berlin (Ost): Akademie Verlag 1967, S. 212, 237-238. Jacob Grimms Erklärung zu seinen editorischen Anstrengungen erschien in einem Brief an Franz Pfeiffer vom 19.2.1860, veröffentlicht in *Germania* 11 (1866), S. 248-249. Es ist allerdings möglich, daß sich Jacob Grimm auf die ersten beiden Bände bezog, wenn er von den »ersten Ausgaben« sprach. Dennoch, weitreichende Änderungen wurden auch vom Manuskript bis zur ersten Auflage vorgenommen. In einem Brief vom 28.2.1851 bemerkt Wilhelm Grimm, daß ab der zweiten Auflage er allein die editorische Verantwortung trage. Siehe *Briefe der Brüder Grimm.* Hrsg. v. Hans Gürtler und Albert Leitzmann. Jena: Frommann 1923, S. 235.

20 Nähere Angaben über die *Kleine Ausgabe* macht Heinz Rölleke in »Zur Biographie der Grimmschen Märchen«, in seiner Ausgabe der 1819 erschienenen Version der *Kinder- und Hausmärchen,* Bd. 2, S. 547-556. Die *Kleine Ausgabe* wurde kürzlich als *Kinder- und Hausmärchen gesammelt durch die Brüder Grimm.* Hrsg. v. Heinz Rölleke. Frankfurt/M.: Insel 1985, wieder aufgelegt. Zur ersten Übersetzung siehe Ruth Michaelis-Jena: »Edgar und John Edward Taylor, die ersten englischen Übersetzer der Kinder- und Hausmärchen«, *Hessische Blätter für Volkskunde* 64/65 (1974), S. 183-202.

21 Vilma Mönckeberg: *Das Märchen und unsere Welt. Erfahrungen und Einsichten.* Düsseldorf: Diederichs 1972, S. 14-15. Louis L. Snyder beschreibt die Reaktionen der Kinder auf »The Jew in the Brambles«. Siehe *Roots of German Nationalism.* Bloomington: Indiana University Press 1978, S. 49.

22 C. S. Lewis' Ausspruch findet sich in seinem Aufsatz »Sometimes Fairy Stories May Say What's Best to Be Said«, in *Of Other Worlds: Essays and Stories.* Hrsg. v. Walter Hooper. London: Geoffrey Bles 1966, S. 37. Zum Titel *Kinder- und Hausmärchen* siehe Wilhelm Grimm: »Über das Wesen der Märchen«, in *Kleinere Schriften.* Hrsg. v. Gustav Hinrichs. Berlin: Ferd. Dümmler 1881, Bd. 1, S. 333. Jacob Grimms Bemerkung zu dem Titel erschien in *Achim von Arnim und Jacob und Wilhelm Grimm,* S. 239. Ralph Mannheim ist der Übersetzer der *Grimm's Tales for Young and Old. The Complete Stories.* New York: Doubleday 1977.

23 Charles Perrault: *Sämtliche Märchen.* Mit 10 Illustrationen von Gustave Doré. Übersetzung und Nachwort von Doris Distelmaier-Haas. Stuttgart: Reclam 1986, S. 81.

24 Charles Perrault: *Sämtliche Märchen,* S. 81.

25 J. R. R. Tolkien: »On Fairy Stories«, in *The Tolkien Reader.* New York: Dodd, Mead 1961, S. 3-84.

26 Robert Darnton bespricht detailliert die soziale Funktion der Märchen für französische Bauern und gründet seine Beobachtungen teilweise auf du Fails Bericht. Siehe »Peasants Tell Tales. The Meaning of Mother Goose«, in *The Great Cat Massacre and Other Episodes in French Cultural History.* New York: Basic Books 1984, S. 9-72, und Noël du Fail: *Propos rustiques, balverneries, contes et discours d'eutrapel.* Paris: Charles Gosselin 1842. Angela Merkelbach-Pinck bespricht die Lebendigkeit der mündlichen Erzähltradition in einer deutschsprachigen Region in der Einlei-

tung zu ihrer Ausgabe der *Lothringer Volksmärchen.* Kassel: Im Bärenreiter 1940, S. 7-18. Zur Abnahme des Erzählens im Zusammenhang der Industrialisierung siehe Leza Uffer: *Rätoromanische Märchen und ihre Erzähler.* Schriften der Schweizerischen Gesellschaft für Volkskunde. Nr. 29. Basel: G. Krebs 1945, S. 21.

27 Zur französischen Version siehe Darnton: »Peasants Tell Tales«, S. 9-10. Italo Calvino beschreibt die italienische Version in seinen Anmerkungen zu *Italian Folktales.* New York: Pantheon Books, S. 720.

28 Richard Schickel bemerkt, daß Disneys Lösung der »Vielzahl gräßlicher Probleme«, die von der Grimmschen Version von »Schneewittchen« aufgeworfen wurden, darin bestand, den Zwergen (die in der Grimmschen Sammlung namenlos sind) so viel Raum wie möglich zuzugestehen und die Rolle der bösen Königin zu reduzieren. Dennoch entstanden im ganzen Land Debatten über die Angemessenheit des Filmes für Kinder, als Disneys Zeichentrickfilm anlief. Siehe *The Disney Version. The Life, Times, Art and Commerce of Walt Disney.* New York: Simon and Schuster 1968, S. 216, 220.

29 John Ellis' Behauptung, daß die Brüder Grimm die deutsche Öffentlichkeit in bezug auf ihre Quellen und editorischen Verfahrensweisen bewußt im dunkeln gelassen hätten, wurde von Heinz Rölleke in seiner Rezension von Ellis' *One Fairy Story Too Many* abgelehnt, in *Fabula* 25 (1984), S. 330-332, ebenso von Jack Zipes: »Mountains out of Mole Hills, a Fairy Tale«, *Children's Literature* 13 (1985), S. 215-219.

30 John Ellis argumentiert, daß das von den Brüdern Grimm gesammelte Quellenmaterial »vollkommen neu gestaltet und überarbeitet« worden sei und daß es schon weit vom »Volk« entfernt war (*One Fairy Story Too Many*, S. 70). Doch Ellis' enge Definition der authentischen Quellen der Volkskultur als »ältere, unverdorbene und ungebildete deutsche bäuerliche Vermittler einer einheimischen mündlichen Tradition« (S. 35) ist problematisch, da sie davon ausgeht, daß Bauern ein Monopol auf Märchen gehabt hätten. Wie Vladimir Propp behauptet, existierte Folklore lange vor dem Aufkommen eines Kleinbauerntums. Propp findet, daß alle Klassen außer der »herrschenden Klasse« zu den Beiträgern von Volkskultur gehörten. Siehe »The Nature of Folklore«, in *Theory and History of Folklore.* Hrsg. v. Anatoly Liberman. Theory and History of Literature, Nr. 5. Minneapolis: University of Minnesota Press 1984, S. 3-15. Ein anderes interessantes Gegenargument zu Ellis' Ansicht vertritt Alan Dundes: »Who Are the Folk?« in *Interpreting Folklore.* Bloomington: Indiana University Press 1980, S. 1-19. Eine Reihe von Volkskundlern betont, daß ihre Beiträger im allgemeinen Arbeiter und Händler gewesen seien, und selten Bauern. Siehe Erich Sielaff »Bemerkungen zur kritischen Aneignung der deutschen Volksmärchen«, *Wissenschaftliche Zeitschrift der Universität Rostock* 2 (1952/53), S. 241-301.

31 Zur Rolle der Zuhörerschaft bei der Gestaltung des Inhalts eines Märchens siehe Linda Dégh: *Märchen, Erzähler und Erzählgemeinschaft. Dargestellt an der ungarischen Volksüberlieferung.* Berlin: Akademie Verlag 1962, und Max Lüthi: »Goal-Orientation in Story-telling«, in Folklore Today. Hrsg. v. Linda Dégh u.a.. Bloomington: Indiana University Press 1976, S. 357-368.

32 In einem Aufsatz über die Art und Weise, in der der Kontext fokloristische Texte beeinflußt, zitiert Alan Dundes bestechende Beispiele, wie das Zuhörerverhalten, besonders der Gesichtsausdruck, das Erzählen einer Geschichte beeinflußt (»Texture, Text, and Context«, in *Interpreting Folklore,* S. 20-32). Peter Taylor und Hermann Rebel bemerken, daß einige bäuerliche Geschichtenerzähler ihre Kunst nicht im Beisein der Brüder Grimm ausüben wollten. Siehe »Hessian Peasant Women, Their Families and the Draft. A Social-Historical Interpretation of Four Tales from the Grimm Collection«, *Journal of Family History* 6 (1981), S. 347-378. Heinz Rölleke weist darauf hin, daß der Inhalt der Märchen durch die Tatsache beeinflußt worden sein muß, daß die meisten Erzählerinnen junge, unverheiratete Frauen waren: »Die Frau in den Märchen der Brüder Grimm«, in *»Wo das Wünschen noch geholfen hat«. Gesammelte Aufsätze zu den Kinder- und Hausmärchen der Brüder Grimm.* Bonn: Bouvier 1985, S. 220-235. Leza Uffer bespricht die praktischen Schwierigkeiten, neutral zu bleiben, während man Erzählern lauscht (*Rätoromanische Märchen und ihre Erzähler,* S. 7-8). Schließlich erwähnt Elizabeth Fine, daß Volkskundler sich bemühten, sowohl die verbale als auch kontextuelle Seite folkloristischer Darbietungen aufzuzeichnen, und uns damit versichern, daß wir gedruckte Texte vor uns haben, die ein Märchen erzählen, die Art beschreiben, in der es erzählt wurde, und die spezifische Situation, in der sich die Darbietung vollzog. Siehe *The Folkloric Text. From Performance to Print.* Bloomington: Indiana University Press 1984.

33 Rölleke: *Die älteste Märchensammlung der Brüder Grimm,* S. 154-156. John Ellis betrachtet diese Passage als »typisch für das mündliche Geschichtenerzählen der Bauern« und als »echtes Beispiel der natürlichen Ausdrucksweise der Leute«. Er ist schnell dabei, die Brüder Grimm wegen der Überarbeitung des Texts in eine literarische Sprache, »die kein Bauer je geäußert hätte«, zu verurteilen, obwohl er nicht hinzufügt, daß die »bäuerliche Version« in einer Sprache gestaltet war, die wenige gebildete Leute geduldig gelesen hätten (*One Fairy Story Too Many,* S. 69).

34 John Ellis faßt die wissenschaftliche Debatte über die Stilisierung der Texte durch die Brüder Grimm zusammen (*One Fairy Story Too Many,* S. 41-42). Er argumentiert, daß die meisten Wissenschaftler die vielen wesentlichen Änderungen, die von einer Auflage zur nächsten vorgenommen wurden, beschönigt und stattdessen weniger wichtige stilistische Änderungen betont hätten. Giuseppe Cocchiara findet im Gegensatz dazu, daß die Brüder Grimm ein authentisches Kunstwerk gerade deswegen geschaffen hätten, weil sie keine Buchstabentreue gezeigt hätten, sondern dem Geist der Märchen, die sie gehört haben, verpflichtet gewesen seien. Siehe *The History of Folklore in Europe.* Philadelphia: Institute for the Study of Human Issues 1981, S. 227-229. Die beste und ausgewogenste Besprechung der stilistischen Änderungen der Brüder Grimm bleibt Gunhild Ginschels Kapitel über die *Kinder- und Hausmärchen* in *Der junge Jacob Grimm. 1805-1819,* S. 212-278. Wielands Bemerkung stammt aus seiner Einleitung zu *Dschinnistan* in *Gesammelte Schriften.* Berlin: Weidmann 1938, Bd. 18, S. 9. Zur Übertragung der mündlichen Quelle in ein geschriebenes

Dokument als Verzerrungsprozeß siehe Heda Jason: »Content Analysis of Oral Literature: A Discussion«, in *Patterns in Oral Literature.* Hrsg. v. Heda Jason und Dimitri Segal. The Hague: Mouton 1977, S. 106.

35 Rölleke: *Die älteste Märchensammlung der Brüder Grimm,* S. 106.

36 Max Lüthi: *Es war einmal. Vom Wesen des Volksmärchens.* Göttingen: Vandenhoeck & Ruprecht [3]1968, S. 5-18.

37 *Die Kinder- und Hausmärchen der Brüder Grimm.* Hrsg. v. Friedrich Panzer, S. 122.

38 Zitiert von Rudolf Schenda: *Volk ohne Buch. Studien zur Sozialgeschichte der populären Lesestoffe 1770-1910.* Frankfurt/M.: Klostermann 1970, S. 43-44.

39 *Die Kinder- und Hausmärchen der Brüder Grimm.* Hrsg. v. Friedrich Panzer, S. 198. Zur Rolle der Brüder Grimm im Sozialisationsprozeß siehe Otto Gmelin: *Böses kommt aus den Kinderbüchern. Die verpaßten Möglichkeiten kindlicher Bewußtseinsbildung.* München: Kindler 1972, S. 40-52, und Jack Zipes: *Fairy Tales and the Art of Subversion. The Classical Genre for Children and the Process of Civilisation.* New York: Wildman 1983, S. 45-70.

40 *Die Kinder- und Hausmärchen der Brüder Grimm,* S. 76

41 Diese Zeilen stammen aus dem Schluß von »Die zwölf Brüder«. Zu den Sprichwörtern in der Sammlung siehe Wolfgang Mieder: *»Findet so werdet ihr suchen«. Die Brüder Grimm und das Sprichwort.* Bern: Lang 1986.

42 Zur Geschichte des Grimmschen »Rapunzel« siehe Max Lüthi: »Die Herkunft des Grimmschen Rapunzelmärchens«, *Fabula* 3 (1959), S. 95-119.

43 Stith Thompson: *The Folktale.* Berkeley: University of California Press 1977, S. 5.

44 Zum Problem der Terminologie siehe William Bascom: »The Forms of Folklore Prose Narratives«, *Journal of American Folklore* 78 (1965), S. 3-20, und Linda Dégh: »Folk Narrative«, in *Folklore and Folklife.* Hrsg.v. Richard M. Dorson. Chicago: University of Chicago Press 1972, S. 53-84.

45 Zur Entstehungs- und Entwicklungsgeschichte dieses Märchens siehe den sehr informativen Aufsatz von Heinz Rölleke: »Schneeweißchen und Rosenroth. Rätsel um ein Grimmsches Märchen«, in *»Wo das Wünschen noch geholfen hat«,* S. 191-206.

46 Louis L. Snyder behauptet, daß die Brüder Grimm ihre Sammlung als »eine Widerspiegelung der wahren deutschen völkischen Kultur« betrachtet hätten und die Märchen selbst »eine besondere Kombination deutscher Eigenschaften« aufwiesen. (*Roots of German Nationalism,* S. 54). Ellis vertritt die gegenteilige Ansicht, denn er glaubt, daß jede Analyse der Geschichten in den *Kinder- und Hausmärchen* »uns mehr über die Haltung der Brüder Grimm als die des deutschen Volkes mitteilt« (*One Fairy Story Too Many,* S. 102).

47 Ellis: *One Fairy Story Too Many,* S. 64-66.

48 Rölleke: *Die älteste Märchensammlung der Brüder Grimm,* S. 70.

49 Peter Dettmering im Nachwort zu *Die Kinder- und Hausmärchen der Brüder Grimm in ihrer Urgestalt.* Lindau: Antiqua 1985, S. XVII.

50 Wie Ginschel allerdings bemerkt, haben die Brüder Grimm nicht

jede einzelne Version eines Märchens, die ihnen vorlag, in Druck gegeben. Daher bestehen die Änderungen von der Manuskriptversion zur ersten Auflage oft aus Elementen mündlicher Erzählungen, die nicht aufgezeichnet wurden, und spiegeln nicht unbedingt die willkürlichen Vorstellungen der Brüder Grimm wider, wie ein Märchen aussehen sollte. Siehe Ginschel: *Der junge Jacob Grimm. 1805-1819,* S. 215-216.

Kapitel 2

1 Charles Perrault: *Sämtliche Märchen.* Mit 10 Illustrationen von Gustave Doré. Übersetzung und Nachwort von Doris Distelmaier-Haas. Stuttgart: Reclam 1986, S. 73.

2 Marianne Rumpf vertritt die Ansicht, daß »Rotkäppchen« auf historischen Tatsachen beruhe (*Ursprung und Entstehung von Warn- und Schreckmärchen.* Helsinki: Academia Scientiarum Fennica 1955). Erich Fromm und Bruno Bettelheim bieten eine tiefenpsychologische Deutung an. Siehe Fromms *Märchen, Mythen, Träume. Eine Einführung in das Verständnis einer vergessenen Sprache.* Stuttgart: DVA 1980, S. 181, und Bettelheims *Kinder brauchen Märchen.* München: dtv 1980, S. 203, 209. Zur nationalsozialistischen Deutung siehe Linda Dégh: »*Grimm's Household Tales* and Its Place in the Household. The Social Relevance of a Controversial Classic«, *Western Folklore* 38 (1979), S. 83-103, und Christa Kamenetsky: »Folktale and Ideology in the Third Reich«, *Journal of American Folklore* 90 (1977), S. 168-178. Die Ansicht, die Geschichte repräsentiere eine Vergewaltigungs-Parabel, wird von Susan Brownmiller vertreten, in *Against Our Will. Men, Women und Rape.* New York: Simon und Schuster 1975, S. 309-310. Faszinierende Anthologien, die verschiedene Varianten dieses klassischen Märchens enthalten, finden sich in Hans Ritz: *Die Geschichte vom Rotkäppchen. Ursprünge, Analysen, Parodien eines Märchens.* Emstal: Muriverlag 1981, und Jack Zipes: *Rotkäppchens Lust und Leid. Biographie eines europäischen Märchens.* Köln: Eugen Diederichs 1982. Und zur Diskussion von Schlüsselillustrationen zu der Geschichte siehe Jack Zipes: »A Second Gaze at Little Red Riding Hood's Trials und Tribulations«, *The Lion and the Unicorn* 7/8 (1985), S. 78-109.

3 Zu P'teejah siehe Alan Dundes: »The Study of Folklore in Literature und Culture. Identification und Interpretation«, *Journal of American Folklore* 78 (1965), S. 136-142. Zu Bettelheims Ansicht siehe *Kinder brauchen Märchen,* S. 340. Ernest Jones Bemerkung erschien in »Psycho-analysis und Folklore«, in *Essays in Applied Psychoanalysis.* London: Hogarth 1951, S. 12. Erich Fromms Kommentar zu »Rotkäppchen« findet sich in *Märchen, Mythen, Träume,* S. 181.

4 Antti Aarne: *Verzeichnis der Märchentypen.* FF Communications, Nr.3. Helsinki 1910; Antti Aarne: *The Types of the Folktale. A Classification und Bibliography.* Translated und enlarged by Stith Thompson. Second Revision. Helsinki: Academia Scientarum Fennica 1981. Vladimir Propp übt scharfe Kritik an Aarnes Klassifikationssystem in »The Principles of Classifying Folklore Genres«, in *Theory and History of Folklore,* S. 39-47, und Robert

Plant Armstrong: »Content Analysis in Folkloristics«, in *Trends in Content Analysis.* Hrsg. v. Ithiel de Sola Pool. Urbana: University of Illinois Press 1959, S. 153-155.

5 Kurt Ranke: *Die zwei Brüder. Eine Studie zur vergleichenden Märchenforschung.* FF Communications. Nr. 114. Helsinki: Academia Scientiarum Fennica 1934; Archer Taylor: *The Black Ox. A Study in the History of a Folk-tale.* FF Communications. Nr. 70. Helsinki. Academia Scientiarum Fennica 1927; Warren E. Roberts: *The Tale of the Kind und Unkind Girls.* Berlin: de Gruyter 1958.

6 Siehe Dan Ben-Amos in der Einleitung zu *Folklore Genres.* Hrsg. v. Dan Ben-Amos. Austin: University of Texas Press 1976, S. XVII. Max Lüthi weist richtigerweise darauf hin, daß der Idealtypus nichts als ein künstliches Konstrukt sei. Siehe *Das europäische Volksmärchen. Form und Wesen.* München: Francke [5]1976, S. 111. Gyula Ortutay: »Principles of Oral Transmission in Folk Culture« diskutiert das Verhältnis zwischen dem Idealtypus und seinen Varianten. Siehe *Hungarian Folklore. Essays.* Budapest: Akadémiai Kiadó 1972, S. 132-173.

7 *Anmerkungen zu den Kinder- und Hausmärchen der Brüder Grimm.* 5 Bde. Leipzig: Dieterichsche Buchhandlung 1913-1932. Bd. 4 und 5 widmen sich den Definitionen von *Märchen* und der Analyse der verschiedenen Sammlungen. Zu der Entstehung dieser Bände siehe Joseph Campbell. »Folkloristic Commentary«, *Grimm's Fairy Tales.* New York: Pantheon Books 1944, S. 855.

8 Mlle de la Force: »Persinette« in *Le Cabinet des Fées.* Genf: Barde, Manget 1785, S. 135-139.

9 Giambattista Basile: »Petrosinella« in *Das Pentameron. Alt-italienische Märchen.* Mit 316 Federzeichnungen von Josef Hegenbarth. Übersetzt v. Adolf Potthoff. Essen: Magnus 1981, S. 170-177.

10 Italo Calvino in der Einleitung zu *Italienische Märchen.* Übersetzt von Lisa Rüdiger. Zürich: Manesse 1975, S. 23.

11 August Nitschke diskutiert die Charakterzüge der deutschen Volkshelden in *Stabile Verhaltensweisen der Völker,* Bd. 2 von *Soziale Ordnungen im Spiegel der Märchen.* Stuttgart: Formmann-Holzboog 1977. S. 27-31. Zu den Heldinnen der französischen Märchen siehe Paul Delarue und Marie-Louise Tenèze: *Le Conte populaire français.* Paris: G.-P. Maisonneuve et Larose 1976, Bd.1, S. 44-45; und Lutz Röhrich: *Märchen und Wirklichkeit. Eine volkskundliche Untersuchung.* Wiesbaden: Franz Steiner 1956, S. 143. Das Fortschreiten der Entmystifizierung der Vorkommnisse gen Westen wird sowohl von August von Löwis of Menar: *Der Held im deutschen und russischen Märchen.* Jena: Eugen Diederichs 1912, als auch von Elisabeth Köchlin: *Wesenszüge des deutschen und des französischen Volksmärchens. Eine vergleichende Studie zum Märchentypus von »Amor und Psyche« und vom Tierbräutigam.* Basel: Benno Schwab 1945, festgestellt. Zur Art und Weise, in der Märchen die Ansichten einer Gemeinschaft übernehmen siehe Margarethe Wilma Sparing: *The Perception of Reality in the Volksmärchen of Schleswig-Holstein. A Study in Interpersonal Relationships and World View.* Lanham, Maryland: University Press of America 1984.

12 Für Peter Taylor und Hermann Rebel stehen viele der Märchen der

Grimmschen Sammlung als »historische Quellen, deren Anwendbarkeit auf das späte 18. Jahrhundert in Kassel beschränkt ist und deren größtenteils weibliche Herkunft sie besonders wichtig für die Geschichte der hessischen Bäuerinnen macht«. (»Hessian Peasant Women, Their Families, and the Draft. A Social-Historical Interpretation of Four Tales from the Grimm Collection«, *Journal of Family History* 6 [1981], S. 349). John M. Ellis betont, daß die bekanntesten Märchenerzähler, die den Brüdern Grimm als Quelle dienten, nicht deutscher, sondern hugenottischer Herkunft waren (*One Fairy Story Too Many. The Brothers Grimm and Their Tales.* Chicago: University of Chicago Press 1983, S. 25-36). Seine Erkenntnisse basieren teilweise auf Heinz Röllekes »Die ›stockhessischen‹ Märchen der ›alten Marie‹. Das Ende eines Mythos um die frühesten Märchenaufzeichnungen der Brüder Grimm«, in *Nebeninschriften.* Bonn: Bouvier 1980, S. 1-11. Zu Perrault und den Brüdern Grimm siehe H.V. Velten: »The Influence of Charles Perrault's *Contes de ma mère l'oie* on German Folklore«, *Germanic Review* 5 (1930), S. 4-18. Eugen Weber scheint zu glauben, daß die »realistische Substanz« der Märchen den tatsächlichen Erfahrungen der europäischen Bauern bis zur Mitte des 19. Jahrhunderts entspricht. Siehe »Fairies and Hard Facts. The Reality of Folktales«, *Journal of the History of Ideas* 42 (1981), S. 93-113.

13 Linda Dégh bespricht die Art der sozialen Institutionen, die in europäischen Märchen beschrieben werden, in *Märchen, Erzähler und Erzählgemeinschaft. Dargestellt an der ungarischen Überlieferung.* Berlin: Akademie-Verlag 1962, S. 67ff. Jack Zipes definiert Märchen als »präkapitalistische Kunstform« in *Breaking the Magic Spell. Radical Theories of Folk and Fairy Tales.* Austin: University of Texas Press 1979, S. 29. Ruth Benedict macht die wichtige Feststellung, daß »ein Konservativismus, der schon lange aufgegebene Bräuche fortführt ... eher für eine tote als für eine lebendige Überlieferung charakteristisch ist.« (*Zuni Mythology.* New York: Columbia University Press 1935, Bd. 1, S. XIII). August Nitschke sieht in »Aschenputtel« Anzeichen, die das Märchen 10.000 Jahre zurück in den Mittelmeerraum datieren. Siehe »Aschenputtel aus der Sicht der historischen Verhaltensforschung«, in *Und wenn sie nicht gestorben sind ... Perspektiven auf das Märchen.* Hrsg. v. Helmut Brackert. Frankfurt/M.: Suhrkamp 1980, S. 83.

14 Eugen Weber macht die Bemerkung über den Realismus in »Fairies and Hard Facts. The Reality of Folktales«. Die Feststellungen der Brüder Grimm finden sich im Vorwort zu ihrer ersten Auflage der *Kinder- und Hausmärchen.* William Langer bemerkt, daß das, was einst in bezug auf Kinder eine Banalität war, heute eine »nicht zu duldende Grausamkeit« sei. Siehe »Checks on Population Growth. 1750-1850«, *Scientific American,* Febr. 1972, S. 93-99. Zum Anhalten von Kindesmord im 19. Jahrhundert (30% aller Neugeborenen wurden Opfer der einen oder anderen Praktik) siehe Langer: *Political and Social Upheaval. 1832-1852.* New York: Harper & Row 1969, S. 195-196.

15 Weber: »Fairies and Hard Facts. The Reality of Folktales«, S. 96. Hans Traxler: *Die Wahrheit über Hänsel und Gretel. Die Doku-*

mentation des Märchens der Brüder Grimm. Frankfurt/M.: Bärmeier und Nikel 1963.

16 George William Cox war der vergleichende Mythologe, der in Märchenhelden nichts weiter als eine Verkörperung der Sonnengottheiten sah. Siehe *Mythology of the Aryan Nations.* London: Spottiswoode 1870, Bd.1, S.132n, 165n. Andrew Langs Kritik an Cox erschien in seiner Einleitung zu *Grimm's Household Tales.* Bd.1. London: George Bell and Sons 1884, S. XI-LXXV. Richard Dorson: »The Eclipse of Solar Mythology« erschien in *Journal of American Folklore* 68 (1955), S. 393-416.

17 Max Müller: *Essays.* Leipzig: Wilhelm Engelmann 1869, Bd. 2, S. 143. Eine eingehende Kritik der vergleichenden Mythologen formuliert Otto Rank: *Der Mythus von der Geburt des Helden. Versuch einer psychologischen Mythendeutung.* Nendeln, Liechtenstein: Kraus 1970 [zuerst 1909], S. 6-11.

18 Friedrich von der Leyen: »Traum und Märchen«, in *Märchenforschung und Tiefenpsychologie.* Hrsg. v. Wilhelm Laiblin. Darmstadt: Wissenschaftliche Buchgesellschaft 1969, S.1-12. Géza Róheim: »Fairy Tale and Dream«, in *The Psychoanalytic Study of the Child.* Hrsg. v. Ruth S. Eissler u. a. New York: International Universities Press 1953, S. 394-403.

19 Ernest Jones: »Psycho-analysis and Folklore«, S.12. Zur Anwendung psychoanalytischer Erkenntnisse auf Folklore siehe besonders Paulo de Carvalho-Neto: *Folklore and Psychoanalysis.* Coral Gables, Florida: University of Miami Press 1972.

20 Zu den verschiedenen psychoanalytischen Deutungen der Zwerge in »Schneewittchen« siehe Ingrid Spörk: *Studien zu ausgewählten Märchen der Brüder Grimm. Frauenproblematik – Struktur – Rollentheorie – Psychoanalyse – Überlieferung – Rezeption.* Königstein/Ts.: Anton Hain 1985, S. 176-178, und Otto F. Gmelin: *Böses kommt aus Kinderbüchern. Die verpaßten Möglichkeiten kindlicher Bewußtseinsbildung.* München: Kindler 1972, S. 41.

21 Karl Abraham: »Zwei Beiträge zur Symbolforschung«, *Imago* 9 (1923), S. 122-126. Daß psychoanalytische Wissenschaftler dazu neigen, einen Mythos durch einen anderen zu ersetzen, anstatt zu interpretieren, stellte Marie-Louise von Franz fest: »Zur Methode der Jungschen Märchendeutung«, in Frederik Hetman: *Traumgesicht und Zauberspur. Märchenforschung, Märchenkunde, Märchendiskussion.* Frankfurt/M.: Fischer 1982, S. 66-72.

22 Vladimir Propp zitiert die Feststellung von Lenin in »Folklore and Reality«, in *Theory and History of Folklore,* S. 17. In demselben Aufsatz diskutiert Propp das antirealistische Wesen der russischen Folklore. W. H. Audens Kommentar findet sich in »Grimm and Andersen«, in *Forewords and Afterwords.* Ausgewählt von Edward Mendelson. New York: Random House 1973, S. 200.

Kapitel 3

1 In einer überzeugenden Kritik an Bruno Bettelheims Untersuchung der Märchen weist James W. Heisig darauf hin, daß die Identifizierung mit Figuren der Grimmschen Sammlung »weniger oft das Gefühl der heroischen Stärke in der Auseinandersetzung als eines der Erniedrigung hervorbringe, zunächst in der Auseinan-

dersetzung und dann im Sieg oft gleichermaßen«. Siehe »Bruno Bettelheim and Fairy Tales« *Children's Literature* 6 (1977), S. 107. Oder wie Linda Dégh es formuliert hat, Leser von Grimms Märchen werden »kein Ende der Kindesmißhandlung finden«. Siehe »Grimm's *Household Tales* and Its Place in the Household. The Social Relevance of a Controversial Classic«, *Western Folklore* 38 (1979), S. 94. Schließlich behauptet Marthe Robert, daß Märchen das Kind immer als Opfer beschreiben, im allgemeinen als Opfer eines Geburtsfehlers. »Es sind die Eltern«, fügt sie hinzu, »denen die unglücklichen Umstände während der Zeugung und Schwangerschaft zur Last gelegt werden müssen«. Siehe *Origins of the Novel.* Bloomington: Indiana University Press 1980, S. 50.

2 Statistiken über Mord und Aussetzung von Kleinkindern sind leichter greifbar als Statistiken über die Aussetzung von Kindern. Siehe William L. Langer: *Political and Social Upheaval. 1832-1852.* New York: Harper & Row 1969, S.195-196, und »Europe's Initial Population Explosion«, *American Historical Review* 69 (1963), S. 1-17. Ruth Benedicts Beobachtung findet sich in *Zuni Mythology.* New York: Columbia University Press 1935, Bd. 1, S. XIX.

3 In dem Register von Aarne/Thompson sind die Zaubermärchen Nummer 300-749.

4 Kurt Ranke: »Betrachtungen zum Wesen und zur Funktion des Märchens«, *Studium Generale* 11 (1958), S. 656.

5 Im Rahmen einer heftigen Attacke auf Lévi-Strauss' Kritik seiner *Morphologie des Märchens* hat Propp festgestellt, daß seine Untersuchung ursprünglich *Morphologie des Zaubermärchens* betitelt gewesen sei. »Um das Buch attraktiver zu machen«, fügte er hinzu, »ersetzte der Verleger das Wort *Zaubermärchen* und verleitete damit jeden dazu ... zu glauben, das Buch würde sich mit den allgemeinen Gesetzen des Volksmärchens beschäftigen« (»The Structural and Historical Study of the Wondertale«, in Vladimir Propp: *Theory and History of Folkore.* Hrsg. v. Anatoly Liberman. Minneapolis: University of Minnesota Press 1984, S. 70. Propps Definition des Zaubermärchens erscheint im selben Band im Kapitel »Historical Roots of the Wondertale«, S.102.

6 Zu Propps Diskussion der Opfer-Helden und Sucher-Helden siehe *Morphologie des Märchens.* Frankfurt/M.: Suhrkamp 1975, S. 39. Katalin Horn behauptet, daß die Erniedrigung gewöhnlich zur Abreise führe, und die wiederum zu einem Leben voller Abenteuer. Siehe »Motivationen und Funktionen der tödlichen Bedrohung in den Kinder- und Hausmärchen der Brüder Grimm«, *Schweizerisches Archiv für Volkskunde* 74 (1978), S. 20-44.

7 Ich entlehne den Satz von Julius Braun, der behauptete, den Ursprung aller religiösen Vorstellungen und Mythen im alten Ägypten zu finden. Siehe *Naturgeschichte der Sage.* Leipzig: Alexander Danz 1864, Bd. 1, S. 8. Der erste und zuverlässigste Vertreter der Theorie, daß Märchen in einer Region entstanden und sich von dort aus über den ganzen Globus verbreiteten, war Theodor Benfey. Indien war für ihn der Mutterboden der Märchen. Siehe Theodor Benfey in der Einleitung zu *Pantschatantra. Fünf Bücher indischer Fabeln, Märchen und Erzählungen.* Leipzig: Brockhaus 1859, Bd. 1, S. XXII-XXVII.

8 *The Letters of Sir Walter Scott. 1821-1823.* Hrsg. v. H. J. C. Grierson. London: Constable 1934, S. 312. Ähnliche Gedanken werden von Scott in den Anmerkungen zu »Lady of the Lake« geäußert; diese Gedanken gehören zu den Motti der ersten Auflage der *Kinder- und Hausmärchen.*

9 Propp: *Morphologie,* S. 24.

10 Stith Thompson vertritt die Ansicht über die »Beschränkungen des menschlichen Lebens« in *The Folktale.* Berkeley: University of California Press 1977, S.7. Wilhelm Grimms Bemerkung findet sich in der Einleitung zur ersten Auflage der *Kinder- und Hausmärchen,* in *Kleinere Schriften.* Hrsg. v. Gustav Hinrichs. Berlin: Ferd. Dümmler 1881, Bd. 1, S. 322.

11 Jakobsons Analyse des Gegensatzes zwischen Folklore und Literatur erschien in einem Aufsatz, den er zusammen mit Peter Bogatyrev verfaßte: »Die Folklore als eine besondere Form des Schaffens«, in Jakobson: *Selected Writings.* The Hague: Mouton 1966, Bd. 4, S. 1-15. Das Zitat stammt aus Jakobsons Aufsatz »On Russian Fairy Tales«, ebenso in den *Selected Writings,* Bd. 4, S. 91. Eine abweichende Auffassung vertritt Donald Ward, der für eine gemeinsame Grundlage von Literatur und Folklore plädiert, siehe »The Performance and Perception of Folklore and Literature«, *Fabula* 20 (1979), S. 256-264.

12 Propps Aussage über die gleichförmige Struktur der Märchen erschien in *Morphologie,* S. 29. Seine Definition der Funktionen erschien auf S. 27 der *Morphologie.*

13 Zitiert in Anatoly Libermans Einführung in Propps *Theory and History of Folklore,* S. XIV. Zu Propps wissenschaftlicher Karriere im allgemeinen siehe Isidor Levin: »Vladimir Propp. An Evaluation on His Seventieth Birthday«, *Journal of the Folklore Institute* 4 (1967), S. 32-49.

14 Claude Lévi-Strauss: »Die Struktur und die Form. Reflexionen über ein Werk von Vladimir Propp«, in Propps *Morphologie,* S.181-213. (Lévi-Strauss nennt Propps Reaktion auf seine Kritik eine »beleidigte Erklärung«, S.168). Propps Angriff ist nachzulesen in »Die Bedeutung von Struktur und Geschichte bei der Untersuchung des Märchens«, in *Morphologie,* S. 215-239. Eleazar Meletinsky stellt interessante Beobachtungen zu Lévi-Strauss und Propp in »Zur strukturell-typologischen Erforschung des Volksmärchens«, in *Morphologie,* S. 241-276 an.

15 A.-J. Greimas: *Strukturale Semantik. Methodologische Untersuchungen.* Braunschweig: Vieweg 1971. Das Diagramm des Aktanten-Modells findet sich auf S.165.

16 Jonathan Culler: *Structuralist Poetics. Structuralism, Linguistics, and the Study of Literature.* Ithaca, N.Y.: Cornell University Press 1975, S. 234.

17 E. Meletinsky u. a.: »Problems of the Structural Analysis of Fairytales«, in *Soviet Structuralist Folkloristics.* Hrsg. v. P. Maranda. The Hague: Mouton 1974, S. 73-189. Das Schaubild stammt von Meletinsky u. a., S. 118. Zu den sich überschneidenden Rollen siehe auch Max Lüthi. »Rumpelstilzchen. Thematik, Struktur- und Stiltendenzen innerhalb eines Märchentypus«, *Antaios* 12 (1971), S. 419-436.

18 Susan Reid: »Myth as Metastructure of the Fairytale«, in *Soviet*

Structuralist Folkloristics, S.152; Elli Köngäs Maranda und Pierre Maranda: *Structural Models in Folklore and Transformational Essays*. The Hague: Mouton 1971, S. 33, J. L. Fisher: »The Sociopsychological Analysis of Folktales«, *Current Anthropology* 4 (1963), S. 254.

19 Die Feststellung über die zwei Arten von Märchenfiguren stammt aus dem ersten Vorwort der Grimms Märchen (Wilhelm Grimm: *Kleinere Schriften*, Bd. 1, S. 322). Die Klassenstruktur des Märchens wurde kürzlich von Jack Zipes untersucht, in *Breaking the Magic Spell. Radical Theories of Folk and Fairy Tales*. Austin: University of Texas Press 1979. Familienkonstellationen in Märchen werden von Meletinsky: »Problems of the Structural Analysis of Fairytales« (S.130-131) untersucht, und auch von Alan Dundes in der Einleitung zu *Morphology of the Folktale* von Vladimir Propp, S. XI-XVII kurz angesprochen. Zu Märchen als Wunscherfüllungen bemerkt J. L. Fisher, das »wenn ein Märchen nur aus Wunscherfüllungen bestünde, es keinen Konflikt und keine Entwicklung gäbe, und es zu Ende wäre, sobald es begonnen hätte« (»The Sociopsychological Analysis of Folktales«, S. 239).

20 Wie Max Lüthi betont: »Während die Natur – Tiere, Pflanzen und Gestirne – dem Helden des Märchens im allgemeinen freundlich entgegenkommen, wird er im Raum seiner eigenen Familie bedroht.« Siehe »Natur und Familie im Märchen«, *Volksüberlieferung. Festschrift für Kurt Ranke*. Hrsg. Fritz Harkort, Karel C. Peeters und Robert Wildhaber. Göttingen: Otto Schwartz 1968, S.181-195.

21 Marthe Robert: »Un modèle romanesque. Le conte de Grimm«, *Preuves* 185 (1966), S. 33.

22 Sigmund Freud: »Familienromane«, in *Studienausgabe* Bd. 4. Frankfurt/M.: Fischer 1970, S. 221-226.

23 Freud: »Familienromane«, S. 224.

24 Zu den Analogien zwischen dem Helden des Mythos und dem Helden des Familienromans siehe Otto Rank: *Der Mythos von der Geburt des Helden. Versuch einer psychologischen Mythenbedeutung*. Nendeln, Liechtenstein: Kraus 1970 [zuerst 1909], S. 82. Marthe Robert diskutiert die Ähnlichkeiten zwischen Märchenhandlungen und dem Familienroman (»Un modèle romanesque«, S. 24-34). Archer Taylor macht einige Bemerkungen über die universellen Heldenmuster, die von J. G. Hahn, Lord Raglan, Joseph Campbell, Otto Rank und Vladimir Propp identifiziert wurden. Siehe »The Biographical Pattern in Traditional Narrative«, *Journal of the Folklore Institute* 1 (1964), S.114-129.

25 Zur Rolle der Eltern in Märchen siehe Derek Brewer: *Symbolic Stories. Traditional Narratives of the Family Drama in English Literature*. Cambridge: D. S. Brewer 1980, S. 15-53.

26 Otto Rank: D*er Mythos von der Geburt des Helden*, S. 82.

27 Zum Mechanismus der Projektion in Mythos und Märchen siehe Alan Dundes: »›To Love My Father All‹«, in *Interpreting Folklore*. Bloomington: Indiana University Press 1980, S. 211-222. Otto Ranks Bemerkung erschien in *Der Mythos von der Geburt des Helden*, S. 81f.

28 Siehe dazu Max Lüthi: »Das Märchen«, in *Volksmärchen und Volkssage. Zwei Grundformen erzählender Dichtung*. Bern: Franc-

ke 1961, S. 9-21, und Volker Klotz: »Weltordnung im Märchen«, *Neue Rundschau* 81 (1970), S. 73-91.

29 Tzvetan Todorov: »Narrative-Men«, in *The Poetics of Prose.* Ithaca, N.Y.: Cornell University Press 1977, S. 66-79. In einem inzwischen klassischen Aufsatz stellt Axel Olrik in bezug auf die Folklore fest, »Eigenschaften und Gefühle sprechen sich in Handlungen aus«. Siehe »Epische Gesetze der Volksdichtung«, *Zeitschrift für deutsches Altertum* 51 (1909), S. 8.

30 Wallace Stevens: *Opus Posthumous.* Hrsg. v. Samuel French Morris. New York: Alfred Knopf 1971, S.179.

31 *Die älteste Märchensammlung der Brüder Grimm. Synopse der handschriftlichen Urfassung von 1810 und der Erstdrucke von 1812.* Hrsg. v. Heinz Rölleke. Cologny-Genève: Fondation Martin Bodmer 1975, S. 226-227.

32 Sigmund Freud: *Studienausgabe. Bd.2.* Frankfurt/M.: Fischer 1970, S. 348.

33 Der Satz stammt von Alan Dundes. Siehe »The Crowing Hen and the Easter Bunny. Male Chauvinism in American Folklore«, in *Interpreting Folklore.* Bloomington: Indiana University Press 1980, S.164.

34 C. G. Jung: »Zur Phänomenologie des Geistes im Märchen«, in *Gesammelte Werke.* Hrsg. v. Dieter Baumann u. a. Olten/Freiburg: Walter 1971, Bd. 9.1, S. 233.

35 J. R. R. Tolkien: »On Fairy Stories«, in *Essays Presented to Charles Williams.* London: Oxford University Press 1947, S. 47.

Kapitel 4

1 Max Lüthi stellt fest, daß die unverhältnismäßig hohe Zahl weiblicher Märchenhelden auf die bedeutende Rolle der Frau bei der Entwicklung der Handlung zurückgeführt werden kann. Siehe *»Der Märchenheld«,* in *Es war einmal. Vom Wesen des Volksmärchens.* Göttingen: Vandenhoeck & Ruprecht ³1969, S.103-115. Im Gegensatz dazu behauptet Ralph S. Boggs, daß 80% der deutschen Märchen einen Helden haben und nur 20% eine Heldin. (»The Hero in the Folk Tales of Spain, Germany and Russia«, *Journal of American Folklore* 44 [1931] S. 27-42). Weder Lüthi noch Boggs belegen ihre Statistik.

2 Simone de Beauvoirs Charakterisierung erscheint in *Das andere Geschlecht. Sitte und Sexus der Frau.* Reinbek bei Hamburg: Rowohlt 1968, S. 285. Die Liste der heroischen Eigenschaften stammt von Jack Zipes: *Fairy Tales and the Art of Subversion. The Classical Genre for Children and the Process of Civilization.* New York: Wildmann Press 1983, S. 57.

3 Die erste Auflage wurde in *Die Kinder- und Hausmärchen der Brüder Grimm. Vollständige Ausgabe in der Urfassung.* Hrsg. v. Friedrich Panzer. Wiesbaden: Emil Vollmer 1953 wieder abgedruckt.

4 Zu den verschiedenen Heldentypen siehe Katalin Horn: *Der aktive und der passive Märchenheld.* Basel: Schweizerische Gesellschaft für Volkskunde 1983; August von Löwis of Menar: *Der Held im deutschen und russischen Märchen.* Jena: Eugen Diederichs 1912; Ralph S. Boggs: »The Hero in the Folk Tales of Spain,

Germany and Russia«, S. 27-42; Vincent Brun: »The German Fairy Tale«, *Menorah Journal* 27 (1939), S.147-155; Louis L. Snyder: »Cultural Nationalism. The Grimm Brothers' Fairy Tales«, in *Roots of German Nationalism.* Bloomington: Indiana University Press 1978, S. 35-54.

5 Diese Bemerkung stammt von Constance Spender. Siehe »Grimms' Fairy Tales«, *The Contemporary Review* 102 (1912), S. 673-679.

6 Dies sind die Worte des Fuchses in der Grimmschen Version von »Der goldene Vogel«.

7 *Die Erzählungen aus den Tausendundein Nächten.* Übersetzt von Enno Littmann. Wiesbaden: Insel 1953, Bd. 2, S. 659f. Robert Crossley macht die Feststellung über Aladdins Mangel an Verdiensten, (»Pure and Applied Fantasy, or From Faerie to Utopia«, in *The Aesthetics of Fantasy Literature and Art.* Hrsg. v. Roger C. Schlobin. Notre Dame, Indiana: University of Notre Dame Press 1982, S.176-191.) Zu Aladdins Schicksal in Deutschland siehe Erich Sielaff: »Bemerkungen zur kritischen Aneignung der deutschen Volksmärchen«, *Wissenschaftliche Zeitschrift der Universität Rostock* 2 (1952/53), S. 241-301.

8 Zur ethnographischen Bedeutung der Tiere in Märchen siehe Lutz Röhrich: »Mensch und Tier im Märchen«, *Schweizerisches Archiv für Volkskunde* 49 (1953), S.165-193.

9 Eugen Weber stellt fest, daß die Hochschätzung des Mitgefühls in Märchen die Seltenheit dieser Tugend während der Zeit, in der sich die Märchen entwickelten, reflektiert: »Freundlichkeit, Selbstlosigkeit ist die größte Tugend (vielleicht weil es so wenig zu geben gibt, vielleicht gerade weil sie so selten ist).« Siehe »Fairies and Hard Facts: The Reality of Folktales«, *Journal of the History of Ideas* 42 (1981), S. 93-113.

10 Zu den drei Phasen der Handlung in klassischen Zaubermärchen siehe E. Meletinsky, S. Nekludov, E. Novik und D. Segal »Problems of the Structural Analysis of Fairytales«, in *Soviet Structural Folkloristics.* Hrsg. v. P. Maranda. The Hague: Mouton 1974, S.73-139. Die Autoren teilen die Handlung der Märchen in eine einleitende Prüfung, eine grundlegende Prüfung und eine zusätzliche, letzte Prüfung.

11 Man beachte den Gebrauch solch ungeschickter Übergänge wie: »Aber ich muß wieder von dem König und der Königin erzählen, die mit dem Grafen ausgezogen waren ...« Zum Vorhandensein einer einzigen, genau definierten Handlung in klassischen Zaubermärchen siehe Max Lüthi: *Das europäische Volksmärchen. Form und Wesen.* München: Francke [5]1976, S. 34. Lüthi verwendet den Terminus *Einsträngigkeit,* um die Abwesenheit abschweifender Handlungsführungen in Märchen zu bezeichnen. Der Begriff *Einsträngigkeit* wird auch von Walter A. Berendsohn verwendet, um die Handlungsstruktur des Märchens zu charakterisieren, in *Grundformen volkstümlicher Erzählkunst in den Kinder- und Hausmärchen der Brüder Grimm. Ein stilkritischer Versuch.* Hamburg: W. Gente 1921, S. 33. Der Begriff stammt aus Axel Olriks Aufsatz aus dem Jahre 1909: »Epische Gesetze der Volksdichtung«, *Zeitschrift für deutsches Altertum* 51 (1909), S.1-12.

12 Zur Erniedrigung als »einem Auftakt zu und einer Vorbedingung für die *Eingliederung*« in »*Aschenputtel*«, siehe Madonna Kolben-

schlag: *Kiss Sleeping Beauty Good-bye. Breaking the Spell of Feminine Myths and Models.* New York: Doubleday 1979, S. 72.

13 Friedrich Nietzsche: »Morgenröte«, 4. Buch, in *Werke in drei Bänden.* Hrsg. v. Karl Schlechta. München: Hanser 1954, Bd.1, S.1172.

14 Bruno Bettelheim: *Kinder brauchen Märchen.* München: dtv 1980, S. 329.

15 Stith Thompson betont den zweideutigen Charakter des Intellekts des Betrügers: »Die Abenteuer des Betrügers sind widersprüchlich, selbst wenn man sie getrennt betrachtet. Ein Teil ist auf seine Dummheit zurückzuführen, und genausoviele führen vor, wie er seine Feinde durch Schlauheit überwältigt.« Siehe *The Folktale.* Berkeley: University of California Press 1977, S. 319. In *World Folktales. A Scribner Resource Collection.* New York: Charles Scribner's Sons 1980 bestätigen Atelia Clarkson und Gilbert B. Cross diese Zweideutigkeit, wenn sie darauf hinweisen, daß »die widersprüchlichste Eigenschaft des amerikanisch-indianischen Betrügers sein Hang ist, ein Gimpel zu werden oder den Clown zu spielen, selbst wenn er der listige, schlaue Betrüger in der am Tag zuvor erzählten Geschichte gewesen ist«, S. 285.

16 Die Varianten des Märchens des tapferen Schneiderleins zeigen, daß ein einziges zentrales Thema zu zwei verschiedenen Typen von Erzählungen führen kann: zu einem biographischen Märchen, das sich auf das Leben des Helden und seinen Versuch, die Hand der Prinzessin zu gewinnen, konzentriert, und ein episodisches Märchen, daß sich auf die verschiedenen Streiche des Betrügers konzentriert. Siehe dazu die sieben Varianten von »Das tapfere Schneiderlein« in Leander Petzoldt: *Volksmärchen mit Materialien.* Stuttgart: Ernst Klett 1982, S. 42-72.

17 Max Lüthi: *Das europäische Volksmärchen,* S. 34.

18 Eine ähnliche Lesart findet sich bei Roderick McGillis in: »Criticism in the Woods. Fairy Tales as Poetry«, *Children's Literature Association Quarterly* 7 (1982), S. 2-8.

19 Um es mit den Worten von Vladimir Propp zu sagen: »Zu erwähnen ist noch, daß der Held öfters ohne jeden Helfer auskommt und dann sozusagen sein eigener Helfer ist. Würden wir aber seine Attribute untersuchen, so ließe sich nachweisen, daß in diesem Fall nicht allein die Funktionen, sondern auch die Attribute des Helfers auf die Gestalt des Helden übergehen.« Siehe *Morphologie des Märchens.* Frankfurt/M.: Suhrkamp 1975, S. 82f.

20 Robert Darnton: »Peasants Tell Tales. The Meaning of Mother Goose«, in *The Great Cat Massacre and Other Episodes in French Cultural History.* New York: Basic Books 1984, S. 9-72. Das Zitat findet sich auf S. 44.

21 Die schlagfertige Antwort findet sich in der Urfassung von Wagners *Siegfried.* In Richard Wagner: *Skizzen und Entwürfe zur Ring-Dichtung.* Hrsg. v. Otto Strobel. München: F. Bruckmann 1930, S.113.

22 Der Brief, datiert auf den 10.5.1851, erschien in Richard Wagner *Sämtliche Briefe.* Hrsg. v. Gertrud Strobel und Werner Wolf. Leipzig: VEB Deutscher Verlag für Musik 1979, Bd. 4, S. 42-44. Heinz Rölleke erörtert Wagners Verhältnis zu Grimms Märchen in »Märchen von einem der auszog, das Fürchten zu lernen. Zu

Überlieferung und Bedeutung des *KHM* 4«, *Fabula* 20 (1979), S.193-204.

23 Thomas Mann: »Einführung in den Zauberberg«, in *Der Zauberberg*. Stockholm: Bermann-Fischer 1939, S. I-XVI. Manns Anmerkung über den Märchencharakter der Geschichte Castorps befindet sich auf S. III.

Kapitel 5

1 Der frühe Verweis auf Mutter Gans findet sich in *The Oxford Diktionary of Nursery Rhymes*. Hrsg. v. Iona und Peter Opie. Oxford: Clarendon Press 1951, S. 39. Jacques Barchilon und Henry Pettit vertreten die Ansicht, daß Mutter Gans ihren Namen vom Gänsehüten hat (*The Authentic Mother Goose Fairy Tales and Nursery Rhymes*. Denver: Allan Swallow 1960, S.10). Robert Darnton stellt den Zusammenhang zwischen Mutter Gans und dem schnatternden Geräusch der Gänse her. Siehe »Peasants Tell Tales: The Meaning of Mother Goose«, in *The Great Cat Massacre and Other Episodes in French Cultural History*. New York: Basic Books 1984, S. 62. Zu Elizabeth Goose aus Boston siehe *The Oxford Dictionary of Nursery Rhymes*, S. 37-38, und Jacques Barchilon und Henry Pettit: *The Authentic Mother Goose Fairy Tales and Nursery Rhymes*, S. 8-9.

2 Verweise auf die Tierfabel mit einer Gans finden sich in Theodor Pletscher: *Die Märchen Charles Perraults. Eine literarhistorische und literaturvergleichende Studie*. Berlin: Mayer & Müller 1906, S.10-11, und J. R. Planché im Anhang zu *Fairy Tales*. London: George Routledge 1867, S. 510. Zu Königin Berthe und ihrer Umgebung siehe Planchés Anhang, S. 510-512; Katherine Elwes Thomas: *The Real Personages of Mother Goose*. Boston: Lothrop, Lee & Shepard 1930; Marianne Rumpf: »Berta«, in: *Enzyklopädie des Märchens. Handwörterbuch zur historischen und vergleichenden Erzählforschung*. Hrsg. v. Kurt Ranke u. a. Berlin: de Gruyter 1979; und Karl Simrock: *Bertha die Spinnerin*. Frankfurt/M.: Heinrich Ludwig Brönner 1853. P. Saintyves erklärt, daß er keinerlei historische oder mythologische Verweise im Namen Mutter Gans sieht. Siehe »Des contes de ma Mère l'Oye et des rapports supposés de cette expression avec les fables où figurent la Reine Pédauque, la Reine Berthe et la Fée Berchta«, *Revue d'ethnographie et des traditions populaire* 5 (1924), S. 62-79.

3 Zur deutschen Berchta siehe Jacob Grimm: *Deutsche Mythologie*. Berlin: Ferd. Dümmler 1875, Bd.1, S. 226-234.

4 *German Fairy Tales and Popular Stories as Told by Gammer Gretel*. Übersetzt von Edgar Taylor. London: Joseph Cundall 1846, S. XI.

5 J. R. Planché, Anhang zu *Fairy Tales*, S. 510.

6 Walter Benjamin: »Der Erzähler. Betrachtungen zum Werk Nikolai Lesskows«, in *Illuminationen. Ausgewählte Schriften*. Hrsg. v. Siegfried Unseld. Frankfurt/M.: Suhrkamp 1961, S. 417.

7 Ruth Bottigheimer bemerkt, daß fast alle Varianten von »Dornröschen« die Heldin beschreiben, wie sie sich ihre Finger an einer Faser, Spindel oder Nadel sticht. Sie behauptet, daß Spinnen in diesen Märchen einen »neutralen Wert« vertrete - es sei nichts als ein Angelpunkt des Märchens. Siehe »Tale Spinners. Submerged

Voices in Grimms' Fairy Tales«, *New German Critique* 27 (1982), S.141-150. Daß der Fluch des Märchens den König nötigt, die Vernichtung aller Spinnutensilien anzuordnen, könnte trotzdem als Wunschdenken einiger Märchenerzählerinnen verstanden werden.

8 Die Varianten von »Die drei Spinnerinnen« finden sich in Johannes Bolte und Georg Polívka: *Anmerkungen zu den Kinder- und Hausmärchen der Brüder Grimm.* Leipzig: Dieterichsche Verlagsbuchhandlung 1913, Bd.1, S.109-115. »Von dem bösen Flachsspinnen«, eine Version von »Die drei Spinnerinnen«, erschien nur in der ersten Auflage der *Kinder- und Hausmärchen.* Siehe *Die Kinder- und Hausmärchen der Brüder Grimm. Vollständige Ausgabe in der Urfassung.* Hrsg. v. Friedrich Panzer. Wiesbaden: Emil Vollmer 1953, S. 89.

9 Jack Zipes behauptet, daß die Brüder Grimm »zur ›Verbürgerlichung‹ der mündlichen Märchen beitrugen, die den Bauern und der Unterschicht gehörten und von den Interessen und Erwartungen dieser Gruppen inspiriert worden seien«. Siehe »Who's Afraid of the Brothers Grimm? Socialization and Politicization through Fairy Tales«, in *Fairy Tales and the Art of Subversion. The Classical Genre for Children and the Process of Civilization.* New York: Wildman Press 1983, S. 45-70.

10 Zur Gesellschaftskritik in der Grimmschen Sammlung siehe Lutz Röhrich: *Märchen und Wirklichkeit. Eine volkskundliche Untersuchung.* Wiesbaden: Franz Steiner 1956, S.167-179. Ulrike Bastien stellt fest, daß die Brüder Grimm in den aufeinanderfolgenden Versionen der Märchen Gesellschaftskritik immer mehr abgeschwächt haben, wenngleich eindeutig nicht systematisch. Siehe *Die »Kinder- und Hausmärchen« der Brüder Grimm in der literaturpädagogischen Diskussion des 19. und 20. Jahrhunderts.* Frankfurt/M.: Haag und Herchen 1981.

11 Zu einer genauen Zusammenfassung der Vorgänge um die protestierenden Professoren siehe Ruth Michaelis-Jena: *The Brothers Grimm.* London: Routledge & Kegan Paul 1970, S.111-118.

12 Siehe dazu C. G. Jung: »Zur Psychologie der Tricksterfigur«, in *Gesammelte Werke.* Hrsg. v. Dieter Baumann u. a. Olten/Freiburg: Walter 1971, Bd. 9.1, S. 271-290.

13 Otto Kahn führt einige Beweggründe des Königs an in »Rumpelstilz hat wirklich gelebt. Textvergleichende Studie über das Märchen von Rumpelstilzchen (ATh 500) und eine Erklärung mit Hilfe der Rechtsgeschichte«, *Rheinisches Jahrbuch für Volkskunde* 17/18 (1966/67), S.143-184.

14 Zur Diskussion der Varianten von »Rumpelstilzchen« siehe Georg Polívka: »Tom Tit Tot. Ein Beitrag zur vergleichenden Märchenkunde«, *Zeitschrift des Vereins für Volkskunde* 10 (1900), S. 254-272, 325, 382-396; Bolte und Polívka: *Anmerkungen zu den Kinder- und Hausmärchen der Brüder Grimm,* Bd.1, S. 490-498; und Edward Clodd: Tom Tit Tot. *An Essay on Savage Philosophy in Folk-Tale.* London: Duckworth 1898.

15 In *Die älteste Märchensammlung der Brüder Grimm. Synopse der handschriftlichen Urfassung von 1810 und der Erstdrucke von 1812.* Hrsg. v. Heinz Rölleke. Cologny-Genève: Fondation Martin Bodmer 1975, S. 238-240.

16 Der Ausspruch der Heldin findet sich in J. C. Cooper: *Fairy Tales. Allegories of the Inner Life.* Wellingborough, Northamptonshire: Aquarian Press 1983, S.70. Das vollständige Märchen »Duffy and the Devil« (die kornische Version von »Rumpelstilzchen«) wurde wiederabgedruckt in Edward Clodd: »Philosophy of Rumpelstilzchen«, *Folklore Journal* 7 (1889), S.135-165. Darin jammert die Heldin: »Verflucht sei das Spinnen und Stricken! Der Teufel soll für den Junker spinnen und stricken, was geht's mich an.«

17 Roger Sale beklagt, wie unfair Rumpelstilzchen behandelt worden sei. In *Fairy Tales and After. From Snow White to E. B. White.* Cambridge, Massachusetts: Harvard University Press 1978, S. 44. Jack Zipes erörtert einige Umarbeitungen von »Rumpelstilzchen«, deren Autoren ausdrücklich auf der Seite der Titelfigur stehen. Siehe *Fairy Tales and the Art of Subversion,* S. 64-66. Lutz Röhrich bemerkt, daß Unaufrichtigkeit und Betrug gerade in diesem Märchen am Ende siegen. Siehe »Rumpelstilzchen. Vom Methodenpluralismus in der Erzählforschung«, in *Sage und Märchen. Erzählforschung heute.* Freiburg: Herder 1976, S.272-291.

18 Max Lüthi macht diese Beobachtung in seinem hervorragenden Aufsatz »Rumpelstilzchen. Thematik, Struktur- und Stiltendenzen innerhalb eines Märchentypus«, *Antaios* 12 (1971), S. 419-436.

19 Kaarle Krohn macht deutlich, daß die zwei Märchen, trotz ihrer oberflächlichen Ähnlichkeit, getrennte Geschichten sind. Er bemerkt, daß die einleitende Episode über die faule Tochter in »Die drei Spinnerinnen« durchweg erscheint, aber nur in der Hälfte aller Varianten von »Rumpelstilzchen« zu finden ist. Seiner Meinung nach ist diese Episode nur in »Die drei Spinnerinnen« ein integraler Bestandteil.

20 Vladimir Propp stellt fest, daß im Märchen »die Handlung die Hauptsache ist, nicht ihre Begründung«. Siehe »The Nature of Folklore«, in *Theory and History of Folklore.* Hrsg. v. Anatoly Liberman. Minneapolis: University of Minnesota Press 1984, S. 26.

21 Die Tendenz, realistische Motive für den Pakt zu liefern, wird von Gonthier-Louis Fink: »Les Avatars de Rumpelstilzchen. La Vie d'un Conte Populaire«, in *Deutsch-Französisches Gespräch im Lichte der Märchen.* Hrsg. v. Ernst Kracht. Münster: Aschendorff 1964. S. 46-72 erörtert.

22 *Die goldene Spindel. Spinnstuben und Webermärchen aus vielen Jahrhunderten.* Hrsg. v. Josef Lukas. Münsingen: Fischer Druck 1978.

23 Volker Klotz macht diese Feststellung. Siehe »Weltordnung im Märchen«, *Neue Rundschau* 81 (1970), S.78. Ruth Bottigheimer kommt zu dem Schluß, daß in den Grimms Märchen »Spinnen als höchst unerwünscht erscheint, trotz der augenscheinlichen Botschaft, daß es zu Reichtum führen wird« (»Tale Spinners. Submerged Voices in Grimms' Fairy Tales«, S.150).

Kapitel 6

1 Sir James Frazer: *The Golden Bough.* New York: St. Martin's Press ³1966, Bd. 3, S. 84.

2 »Die Schwiegermutter« wurde in *Die Kinder- und Hausmärchen der Brüder Grimm. Vollständige Ausgabe in der Urfassung.* Hrsg.

v. Friedrich Panzer. Wiesbaden: Emil Vollmer 1953, S.277, und unter der Rubrik *Bruchstücke* in dem Band der Anmerkungen veröffentlicht.

3 »Die schlafende Schöne im Walde« in Charles Perrault: *Sämtliche Märchen.* Mit 10 Illustrationen von Gustave Doré. Übersetzung und Nachwort von Doris Distelmaier-Haas. Stuttgart: Reclam 1986, S. 55-69.

4 »Sonne, Mond und Talia« in Giambattista Basile: *Das Pentameron. Alt-italienische Märchen.* Mit 316 Federzeichnungen von Josef Hegenbarth. Übersetzt von Adolf Potthoff. Essen: Magnus 1981, S. 643-652.

5 »Die Kinder in Hungersnot«, siehe *Die Kinder- und Hausmärchen der Brüder Grimm.* Hrsg. v. Friedrich Panzer, S. 505. In *Rotkäppchens Lust und Leid. Biographie eines europäischen Märchens.* Köln: Eugen Diederichs 1982, stellt Jack Zipes fest, daß viele Märchen über kannibalistische Themen auf den übertriebenen Ängsten vor Werwölfen und Hexen basieren.

6 *Die Kinder- und Hausmärchen der Brüder Grimm.* Hrsg. v. Friedrich Panzer, S. 277. Zum Thema Kannibalismus in Märchen siehe Macleod Yearsley: *The Folklore of Fairy-Tale.* London: Watt 1924, S. 38-49.

7 Die Ausnahme, die die Regel bestätigt, findet sich in einem isländischen Märchen mit dem Titel »The Tale of Hildur, the Good Stepmother«. Es sollte angemerkt werden, daß Hildur erst am Ende des Märchens eine Stiefmutter wird und ihre zukünftige Stieftochter vor dem nachträglichen Fluch ihrer leiblichen Mutter beschützt. Siehe *Adventures, Outlaws and Past Events. Icelandic Folktales III.* Reykjavik: Icelandic Review Library 1977, S.19-28. (Ich danke meinem Kollegen Stephen A. Mitchell, der mich auf dieses Märchen aufmerksam gemacht hat). Zur Rolle der Stiefmütter im allgemeinen siehe besonders Werner Linke: *Das Stiefmuttermotiv im Märchen der germanischen Völker.* Berlin: Emil Ebering 1933, S. 90-140; Ingeborg Weber-Kellermann: *Die deutsche Familie. Versuch einer Sozialgeschichte.* Frankfurt/M.: Suhrkamp 1974, S. 32-37; Eleazar Meletinsky: »Marriage. Its Function and Position in the Structure of Folktales«, in *Soviet Structural Folklorists.* Hrsg. v. P. Maranda. The Hague: Mouton 1974, S. 61-72. Hannah Kühn bezieht sich bei ihrer Untersuchung der Rolle der Stiefmütter im Familienleben auf folkloristisches Material (*Psychologische Untersuchungen über das Stiefmutterproblem,* Beihefte zur Zeitschrift für angewandte Psychologie, Nr. 45. [Leipzig: Johannes Ambrosius Barth 1929]).

8 Therese Poser macht, neben anderen, diese Feststellung. Siehe *Das Volksmärchen. Theorie – Analyse – Didaktik.* München: Oldenbourg 1980, S. 89. Karin Struck beschreibt kurz und bündig die logische Grundlage für die Veränderungen: »Natürlich, die Stiefmutter ist immer die leibliche Mutter, auch im Märchen vom Machandelbaum, nur wer traut sich schon, die eigene Mutter zu beschuldigen«. Siehe »Erinnerungen an Hänsel und Gretel«, in *Grimms Märchen – modern.* Hrsg. v. Wolfgang Mieder. Stuttgart: Reclam 1979, S. 23.

9 Ludwig Bechstein in der Einleitung zu *Neues Deutsches Märchenbuch.* Wiederabdruck in Ludwig Bechstein: *Märchen.* Stuttgart:

Parkland 1985, S. 498-499. Die Einleitung erschien 1856 zum ersten Mal.

10 Johannes Bolte; Georg Polívka: *Anmerkungen zu den Kinder- und Hausmärchen der Brüder Grimm.* Leipzig: Dieterich 1913, Bd.1, S. 412-423.

11 Werner Linke stellt diese Unbeständigkeit in dem Märchen »Die zwölf Brüder« fest. Siehe *Das Stiefmuttermotiv im Märchen der germanischen Völker,* S. 69.

12 Hedwig von Beit deutet an, daß die beiden Figuren (Stiefmutter und Hexe) identisch sind. Ihr Argument bezieht sich auf den Glauben primitiver Völker, der den Mord des geistigen Wesens einer Hexe, gleich welche Gestalt dieses auch annehmen mag, mit der Zerstörung ihres Körpers gleichsetzt. Siehe *Symbolik des Märchens. Versuch einer Deutung.* Bern: Francke ^{2}1960, S.133-135.

13 Bruno Bettelheim: *Kinder brauchen Märchen.* München: dtv 1980, S. 82. Marthe Roberts Bemerkungen finden sich in »Un modèle romanesque. Le conte de Grimm«, *Preuves* 185 (1966), S. 24-34

14 Die Passage über die böse Stiefmutter stammt aus »Brüderchen und Schwesterchen«. Zur Königswürde als Zeichen der Vaterschaft und der daraus folgenden adligen Stellung anderer Familienmitglieder siehe Marthe Robert: »Un modèle romanesque«, S. 26.

15 »Da unsere Mütter – oder Kindermädchen – unsere ersten Erzieher waren, liegt der Gedanke nahe, daß sie die Sexualität irgendwie mit einem Tabu belegt haben; deshalb ist es auch eine Frau, die den späteren Bräutigam in ein Tier verwandelt.« (Bruno Bettelheim: *Kinder brauchen Märchen,* S. 332). Sandra M. Gilbert und Susan Gubar argumentieren, daß Schneewittchen im Sarg zu jenem »für immer schönen, unbelebten Kunstobjekt [wurde], das die patriarchalische Ästhetik von einem Mädchen erwarte«. Siehe *The Madwoman in the Attic. The Woman Writer and the Nineteenth-Century Literature Imagination.* New Haven, Conn.: Yale University Press 1979, S. 40. Zur Art und Weise, in der die Auffassungen der Märchen über die Heirat und die ideale Braut bestimmte kulturelle Normen perpetuieren, siehe Karen E. Rowe: »Feminism and Fairy Tales«, in *Don't Bet on the Prince. Contemporary Feminist Fairy Tales in North America and England.* Hrsg. v. Jack Zipes. New York: Methuen 1986, S. 209-226.

16 Sandra M. Gilbert und Susan Gubar stellen in einem anderen Zusammenhang fest, daß Schneewittchen von Beginn an verdammt ist. Wie ihre Stiefmutter, ist auch sie dazu bestimmt, »eine Mörderin [zu werden], die auf den Selbstmord versessen ist, den die Mordversuche gegenüber ihrem eigenen Kind implizieren«. Siehe *The Madwoman in the Attic,* S. 42. Im Gegensatz dazu argumentiert Sibylle Birkhäuser-Oeri, daß Schneewittchens Heirat die harmonische Lösung der inneren Konflikte widerspiegelt. Siehe *Die Mutter im Märchen. Deutung der Problematik des Mütterlichen und Mutterkomplexes am Beispiel bekannter Märchen.* Hrsg. v. Marie-Luise von Franz. Stuttgart: Adolf Bonz 1976, S.75-76. Zur »falschen Braut« in Märchen siehe Paul Arfert: »Das Motiv von der unterschobenen Braut in der internationalen Erzählungsliteratur«, Diss. Rostock 1897.

17 »Die drei Männlein im Walde« ist ein Märchen, in dem eine

Tochter ihren Vater auf den Gedanken bringt, sich wieder zu verheiraten. Marthe Roberts Beobachtung, daß böse Stiefmütter böse Väter bei weitem zahlenmäßig übertreffen, kann statistisch belegt werden. »In der Grimmschen Sammlung«, schreibt sie, »findet man nur zwei oder drei böse Väter, während die grausamen Stiefmütter zahlreich sind.« Siehe »The Grimm Brothers«, *Yale French Studies* 43 (1969), S. 44-56. Es gibt tatsächlich viele grausame Stiefmütter; in der letzten Auflage der Märchen sind es dreizehn an der Zahl.

18 Antti Aarne: *The Types of the Folktale. A Classification and Bibliography.* Translated und enlarged by Stith Thompson. Second Revision. Helsinki: Academia Scientarium Fennica 1981, S.177-178. Heinrich Däumling bespricht die Varianten von »Das Mädchen ohne Hände« in »Studie über den Typus des ›Mädchens ohne Hände‹ innerhalb des Konstanze-Zyklus«, Diss. München 1912.

19 »Eselshaut« in Charles Perrault: *Sämtliche Märchen,* S. 34-48.

20 Ruth B. Bottigheimer argumentiert, daß in Märchen »der ursprüngliche Zugang der Frauen zur Macht durch ihre Verbindung mit der Natur pervertiert und negiert wurde, so daß in jüngeren Versionen von Märchen die Macht, die von Frauen ausgeübt wurde, auf Alte, Häßliche und/oder Böse übergeben wurde«. Siehe »The Transformed Queen. A Search for the Origins of Negative Female Archetypes in Grimms' Fairy Tales«, *Amsterdamer Beiträge zur neueren Germanistik* 10 (1980), S.1-12. Zur Verbindung der Macht mit abstoßenden weiblichen Figuren siehe auch Marcia R. Lieberman: »›Some Day My Prince will Come‹. Female Acculturation through the Fairy Tale«, *College English* 34 (1972), S. 383-395.

21 Die Version von »Schneewittchen« mit dem Vater als Retter erschien in *Die älteste Märchensammlung der Brüder Grimm.* Hrsg. v. Heinz Rölleke. Cologny-Genève: Fondation Martin Bodmer 1975, S. 250. Erich Wulffen kommentiert »Allerleirauh« in »Das Kriminelle im deutschen Volksmärchen«, *Archiv für Kriminalistik* 38 (1910), S. 355. Zum Inzest in Märchen siehe auch Otto Rank: *Das Inzest-Motiv in Dichtung und Sage. Grundzüge einer Psychologie des dichterischen Schaffens.* Leipzig: Franz Deuticke [2]1926, S. 337-386. Ein gutes Beispiel für ein Märchen, in dem eine Heldin auf zwei Hochzeiten tanzt, ist »Erdkühlein«, ein deutsches Märchen, das nicht in die Grimmsche Sammlung aufgenommen wurde. Da reitet die Heldin mit ihrem Vater zum Königreich ihres Geliebten. Eine Version des Märchens findet sich in *Dornröschen und der Rosenbey. Motivgleiche Märchen.* Hrsg. v. Barbara Stamer. Frankfurt/M.: Fischer 1985. S. 99-105.

22 Roman Jakobson und P.Bogatyrev: »Die Folklore als eine besondere Form des Schaffens«, in *Selected Writings.* The Hague: Mouton [2]1966, Bd. 4, S.1-15.

23 Kay Stone stellt fest, daß der Märchentyp 510B (*Das Kleid aus Gold, Silber und den Sternen*) gewöhnlich von Anthropologen übergangen wird, »da die Heldin gezwungen ist, von zu Hause fort zu gehen, um der Drohung des Vaters mit einer inzestuösen Heirat zu entgehen«. Siehe »Things Walt Disney Never Told Us«, in *Women and Folklore.* Hrsg. Claire R. Farrer. Austin: University of

Texas Press 1975, S. 42-50. In einem anderen Aufsatz argumentiert Stone, daß der Konflikt zwischen Frauen in »Schneewittchen«, »Aschenputtel« und »Die schlafende Schöne« kein »freudianischer Konflikt zwischen Mutter und Tochter sei, da Väter in diesen drei Märchen keine wichtige Rolle spielen«. Siehe »Fairy Tales of Adults. Walt Disney's Americanization of the Märchen«, in *Folklore on Two Continents. Essays in Honor of Linda Dégh.* Hrsg. v. Nikolai Burlakoff and Carl Lindahl. Bloomington, Ind.: Trickster Press 1980, S. 40-48.

24 Marian Roalfe Cox: *Cinderella. Three Hundred and Forty-Five Variants of Cinderella, Catskin, and Cap o' Rushes.* Nendeln, Liechtenstein: Kraus 1967. Eine neuere, genaue Analyse des Märchentyps findet sich bei Anna Birgitta Rooth: *The Cinderella Cycle.* Lund: Gleerup 1951. Eine wertvolle zeitgenössische Quelle für die Untersuchung des Märchens ist Alan Dundes: *Cinderella. A Folklore Casebook.* New York: Garland 1982.

25 Johannes Bolte; Georg Polívka: *Anmerkungen zu den Kinder- und Hausmärchen der Brüder Grimm,* Bd.1, S. 461; Ernst Böklen: *Sneewittchenstudien. Fünfundsiebzig Varianten im engern Sinn.* Leipzig: J. C. Hinrichs 1910, S. 9

26 Gilbert und Gubar: *The Madwoman in the Attic,* S. 38.

27 *Sneewittchenstudien.* S. 68-69.

28 Bettelheim: *Kinder brauchen Märchen,* S. 238.

29 Louise Bernikow vertritt jedoch die Ansicht, daß »Allerleirauh« womöglich »etwas von der Welt [widerspiegele], aus der die Geschichten kamen«. Daß Aschenputtels männliche Antagonisten durch weibliche Verfolger ersetzt werden, »muß etwas mit dem zu tun haben, was dem Geist, der die Geschichten erzählt, verwandt ist«. Siehe *Among Women.* New York: Harper and Row, Colophon Books 1980, S.18-38. Marian Ury stellt im Gegensatz dazu fest, daß in Japan »Situationen im wirklichen Leben, die Kinder möglichen Bosheiten einer Stiefmutter aussetzten, tatsächlich vergleichsweise selten vorgekommen sein müssen.« Nichtsdestotrotz erscheint die Stiefmutter in der Folklore regelmäßig. Siehe »Stepmother Tales in Japan«, *Children's Literature* 9 (1981), S. 61-72.

30 Wie Vladimir Propp bemerkt, schöpft das Märchen (im Gegensatz zu Anekdoten, Fabeln und Novellen) für seinen Inhalt selten aus dem wirklichen Leben. Siehe »Les Transformations des contes fantastiques«, in *Théorie de la littérature.* Hrsg. v. Tzvetan Todorov. Paris: Editions du Seuil 1968, S. 234-262.

Kapitel 7

1 J. A. MacCulloch stellt die Überlegungen zur Irrationalität von Märchen mit Tierbräutigamen an. Siehe *Childhood of Fiction. A Study of Folk Tales and Primitive Thought.* New York: E. P. Dutton 1905, S. 253. Der Kommentar über die Verfolgung durch den Vater findet sich bei E. Sidney Hartland: »Notes on Cinderella«, in *Cinderella. A Folklore Casebook.* Hrsg. v. Alan Dundes. New York: Garland 1982, S. 68.

2 Ein Vergleich der verschiedenen nationalen Versionen von »Blaubart« stellt Robert Darnton an, in »Peasants Tell Tales. The Meaning of Mother Goose«, in *The Great Cat Massacre and Other*

Episodes in French Cultural History. New York: Basic Books 1984, S. 44-47, und Felix Karlinger: *Das Motiv des »Blaubart« im europäischen Märchen.* Abruzzi: Edizioni Accademiche 1973.

3 Charles Perrault: *Sämtliche Märchen.* Mit 10 Illustrationen von Gustave Doré. Übersetzung und Nachwort von Doris Distelmaier-Haas. Stuttgart: Reclam 1986, S. 81.

4 Ludwig Bechstein: »Das Märchen vom Ritter Blaubart«, *Deutsches Märchenbuch* (1857), wiederabgedruckt in Ludwig Bechstein: *Märchen.* Stuttgart: Parkland 1985, S. 349. Ludwig Tieck: *Werke.* Hrsg. v. Richard Plett. Hamburg: Hoffmann und Campe 1967, S. 226, 238. Charles Dickens: *The Pickwick Papers.* Harmondsworth, Middlesex: Penguin Books 1972, S. 355. Zur Rolle der Neugier in folkloristischen und literarischen Varianten von »Blaubart« siehe Hartwig Suhrbiers Einleitung zu seiner Anthologie *Blaubarts Geheimnis. Märchen und Erzählungen, Gedichte und Stücke.* Köln: Eugen Diederichs 1984, S. 21-26.

5 Die Feststellung über Evas Sünde findet sich bei J. C. Cooper: *Fairy Tales. Allegories of the Inner Life.* Wellingborough, Northamptonshire: Aquarian Press 1983, S.72-73. Zu Pandora und Eva als literarische Vorfahren von Blaubarts Frau siehe die Diskussion des griechischen Mythos und der biblischen Episode in H. R. Hays: *The Dangerous Sex. The Myth of Feminine Evil.* New York: Putnam 1964, S.79-95. Der Satz »eine Scharade der Unschuld und des Lasters« stammt aus Angela Carters Überarbeitung von »Blaubart«. Siehe die Titelgeschichte ihrer Sammlung *Blaubarts Zimmer. Märchen aus der Zwischenwelt.* Reinbek bei Hamburg: Rowohlt 1982, S.7-63. Unter den vielen Kommentatoren dieses Textes hat nur Emil Heckmann die Logik der Prüfung des Gehorsams, der die Heldin unterworfen wird, in Frage gestellt. Siehe »Blaubart. Ein Beitrag zur vergleichenden Märchenforschung«. Diss. Heidelberg 1930. Die schottische Version von »Blaubart« wird zitiert von Humphrey Carpenter und Mari Prichard: *The Oxford Companion to Children's Literature.* London: Oxford University Press 1984, S. 57.

6 Bruno Bettelheim: *Kinder brauchen Märchen.* München: dtv 1980, S.356. Alan Dundes deutet den blutigen Schlüssel als Deflorationssymbol: »Projection in Folklore. A Plea for Psychoanalytic Semiotics«, in *Interpreting Folklore.* Bloomington: Indiana University Press 1980, S.46. Für Carl-Heinz Mallet symbolisiert das Blut am Ei in »Fitchers Vogel« den unwiederbringlichen Verlust der Jungfräulichkeit. Siehe *Kopf ab! Gewalt im Märchen.* Hamburg: Rasch und Röhring 1985, S. 201. Selbst die Heldin einer »feministischen« Kurzgeschichte betrachtet das Ei als »Symbol der Jungfräulichkeit, ... daher verlangt der Zauberer, daß es nicht blutig ist.« Siehe Margaret Atwood: »Bluebeard's Egg«, in *Don't Bet on the Prince. Contemporary Feminist Fairy Tales in North America and England.* Hrsg. v. Jack Zipes. New York: Methuen 1986, S.178.

7 Claude Brémonds Definition erschien in »The Morphology of the French Fairy Tale. The Ethical Model«, in *Patterns in Oral Literature.* Hrsg. v. Heda Jackson und Dimitri Segal. The Hague: Mouton 1977, S. 49. Perry M. Nodelman sieht in »Der goldene Vogel« ein »großes Lob der Gelassenheit«. Siehe »What Makes a Fairy Tale

Good. The Queer Kindness of ›The Golden Bird‹«, in *Signposts to Criticism of Children's Literature.* Hrsg. v. Robert Bator. Chicago: American Library Assn. 1983, S.184-191. Bernhard Paukstadt diskutiert die Lobpreisung des guten Humors des Märchens in *Paradigmen der Erzähltheorie.* Freiburg: Hochschulverlag 1980. S. 388.

8 Vladimir Propp: *Morphologie des Märchens.* Frankfurt/M.: Suhrkamp 1975, S. 33.

9 James Riordan: *Tales From Central Russia.* Harmondsworth, Middlesex: Kestrel Books 1976, S. 151.

10 Zu diesem Punkt siehe Paul Delarue: *Le Conte populaire français.* Paris: Edition Erasme 1957, Bd. 1, S. 198-199.

11 »The Enchanted Pig«, in *The Red Fairy Book.* Hrsg. v. Andrew Lang. New York: Longmans, Green 1909, S.104.

12 Jacques Barchilon behauptet, daß »Die Schöne und das Tier« »das Tabu der infantilen Sexualität« verstärke. Siehe »Beauty and the Beast. From Myth to Fairy Tale«, *Psychoanalysis and the Psychoanalytic Review* 46 (1959), S.19-29.

13 Bruno Bettelheim: *Kinder brauchen Märchen,* S. 355.

14 Zum Motiv des verbotenen Zimmers siehe E. Sidney Hartland: »The Forbidden Chamber«, *Folk-Lore Journal* 3 (1885), S.193-242. Eine interessante Analyse der intensiven Neugier, die in einem anderen fiktionalen Genre geweckt wird, leistete in Geraldine Pederson-Krag: »Detective Stories and the Primal Scene«, in *The Poetics of Murder. Detective Fiction and Literary Theory.* Hrsg. v. Glen M. Most und William W. Stowe. San Diego: Harcourt Brace Jovanovich 1983, S.13-20. Zu »Blaubart« als Märchen über ein Zusammentreffen mit dem Tod siehe Derek Brewer: *Symbolic Stories. Traditional Narratives of the Family Drama in English Literature.* Cambridge: D. S. Brewer 1980, S.15-53.

15 Joseph Jacobs: *English Fairy Tales.* London: The Bodley Head 1968, S. 93.

16 Zu den internationalen Varianten von »Fitchers Vogel« siehe Johannes Bolte und Georg Polívka: *Anmerkungen zu den Kinder- und Hausmärchen der Brüder Grimm.* Leipzig: Dieterich 1913, Bd. 1, S. 398-412.

17 Andrew Lang in der Einführung zu *Grimm's Household Tales.* Übersetzt v. Margaret Hunt. London: George Bell and Sons 1884, Bd.1, S. XXXVIII.

18 Zum biblischen Ursprung des Themas siehe Renate Meyer zur Capellen: »Das schöne Mädchen. Psychoanalytische Betrachtungen zur ›Formwerdung der Seele‹ des Mädchens«, in Helmut Brackert (Hrsg.): *Und wenn sie nicht gestorben sind ... Perspektiven auf das Märchen.* Frankfurt/M.: Suhrkamp 1980, S. 89-119.

19 Wie J. A. MacCulloch feststellt, werden diese Märchen im allgemeinen als die Betonung der »Vergeßlichkeit und des Ungehorsams [einer Heldin], zu lang zu Hause zu bleiben« betrachtet. In *The Childhood of Fiction,* S. 254.

20 »Die Schöne und das Tier« von Mme Leprince de Beaumont in *Französische Märchen.* Hrsg. und übersetzt von Ré Soupault. Düsseldorf-Köln: Eugen Diederichs, S. 50.

21 »Die Schöne und das Tier«, S. 55.

22 Siehe beispielsweise das Märchen »Der Drachen« in *Die älteste Märchensammlung der Brüder Grimm. Synopse der handschrift-*

lichen Urfassung von 1810 und der Erstdrucke von 1812. Hrsg. v. Heinz Rölleke. Cologny-Genève: Fondation Martin Bodmer 1975, S.112-114.

23 Siehe dazu Max Lüthi: *So leben sie noch heute. Betrachtungen zum Volksmärchen.* Göttingen: Vandenhoeck & Ruprecht 1976, S.126-127.

24 Eine Zusammenstellung der möglichen Varianten dieses Märchentyps findet sich bei Antti Aarne und Stith Thompson: *The Types of Folktale. A Classification and Bibliography.* Helsinki: Academia Scientarium Fennica 1981, S.149-153, und Ernst Tegethoff: *Studien zum Märchentypus von Amor und Psyche.* Bonn: Kurt Schroeder 1922. Elisabeth Hoechlin stellt fest, daß Tierbräutigame in französischen Märchen dazu neigen, zahmer und zivilisierter als ihre deutschen Gegenstücke zu sein. Siehe *Wesenszüge des deutschen und französischen Volksmärchens. Eine vergleichende Studie zum Märchentypus von »Amor und Psyche« und vom »Tierbräutigam«.* Basel: Benno Schwabe 1945.

25 Jan Öjvind Swahn: *The Tale of Cupid and Psyche (AaTh 425 + 428).* Lund: C. W. K. Gleerup 1955, S. 437-438.

Nachwort

1 Georg Büchner: *Werke und Briefe.* München: Hanser 1980, S. 176.

2 *Die Kinder- und Hausmärchen der Brüder Grimm. Vollständige Ausgabe in der Urfassung.* Hrsg. v. Friedrich Panzer. Wiesbaden: Emil Vollmer 1953, S.160. In der letzten Version des Märchens bläst der Held so stark in sein Horn, daß alles um ihn herum zusammenstürzt. Der König und seine Tochter werden von herabstürzenden Steinen getötet. Doch der Held setzt sein Horn ab, bevor die ganze Stadt dem Erdboden gleich gemacht ist, und erhält dadurch ein Königreich, über das er herrschen kann.

3 Weitere Beispiele finden sich in *Märchen aus dem Nachlaß der Brüder Grimm.* Hrsg. v. Heinz Rölleke. Bonn: Bouvier 1977.

4 *Achim von Arnim und Jacob und Wilhelm Grimm.* Hrsg. v. Reinhold Steig. Stuttgart: Cotta 1904, Bd. 3, S. 266.

5 Zu den Belohnung-und-Bestrafung-Märchen siehe Rina Drory: »Ali Baba and the Forty Thieves. An Attempt at a Model for the Narrative Structure of the Reward-and-Punishment Fairy Tale«, in *Patterns in Oral Literature.* Hrsg. v. Heda Jason und Dimitri Segal. The Hague: Mouton 1977, S. 31-48. J. K. A. Musäus machte die Bemerkung über die Rache in seinen *Volksmärchen der Deutschen.* München: Winkler 1976, S.115.

6 Zum Begriff der Gerechtigkeit in Märchen siehe André Jolles: *Einfache Formen.* Halle: Niemeyer 1929, S. 238-246, und Volker Klotz: »Weltordnung im Märchen«, *Neue Rundschau* 81 (1970), S.73-91.

7 Linda Dégh: »Grimm's *Houshold Tales* and Its Place in the Household. The Social Relevance of a Controversial Classic«, *Western Folklore* 38 (1979), S. 96, und Walter Nissen: *Die Brüder Grimm und ihre Märchen.* Göttingen: Vandenhoeck & Ruprecht 1984, S. 58-59.

8 Italo Calvino in der Einleitung zu *Italienische Märchen.* Übersetzt von Lisa Rüdiger. Zürich: Manesse 1975, S. 36.

9 Italo Calvino, *Italian Folktales.* New York: Pantheon Books 1980, S. 83. (In der deutschen Übersetzung dieser Sammlung ist das Märchen leider nicht abgedruckt. A.d.Ü.)
10 Joseph Jacobs: *English Fairy Tales.* London: Bodley Head 1968, S. 42, 44, 69.
11 Zu den falschen Dichotomien, die aufgestellt wurden, siehe Jack Zipes: »Don't Bet on the Prince. Feminist Fairy Tales and the Feminist Critique in America«, in *Opening Texts. Psychoanalysis and the Culture of the Child.* Hrsg. v. Joseph Smith and William Kerrigan. Baltimore: Johns Hopkins Unviersity 1985, S. 69-99.
12 P. M. Pickard: *I Could a Tale Unfold. Violence, Horror and Sensationalism in Stories for Children.* London: Tavistock 1961, S.1.
13 Johnsons Bemerkung wird von Hester Lynch Piozzi in *Anecdotes of the late Samuel Johnson LL.D., during the last twenty years of his life.* London: Cambridge University Press 1925, S.14 zitiert. Edgeworths Antwort wird von Gillian Avery in *Nineteenth Century Children. Heroes and Heroines in English Children's Stories.* 1790-1900. London: Hodder and Stoughton 1965, S. 27 zitiert.

Nachwort zur deutschen Ausgabe
1 Rachel Isadora: *The Princess and the Frog.* New York: Greenwillow Books 1989.
2 *Princess Furball.* Retold by Charlotte Huck. Illustrated by Anita Lobel. New York: Greenwillow Books 1989.
3 Donald Ward: »New Misconceptions about Old Folktales. The Brothers Grimm«, in *The Brothers Grimm and Folktale.* Hrsg.v. James M. McGlathery. Urbana: University of Illinois Press 1989, S. 91-100.
4 *Cinderella: Three Hundred and Forty-Five Variants of Cinderella, Catskin, and Cap o' Rushes.* London: Publications of the Folklore Society 31 1892; rpt. Nendeln/Liechtenstein: Kraus 1967.
5 John M. Ellis: *One Fairy Story Too Many. The Brothers Grimm and Their Tales.* Chicago: University of Chicago Press 1983.
6 Vgl. u. a. *Grimms Märchen - modern. Prosa, Gedichte, Karikaturen.* Stuttgart: Reclam 1979.
7 *The Complete Fairy Tales of the Brothers Grimm.* Toronto: Bantam Books 1987, und *Rotkäppchens Lust und Leid. Biographie eines europäischen Märchens.* Köln: Diederichs 1982.
8 *Grimm's Bad Girls & Bold Boys. The Moral and Social Vision of the Tales.* New Haven: Yale University Press 1987.
9 Bruno Bettelheim: *Kinder brauchen Märchen.* München: dtv 1980, S. 11.
10 ebd., S. 198.
11 ebd., S. 195.
12 ebd., S. 198.
13 ebd., S. 14.
14 ebd., S. 133.
15 ebd., S. 364.
16 ebd., S. 363.
17 ebd., S. 241.
18 Stanley Fish: *Is There a Text in This Class? The Authority of Interpretive Communities.* Cambridge, Mass.: Harvard University Press 1980, S.14.

VERZEICHNIS DER ABBILDUNGEN

15. Blaubarts Frau auf dem Weg zum verbotenen Zimmer.
Widener Library, Harvard University.

16. Gustave Dorés Illustration zu Perraults »Blaubart«. Mit Genehmigung der Houghton Library, Harvard University.

17. Blaubarts Frau flüchtet angewidert aus dem verbotenen Zimmer.
Widener Library, Harvard University.

18. Gustave Dorés Illustration des Menschenfressers aus Perraults »Der kleine Däumling«.
Brüder Grimm-Museum, Kassel.